ARGENTINE DYNASTY

蓝白王朝

阿根廷三冠史诗

《体坛周报》/ 著

西苑出版社 XIYUAN PUBLISHING HOUSE
金城出版社 GOLD WALL PRESS
中国 · 北京

图书在版编目（CIP）数据

蓝白王朝：阿根廷三冠史诗 /《体坛周报》著 .
北京：西苑出版社有限公司，2025.3. --
ISBN 978-7-5151-0967-1

Ⅰ. G843.978.3

中国国家版本馆 CIP 数据核字第 20245PG978 号

蓝白王朝：阿根廷三冠史诗

作　　者 《体坛周报》
责任编辑 王振强
责任校对 王思硕
责任印制 李仕杰
开　　本 889 毫米 ×1194 毫米　1/16
印　　张 16
字　　数 510 千字
版　　次 2025 年 3 月第 1 版
印　　次 2025 年 3 月第 1 次印刷
印　　刷 鑫艺佳利（天津）印刷有限公司
书　　号 ISBN 978-7-5151-0967-1
定　　价 298.00 元

出版发行 西苑出版社有限公司 金城出版社有限公司 北京市朝阳区利泽东二路 3 号 邮编：100102
发 行 部 （010）84254364
编 辑 部 （010）64391966
总 编 室 （010）88636419
网　　址 http://www.jccb.com.cn
电子邮箱 xiyuanpub@163.com
法律顾问 北京植德律师事务所　18911105819

目录

蓝白王朝第一冠

2021年美洲杯

FIFA WORL

CUP Qatar2022

蓝白王朝第三冠

2024年美洲杯

阿根廷，何以三星

程征

（本文作者1982年毕业于北京外国语大学西班牙语系，曾在南美工作生活8年，曾先后供职《中国体育报》和《体坛周报》，1986年成为中国首批采访世界杯的记者之一，观察和研究阿根廷足球近四十年）

我站在糖果盒球场陡峭的看台上，我走在罗萨里奥俱乐部的钟楼下，我也到潘帕斯中心地带拉潘帕省观看孩子们的联赛，脑子里只有一个挥之不去的想法：这真是一片神奇的土地。

1 北京，巴阿外交官约战

大约在1987年，我认识了阿根廷驻华公使莫里略。一天他对我说："我们组织了一支南美使团足球队，你看能否帮忙联系一些比赛，老是自己玩儿没意思。"

在这之后一年多的时间里，我便充当起这支南美球队的联络员，空闲时间拉场比赛，直到莫里略离开北京。他接近四十岁的样子，体格健硕，一看就是个喜欢体育的人。他说喜爱所有的运动项目，只要能参加的都要尝试一下。我为他们联系的比赛对手中，要特别说的是女足国家队，赛了两场。更多的是体院和一些大学的球队，他们都很高兴，这里指的是双方。

① 2022年12月20日，阿根廷队的航班飞抵布宜诺斯艾利斯，队长梅西手捧世界杯与主帅斯卡洛尼走出机舱。

② 2022年世界杯夺冠庆祝中，阿根廷球迷挥舞国旗。

南美使团队里还有两个人让我印象深刻，一位是巴西使馆二秘，名字记不得了。小年轻，十分瘦弱，戴着深度近视的眼镜。上场时眼镜当然要摘掉，球不往远处踢，只是独带或传给近处的队友。有一次他用细腻的盘带连过了两个人，莫里略朝我大声喊：“看呀，这就是巴西足球！”

阿根廷人是很欣赏巴西人脚下的花活的。后来我在阿根廷期间，看电视转播一场解放者杯赛，一名巴西球员用脚后跟夹起球，从后背向上抛过自己和阻挡队员的头顶。然后绕过对手，重新拿到球，并起脚射门。这样的动作很多踢球者都会，可真正在激烈的比赛中玩出来，以巴西人为最。记得那天和之后的两天，阿根廷电视台对这个球大赞特赞。

阿根廷和巴西足球相互不服气，尽人皆知。甚至2022年再次当选的巴西总统卢拉，在第一任期初次访问阿根廷时，对东道主总统说了这样一句话：“我们两个国家，除了足球之外，其他领域的关系一直是很好的。”

私底下我深知，阿根廷人很佩服巴西人的脚下技术。当然，国与国之间的比赛，两国球迷都为自己的球队呐喊助威。在媒体上，相互叫板和贬损是常有的事，权当一种消遣吧。

我曾请教过阿根廷前足协主席格隆多纳，他怎么看两国足球的不同之处。他说：“巴西足球讲求个人能力，阿根廷则是集体意识。这就是我们的区别所在。”这话应该是说到了点子上，倘若你有机会欣赏阿根廷和巴西的国内联赛，会发现前者要比后者好看多了。阿根廷打的是快节奏，速度快，冲击力强。而巴西则是温吞水，慢得让你着急。当然，巴西国家队从1994年起与国内联赛脱节，打出另外一种风格，这在后面会说到。

莫里略公使就是位猛冲猛打的前锋，但个人盘带能力上显然不如巴西二秘。还有一个人也给我印象十分深刻，他就是秘鲁驻华大使，五十多岁了，脑袋上只剩一圈白发，但右路的长驱直入让人叹为观止。北京的南美使团足球队后来没有联系了，而几年之后我和阿根廷公使、秘鲁大使竟然在利马相聚了。

1990年7月份，我到秘鲁工作。好像是到了国庆节，在我使馆的招待酒会上，我看到了莫里略的身影。在异国他乡见面，当然很高兴，拥抱和寒暄起来。我问他，要在秘鲁待几年？他说：“这个破地方，连我们的乡下都不如，我才不待呢，再熬两个月就回阿根廷了。”算老熟人了，说话随便，我没在意。问他：“那位秘鲁驻华大使今天

不知道来没来。”他说，来了，等我给你找来。不一会，他在草坪上端着酒杯三三两两交谈的人中，把大使拉了过来。他的西装款式、颜色都非常好，不再是球场上的小老头了。大家都很高兴，相谈甚欢。

2 傲慢阿根廷，美丽阿根廷

阿根廷人是傲慢的，他们的国度确实很漂亮，有理由把南美洲其他国家看作乡下，更不会欣赏秘鲁的沙漠和荒山。一百年前，阿根廷的经济总量曾是世界第七位，布宜诺斯艾利斯更被称作南美的巴黎。在大兴土木的时候，布市按照巴黎的样子规划，甚至铺路的石块都进口自西班牙。每个街区一百米见方，街角多设置咖啡馆。这种格局的强迫症范本是巴塞罗那新城区，从空中望下去宛若一张规整的棋盘。布市没有照抄巴塞罗那，还是更像巴黎，把能改造成方格状的地方都改造了，而原有的一些主要街道还保留。尤其是拉普拉塔河沿岸和博卡老区，尽量保留自然走向和原有格局，和塞纳河两岸一样。

二十世纪七八十年代，阿根廷经济大滑坡，风光不再，但瘦死的骆驼比马大。医疗、教育仍然免费，社会福利还是南美洲最好的。在布市生活，经常可以听到救护车鸣笛，人们一有点病痛，依然习惯叫救护车。另一个习惯是度假，一月份布市几乎变成空城，大家都去海边、林区或安第斯山区优哉游哉。来这里打工的和以前差不多，都是来自乡下，但这个乡下还包括巴拉圭、玻利维亚和秘鲁。

生活水平下降了，但人们依旧穿戴整齐，架子不能倒。走在街上，常常可以看到一丝不苟穿着西装革履、手提公文包的人，说不定等会儿他们就去挤城铁。他们也一如既往的严肃，照样还是看不起来自穷乡僻壤的人。傲慢是骨子里的，改不掉，变成破落户之后尤甚。有乌拉圭和智利的朋友这样谈论阿根

廷人：他们这群人不食人间烟火，自高自大，不肯搭理人，好像谁都欠他们的。实际上，周边国家的人都是这么看阿根廷人。

阿根廷人的性格是扭曲的。如果你到了巴西，马上就会感到一种扑面而来的欢乐。对面走来的姑娘，很可能向你投来一个迷人的微笑。而一进入阿根廷，你见不到这样的情形。大家都板着脸，不苟言笑。除非熟人，你们可以说笑，路人则一定会有一种压抑感。

贫富分化在任何国家都存在。穷人则朝着另外一端演变，贫穷导致社会治安混乱。我对《奥莱报》的同事说，想去看看马拉多纳小时候的家。他们说："可以，但你要带上一支枪。"

3
挣扎不屈的探戈

中国的读书人或伪读书人，最喜欢提及的阿根廷作家是博尔赫斯，但是博尔赫斯并不喜欢足球。他所推崇的作品是《马丁·菲耶罗》，称其为阿根廷的史诗。这部作品是何塞·埃尔南德斯在19世纪中叶靠后的作品。长诗叙述的是高乔人马丁·菲耶罗的生活，政府征兵，他被迫背井离乡。后来他回到家乡，妻子已经亡故，只见到儿子。他们诚恳叙谈，而后各自出发，奔向新的生活。新的生活也是拼争，为了自己的身份而奋斗。

高乔人的身份是不被认可的，他们是西班牙人和印第安人的混血儿。既不为西班牙人承认，也不为后来的移民认同，那么他们只有拼争，完全凭借自己的力量。暴烈、剽悍的性格由此养成，持刀策马，在潘帕斯大草原上奋斗。烤肉和马黛茶是他们的最爱。印第安人如今已几乎见不到身影，高乔人也融入后来的移民之中，只留下他们的性格和烤肉、马黛茶。这一切已经完全由今天的阿根廷人所继承，并融进了他们的血液之中。

很多人在考究梅西的家世，已扒得差不多了。大致上梅西的太爷爷于一百多年前从意大利来到阿根廷讨生活，他的母亲则是西班牙加泰罗尼亚移民后裔。考据说马拉多纳有一点点印第安血统，我曾经问过他，他予以否认。意大利人来阿根廷的高峰期是在1890年到1910年，远离故土，思乡情切，于是在博卡区老码头附近，逐渐出现了探戈。探戈是舞蹈，也是歌曲曲式。

一次我和一位音乐造诣很深的朋友聊天，说探戈音乐里充斥了切分音。他说，何止里面，一开始就是切分音，有挣扎、不屈的意向。我恍然大悟，是的，这和阿根廷人的性格特点相吻合。从另一个方面说，又何尝不是高乔人性格的另一种表现形式呢。它

1
2

① 布宜诺斯艾利斯有"南美巴黎"之称。

② 布宜诺斯艾利斯郊外的贫民区菲奥里托，是马拉多纳儿时生活的地方。

严肃，不苟言笑，猛回头，有一点儿生硬，却更是不屈的写照。

再看看桑巴吧，欢乐，无边的欢乐，巴西人的性格特点完全地显露出来。巴西和阿根廷，他们是那么的不同，迥然不同。桑巴源自非洲，那里贫穷，但人们不知道贫穷为何物。巴西足球也充满欢乐，与巴西人的性格相像极了。阿根廷的足球则与探戈一脉相承，不屈，永远向前冲。还记得巴蒂斯图塔那一头金发在奔跑时飘逸的样子吗？有球迷告诉我，就喜欢阿根廷球员这种状态。

4
巴西杂耍，阿根廷冲锋

足球传到阿根廷，是它在英国成型为现代足球之际，由英国的船员、银行和商贸公司员工带来的。这个小小的神奇的玩意儿，立即被南美人无条件地接受了。球型物体在脚下踢着玩儿，自古有之，而在有了现代规则之后，才被整合为一种全新的运动形式。至于足球风格的形成，则因人而异，更确切地说因水土的不同而不同。巴西人逐渐玩儿成杂耍式，阿根廷人则玩儿成了冲锋式。

始于1916年的美洲杯足球赛，早期一直没有巴西的地位。到1995年为止，是阿根廷和乌拉圭的天下，各获得过14届冠军，巴西仅仅得到过4次。直到国家队改变风格，巴西才多拿了几次奖杯。说巴西人自顾自地玩耍、杂耍并不为过，他们顶不住阿根廷和乌拉圭的冲锋足球。乌拉圭和阿根廷人同种同宗，两国只隔了巴拉那河和下游的拉普拉塔河，在足球风格上几乎一致。能拼善战，为他们赢得了荣誉。

然而，巴西人却绕过阿根廷和乌拉圭，在世界杯的赛场上把欧洲球队玩儿晕了，从1958年到1970年夺得过三届冠军。那时候，美洲之外的人们只知道巴西足球，自然让阿根廷人十分不舒服。他们当然要奋起直追，阿根廷队后来在世界杯也证明了自己，获得1978年和1986年的冠军。再往后，巴西1994年终于改变打法，用邓加来硬的。实际上，巴西球员有深厚的底子，改打欧式战术便可无敌。2002年的巴西教练斯科拉里早期则是在国内饱受指责的人物，据说他的名言是“往他们腿上踢”。后来巴西的球员已融入欧洲足球，且光彩夺目，夺得世界杯便顺理成章了。而阿根廷，风格一直没有改变，他们要用高乔人的精神，向世界杯再次宣战。

5
巨星时代

1978年阿根廷首次获得世界杯冠军时，冲出了肯佩斯。但是，那届的荣誉，阿根廷人更多地给予了教练梅诺蒂。那也是打的传统足球，即疯狂进攻型。在南美足球史上，阿根廷一直这么打，早年乌拉圭队在世界杯上两次为自己正名，而阿根廷却没有机会。因而，阿根廷这次夺冠是以老打法出头，赢得世界尊重的战役。本来也是，一样的打法，乌拉圭两次称王，为什么不给阿根廷一次机会呢？世界杯赛场各种风格掺杂，不像南美洲那样单纯，加上分组的因素，容易出现意外。突破各种纷扰的因素，完全凭借自己的风格和实力夺冠，阿根廷终于做到了。

简单说，那时候南美足球还是奉行“进攻是最好的防守”信条，尚未跟上时代的步

①《马丁·菲耶罗》被视作阿根廷民族文学的瑰宝。

② 1993 年美洲杯决赛，巴蒂斯图塔独中两元，带领阿根廷 2 比 1 击败墨西哥夺冠。这是阿根廷第 14 次捧起美洲杯，截至此时巴西仅在美洲杯 4 次夺冠。

伐。纪录片《世界在你脚下》很多人都看过，实际上并没有赞颂阿根廷，反而像为荷兰队唱挽歌。欧洲人的偏见是原因之一，但荷兰人的全攻全守战术的确是一种创新，且给人带来美妙的感受。那么，阿根廷将以怎样的方式面对呢?

此时阿根廷国内的情况发生了一些变化，马拉多纳横空出世。1982年世界杯，他在梅诺蒂带领下已登场亮相，牛刀小试，没有成功。这之后比拉尔多接过教鞭，第一件事便是任命马拉多纳为队长，而此时他还没有与远在巴塞罗那队的小马见面。超级球星的出现，是懂足球的阿根廷人有目共睹的事，谁当教练都要用，而且要用好。从此，阿根廷进入了超级球星时代，这便是1986年和2022年两次夺冠，后者的巨星为梅西。阿根廷总体风格上需要做一些调整，整体思路很简单：围绕超级球星做文章。

不过，说起容易做起难。比拉尔多的尝试从失败起步，包括1985年1月在尼赫鲁金杯赛上输给中国队。比拉尔多的思路是，改变只攻不守的教条，打造坚强的后防线，至于前场则完全交给马拉多纳自由发挥。打造后防线的工作受到国内媒体的强烈指责，因为人们看惯了攻势足球，享受巧妙的配合进攻。甚至梅诺蒂也站出来，成为比拉尔多的反对派。这种争论在1986年世界杯开打之后仍在继续，一直到1/4决赛上击败英格兰队为止。然后是对球队战术保持沉默，对马拉多纳给以赞誉。直到最终捧起冠军奖杯，梅诺蒂代表反对派说了一句话："我得承认，这也是获得胜利的一种方式。"

时光转眼来到2010年，马拉多纳已从小马变成老马，小梅西该担大纲了。马教练想套用1986年的方式，让梅西扮演自己的角色，在前场组织进攻。梅西踢得很不错，尽管他更习惯的位置在右路。可是马教练的防守却没有练好，并没有打造成一道坚强的防线。后来在德国队面前被击溃，像洪水决堤一样不可收拾。有了超级球星并非万事大

吉，还要有教练的布局做依托。

2022年的卡塔尔世界杯，梅西已是最后一搏，此前的两届大赛均未能成功。尤其是2014年巴西世界杯，功亏一篑，得到了亚军。在卡塔尔大赛之前，对梅西寄予希望的人数在下降。35岁的老将了，经验是无疑的，只是体能令人担忧，而且此前他参加的4届大赛都没能问鼎。

然而，老将梅西老而弥坚，而且多次展现出25岁的水准。加上主教练斯卡洛尼调度恰当，用人日趋成熟，最终捧得冠军奖杯。梅西在比赛中的表现征服了全世界，这里无须赘述，他已经步入与马拉多纳齐名的巨人行列。

6 亲历上帝之手

1986年墨西哥世界杯，是中国老一代阿根廷球迷与这支球队缘分的起点，我则有幸前往实地进行采访。和阿根廷记者拼车前往训练场，观赏马拉多纳和队友们的训练。也参加了人头攒动的新闻发布会，听马拉多纳用稚嫩的嗓音回答记者的提问。国际足联主席阿维兰热在会上表示，希望中国能够主办2002年世界杯。然而，后来中国没抻这个茬，殊为可惜。

这之后，就是1/4决赛了，我在阿兹特克体育场的看台上，目睹了马拉多纳打入英格兰队的“上帝之手”，以及稍后连过五人的“千里奔袭”。第一粒进球看台上的欢呼声浪压过了质疑的声音，也就是只有欢呼，听不到质疑。现场的大屏幕是不允许播出回放镜头的，新闻中心也没有电视录像可供参考。那时的科技水平就是这样，与今天没法相比。甚至电视台和次日的报纸上，“上帝之手”占据的时段和版面都很小，更多地被世界杯史上最伟大的进球“千里奔袭”霸占了。

至于第二粒进球，便无须多言了，它的历史地位当时便引起轰动。在全场的欢呼和声浪中，记者们大声交换着看法，声音小了听不见。中外记者一致认可，这完全可以认定为有史以来最伟大的进球，大家的意见就是在这样激动人心的时刻，在观众的欢呼声浪中，达到了出奇的一致。

决赛也是在这个球场进行的，我们依旧坐在主席台上方的记者席。马拉多纳的分球印象最深，他在中路神一般的传递，为左路布鲁查加制造了绝佳机会。这次助攻的分寸感极强，角度和力度都是最好的，类似卡塔尔世界杯上梅西的手术刀式传球。和2022年决赛几乎如出一辙，阿根廷队先进两球，后被西德队追平。而后则是布鲁查加的绝杀，在接到马拉多纳的分球之后。和卡塔尔大赛所不同的是，比赛是在90分钟之内见分晓的，布鲁查加的一击在下半场第39分钟完成。

7 切·格瓦拉与梅西

布宜诺斯艾利斯的街头，常年销售四大传奇人物的肖像：切·格瓦拉、加德尔、庇隆夫人和马拉多纳。他们是阿根廷精神的代表，也是高乔人性格和探戈神韵的集中体现。他们都勇敢无畏，对理想忠贞不渝，但命运又对他们不予眷顾。当然，他们都有一点左倾，也就是不乏偏激。那么，梅西会变成阿根廷的第五位传奇吗？

1

2

① 1986 年世界杯，马拉多纳带领阿根廷队夺取冠军。

② 1986 年世界杯 1/4 决赛英阿之战，马拉多纳留下经典的“上帝之手”进球。

阿根廷之外的人最熟悉的应该是切·格瓦拉，一个为全人类的解放而坚持游击战的人，永远的青年人心中的偶像，死于玻利维亚政府军手中时仅仅39岁。加德尔是一位伟大的探戈歌唱家，也是竞技队的球迷，每当德比大战时，他都会站在看台上引吭高歌。加德尔也把探戈传播到北美和欧洲，只可惜在45岁时飞往哥伦比亚途中因飞机失事而身亡。庇隆夫人艾薇塔为穷人和妇女事业奋斗了一生，有“阿根廷永不凋谢的玫瑰”之称，在33岁时死于癌症。

人或多或少有一点迷信的，当初我或多或少为马拉多纳的身体担忧。他的主要问题是脾气乖戾而暴躁，加上心脏等器官有病，能活到多大年岁很难说。最终他活到了60岁，就现代医学而言，本该可以让他活得更长久些。

梅西则是阿根廷的新一代传奇，他的身上流淌着阿根廷人的血液，有着高乔人的勇敢、倔强和不屈不挠精神。他深深爱着那片生他养他的土地，那里就是潘帕斯大草原。中国人的户口本上习惯填写籍贯，而南美人的身份证上则标注出生地。你在哪里出生便是那里的人，这样似乎更合理。梅西自13岁起便前往巴塞罗那，家人后来也移居西班牙，但每逢圣诞节和新年，他们都要回到阿根廷，回到罗萨里奥。当年的对这片土地的不认同，已经逐渐烟消云散，潘帕斯就是他的家。但我个人认为，梅西大可不必进入传奇名人堂。他是新阿根廷人，没有了被欧洲抛弃的背景。欧洲更需要他，要抛弃也是他抛弃欧洲。

8

更宏大的“瓜迪奥拉”

时光荏苒，到了2022年世界杯，我已经退休7年。这也是我所盼望的，端着红酒杯，坐在家中的沙发上，从大屏幕电视上享受大赛的轻松和惬意。此时的欣赏，没有了写稿子的压力，可以肆意抒发心中的情绪，高兴的或不满的。而做记者时，你是不能放肆的，要看仔细赛场上发生的一切，因而从某种程度上来说也必须压抑自己的情绪。我很幸运，虽然隔着屏幕，却得到了最大的享受，因为

我又一次看到了自己所喜欢的阿根廷队捧起了大力神杯。

卡塔尔世界杯，很多人在说“诸神的黄昏”。那么，诸神谢幕之后会怎么样，阿根廷足球靠什么续命？江山代有才人出，我们大可不必忧虑。还是从阿根廷足球原有的模式来分析一下吧，以期更好地欣赏和享受那片神奇土地上滚动的皮球。

瓜迪奥拉约十年前到阿根廷去了一趟，说：“我就是看了阿根廷足球之后，才在巴塞罗那打起短传战术。”阿根廷人恍然大悟，我们自己的传统足球不正是追求传递配合嘛，巴萨的风格是我们理想，只是这种梦想我们一直没有实现。

但他们在卡塔尔做到了，最有代表性的就是决赛中的第2粒进球：5次传球，基本上都是一脚出球，最后迪马利亚轰开法国队的大门。大开大阖，酣畅淋漓。传球距离远，却十分精准，让每位接球者都十分舒服，并能立即进行下一步的处理。有人说，这是教科书般的传递和进球，此言不虚。

这个球当然是阿根廷足球的极致作品，可以吹几辈子。然而，它又是可遇而不可求的，没有每位参与者的深厚基本功，便无法做到。书到用时方恨少，阿根廷人足球的“书”读得很多，所以机会来临时一个个都跟得上，甚至能下意识地做出最佳反应。

那么，巴萨式短传控球，和世界杯上的长传进攻，哪一个才是阿根廷真正的追求和梦想呢？从我个人的感觉来看，应该是这样：阿根廷足球的传递配合+进击精神，才是这个国家足球的精华所在。瓜迪奥拉把它缩小

① 2022 年世界杯夺冠庆祝中，阿根廷球迷亮出印有马拉多纳和梅西肖像的旗帜。

② 1986 年，本文作者首次现场采访世界杯，此后他还完成过对马拉多纳等阿根廷巨星的采访。

了，做得十分精巧。阿根廷人则不会走那条路，那也是一件十分艰苦的事。他们一般在中距离传球上做文章，这里的活动空间并不小，实际操作的可能性更大。至于出现大的空当，有长传配合攻门的机会，那就再好不过了。长期练短传，会不会使眼界变得狭小，就像那位巴西使馆二秘，我不知道。

在 1986 年到 2022 年之间，阿根廷队打的是巨星战术，只有 2002 年没有巨星，2006 年梅西还小。贝尔萨带队的时代，本来希望是很大的，只是他本人初临大赛，紧张有余。预选赛始终不召巴蒂斯图塔，进入决赛圈却让他首发出战，也是一个败笔。佩克尔曼一反贝尔萨的做法，让里克尔梅上阵，却也没能取得好成绩。

眼下的确没有新的巨星苗子出现，该怎么打呢？这个好像不是我们要关心的事，我只想在未来的阿根廷队中寻找传统足球的影子。不管是长传、短传，还是中距离传递，都那么精准，尽量做到天衣无缝。这一切，加上勇猛的冲锋精神。这样的阿根廷队会出现的，他们会向着新的胜利，进发！

Coca-Cola
YPF
BINANCE

王朝之颂

阿根廷不再哭泣

沈天浩

10。

在自己熟悉的迈阿密，阿根廷10号梅西迎来了国脚生涯中的第10场决赛。我们把2005年世青赛和2008年北京奥运会也计入其中，因为对于梅西来说，这是两届相当重要的大赛。2008年，21岁的梅西在北京摘得奥运金牌，此后几年他继续实现职业生涯的飞升，却无法帮助探戈军团拿到冠军。2018年，31岁的梅西在世界杯1/8决赛出局，阿根廷在姆巴佩的冲击力面前显得脆弱而惊惧，人们很难相信这支球队能够在短时间内重回胜利轨道。

从失望，到绝望

梅西也曾心灰意冷。2016年百年美洲杯，阿根廷再次闯入决赛，却又在点球互射中输给智利。当时还未满30岁的梅西一度宣布退出国家队，很多球迷对此失望不已："马拉多纳肯定不会这样离开我们！"马蒂诺带着遗憾下课，继任者包萨的国家队执教生涯短暂而不成功，但包萨至少完成了一项非常重要的任务：在两位国家队老将德米凯利斯和马斯切拉诺的帮助下，他说服梅西撤回先前的决定，重返国家队。

今天的梅西肯定感激当年包萨的努力。将时间线拉回2016年夏天，梅西的沮丧是显而易见的，这已经是他连续第三年输掉国家

队大赛决战。2014年的里约热内卢，2015年的圣地亚哥，2016年的新泽西，他的球队在90分钟内从未成为输家，可噩梦偏要等到加时赛和点球大战时，才以最残酷的方式降临。那三场决赛的360分钟里，阿根廷与对手都趋于保守，蓝白军团未能取得进球。作为进攻线上的灵魂，梅西承受的压力可想而知。

如果再算上2007年美洲杯，梅西在阿根廷成年国家队参加的前四场决赛，都以失利告终。这不只是梅西一个人的苦恼，自从巴西莱在1993年率队夺得美洲杯之后，阿根廷队在此后的二十多年里再也没有奖杯入账，悲情与感性成了这支球队的标签。

在这段时期里，阿根廷国内的经济出现严重问题，剧烈的通胀影响了阿根廷人的购买力。经济基础如此，足球产业的情况也好不到哪里去：管理层面，格隆多纳晚年昏聩，继任者塞古拉闹出贿赂丑闻；俱乐部赛场，阿根廷俱乐部在解放者杯上的竞争力不断下降，巴西俱乐部逐渐走向舞台中央。

失败主义的气氛笼罩着阿根廷、阿根廷人和阿根廷足球。那首英国人创作的《阿根廷别为我哭泣》，反倒成了很多人心目中最能代表阿根廷的旋律——阿根廷队不再习惯于取得成功，甚至看起来不被允许取得成功。

斯卡洛尼上任，历史性转折

2018年世界杯，阿根廷队小组赛踢得惊险，淘汰赛输得无奈，桑保利黯然离开，他的助教斯卡洛尼成为继任者。球员时代的斯卡洛尼代表阿根廷队踢过一届世界杯，但身份只是替补边卫，给人的印象是不温不火。开启教练生涯后，他在桑保利身边工作，在塞维利亚就是后者的助教。阿根廷足协最初为斯卡洛尼赋予的身份是临时主帅，很难想象，这样一位从未有过一线队主帅经历的年轻教头，后来成为阿根廷足球复兴的关键人物。

斯卡洛尼马上为国家队教练组带来了几张熟面孔：艾马尔或许让身披蓝白队服的梅西找到了更多的热情，萨穆埃尔则是阿根廷历史上能力最强的后卫之一。不到半年，阿根廷前队长阿亚拉也加入了他们。“少帅+名宿团”的组合，并未马上为阿根廷队带来大赛冠军：斯卡洛尼率队参加的第一届大赛是2019年美洲杯，当时球队在小组赛首战就输给哥伦比亚，次役对阵巴拉圭，探戈军团又在下半场被判罚点球。倘若没有门将阿尔马尼的关键扑救，阿根廷极有可能小组出局，届时等待斯卡洛尼的必然是一纸解聘书，日后的巨大成功也就无从谈起。

稳住阵脚的斯卡洛尼，开始潜心打造一支真正属于自己的团队。劳塔罗·马丁内斯、德保罗和帕雷德斯等人，在他上任后开始成为国家队的骨干力量，而在取得美洲杯季军之后，阿根廷队在接下来的世预赛中踢出全程不败的强势表现。带着这样的好状态，斯卡洛尼和梅西在2021年美洲杯上，终结了阿根廷28年的大赛冠军荒。捧杯的道路上，他们战胜了此前几届美洲杯上的两大克星：乌拉圭和巴西。

来到卡塔尔世界杯之前，阿根廷队在6月的美欧杯决赛中3比0完胜意大利。然而，世界杯小组赛首战爆冷负于沙特，让他们的连续不败纪录停留在36场，距离追平曼奇尼率领蓝衣军团创造的37场不败只差一步。更要命的是，此前几届世界杯上的伤心记忆，似

① 阿根廷夺得2022年世界杯冠军后，球迷聚集在布宜诺斯艾利斯的方尖碑庆祝，有球迷高举印有10号的蓝白旗帜。

② 阿根廷夺得2024年美洲杯冠军，球迷欣喜若狂。

1 2

乎又找上门来，而对于已经35岁的梅西来说，这或许是他冲击大力神杯的最后机会。

在这样的压力下，斯卡洛尼展现出强大的应变能力。他在阵容中做出几处关键调整：恩佐·费尔南德斯、麦卡利斯特和胡利安·阿尔瓦雷斯在后续比赛中成为常规主力，利桑德罗·马丁内斯也成为重要轮换。现如今，这几个名字已经作为世界冠军队重要成员为人熟知，可在世界杯开幕前，他们代表国家队出场都没有超过10次。

阿根廷队在卢赛尔球场的夜空下，第三次站在世界之巅。梅西在此役展现出惊人的能量和强韧的精神力，在本队两球领先被追平之后，他依然可以在加时赛继续制造神奇，并在法国队再次扳平比分后，率先迎接点球互射的挑战，将球稳稳罚进。卡塔尔世界杯，梅西踢满了每一分钟，这一次体能没有成为他的短板。除了梅西本人的强烈斗志，这还要感谢斯卡洛尼为他赋予的明确职责，以及身边一众队友的支持。

斯卡洛尼终于帮助国家队的梅西找到了最舒适、最强大的状态，并让一众年轻球员成为队内股肱，为阿根廷的未来打下基础。人们为这支球队取了一个绰号："斯卡洛内塔"，意思很明确：这就是斯卡洛尼的球队。阿根廷主帅在此前的世预赛阶段还有些谦虚地表示，自己其实并不太喜欢这个绰号。但捧起大力神杯之后，他终于对此欣然接受。

胜利，阿根廷足球的底色

卡塔尔的神奇旅程结束了，可阿根廷人还在继续向上攀登。世界冠军的头衔成了这支球队的心理养分，帮助球员们踢得更从容、更有信心。埃米利亚诺·马丁内斯在世界杯决赛的第118分钟被姆巴佩点射破门，随后面对穆阿尼的近距离射门上演神奇扑救，而在此之后，他的城门变得固若金汤。世界杯夺冠后，阿根廷队的球门在接近一年的时间里没有被对手攻陷，直到2023年11月对阵乌拉圭的世预赛才终告失守。埃米利亚诺·马丁内斯镇守的球门在长达752分钟时间里未被攻破，这也打破了布尔戈斯保持的阿根廷队连续不失球纪录。

阿根廷人的坚韧防守，在2024年美洲杯期间得以延续。年事已高的奥塔门迪退居二线，利桑德罗·马丁内斯与克里斯蒂安·罗梅罗组成了风格互补的完美搭档。实际上，阿根廷队的进攻线在2024年美洲杯并不在最佳状态，球队在淘汰赛先后面对厄瓜多尔、加拿大和哥伦比亚，踢得都相当艰难，幸而有这样的防线为球队托起了极高的下限。

在执教阿根廷之前，斯卡洛尼作为球员和教练，在欧洲足坛沉淀了20年时间。尽管从未效力顶级豪门，但他的足迹依然踏遍西意英三大联赛。某种意义上，他将欧洲中游球队的思维带到了阿根廷队，并在探戈军团球员天赋的帮助下，取得了巨大的成功。斯卡洛尼的目标很简单：全力以赴地追逐胜利，但

在赢球之前，首先要保证不输球——近五年时间里，只有2022年世界杯上的沙特和2023年世预赛中的乌拉圭，在阿根廷队的身上取得了胜利。

“我不知道这是否标志着一个时代的到来，但这支球队从未停歇地给人带来惊喜。”率队在美洲杯成功卫冕后，斯卡洛尼如是说。他已经带队踢了77场比赛，很快就会在执教场次的榜单上完成对梅诺蒂和比拉尔多的超越，身前只剩20世纪长期执教、率领阿根廷六夺美洲杯的斯塔维莱。

斯卡洛尼是阿根廷历史上的最佳国家队主帅吗？或许很难不假思索地给出答案。在足球哲学的层面上，斯卡洛尼的存在感大概不如两位世界杯冠军前辈。斯卡洛尼的性格过于平和，很难想象他会拉上当代的另一位教练，复制当年梅诺蒂与比拉尔多针锋相对的场景，但斯卡洛尼是更好的胜利专家。在执教场次相近的前提下，斯卡洛尼在任内只输了6场比赛（其中4场都发生在最初一年），梅诺蒂和比拉尔多则分别输了18场和24场。此外，斯卡洛尼也是唯一一率领阿根廷收获世界杯与美洲杯两项大赛冠军的主帅。

阿根廷是当下最强大的国家队吗？他们至少已经完成了一项几乎前无古人的成就。探戈军团是南美历史上第一支完成大赛三连冠的球队，即便放眼世界足坛，此前也只有2008年至2012年的西班牙能够做到这一点。梅西的职业生涯已无遗憾，斯卡洛尼让梅西找回了笑容，又让阿根廷足球找回了真正的传统：悲情不该是这支球队的底色，胜利才是。

1 3

2

① 斯卡洛尼与梅西亦师亦友，这位少帅帮助梅西在国家队找到最佳状态。

② 2022年阿根廷夺得世界杯冠军后，一张三位冠军教头的“合影”被阿根廷球迷翻了出来。照片上，“斯卡洛尼”与比拉尔多（右）交谈，梅诺蒂（中）在一旁注视。然而事实是，这张照片拍摄于1973年，彼时斯卡洛尼还没有出生。照片上酷似斯卡洛尼的人，是当时效力于河床的球员乌戈·佩纳，梅诺蒂与比拉尔多当时分别是飓风队和拉普拉塔大学生队的主帅。这样一张穿越时空的“合照”走红，或许可以说明斯卡洛尼在阿根廷球迷心中的地位。

③ 卡塔尔之旅结束后，这支团结一心的阿根廷队继续创造辉煌。胜利与欢笑，是这支王者之师的主旋律。

蓝白王朝的漫长前夜

吴昊宇

大赛三连冠的王朝时代之前，阿根廷经历了长达28年大赛冠军荒。

如果细细讲来，这28年可以说是漫漫长夜，一代又一代阿根廷球员为了冠军燃尽自己，却总是与最高荣誉擦肩而过。在这段时期内，还有过坐拥豪华阵容却止步世界杯小组赛、险些倒在世界杯预选赛这种或至暗、或惊险的时刻。

暗夜过后，阿根廷等来了天明，等来了灿烂的阳光，等来了绚烂的王朝时代。

马拉多纳的怒吼与不甘

1993年美洲杯决赛，阿根廷凭着巴蒂斯图塔的梅开二度，2比1击败墨西哥，那支云集了戈耶切亚、鲁杰里、西蒙尼、雷东多的蓝白军团，夺得了队史第14个美洲杯冠军。虽然阿根廷在1990年世界杯决赛不敌联邦德国，卫冕失败，但1991年和1993年实现美洲杯连冠的阿根廷仍然处在巅峰期，那时的蓝白拥趸或许不会想到，阿根廷之后会在28年时间里与大赛冠军无缘。

1993年9月，阿根廷在1994年世界杯预选赛中，主场0比5惨败哥伦比亚。那场比赛过后，阿根廷《体育画报》将最新一期的封面设计成全黑色，配上“耻辱”作为标题。也正是在这场比赛过后，阿根廷队主帅巴西莱与原本已经退出国家队的马拉多纳展开漫长的谈判，巴西莱希望马拉多纳能够回归拯救球队。最终马拉多纳同意回归，随阿根廷出战

世界杯预选赛附加赛。马拉多纳帮助阿根廷回归正轨，蓝白军团两回合2比1战胜澳大利亚，获得美国世界杯入场券。

马拉多纳领军的阿根廷开启美国世界杯征程，他们在首战中4比0战胜希腊，攻入一球的马拉多纳对着镜头怒吼的一幕成为经典。小组赛次战，卡尼吉亚独中两元，帮助阿根廷2比1击败尼日利亚。当时阿根廷阵中有着状态出色的马拉多纳，还有卡尼吉亚、巴蒂斯图塔、雷东多等优秀球员，被视作夺冠热门。然而在对阵尼日利亚的赛后，被要求进行药检的马拉多纳麻黄碱检测结果呈阳性，被禁赛15个月。得知结果的马拉多纳怒不可遏，他在发布会上表示：“他们砍掉了我的双腿。”马拉多纳被禁赛后，阿根廷士气低落，在1/8决赛不敌罗马尼亚，就此结束美国世界杯之旅。后来马拉多纳在接受采访时表示，他认为1994年的阿根廷是“历史上最好的阿根廷”，只是由于莫名其妙的禁赛罚单才过早出局。他同时辩解称，自己并没有刻意服用兴奋剂，只是他的私人体能教练为他开出的流感药品含有这些成分。

美国世界杯后，阿根廷进入帕萨雷拉执教的时代。作为1978年那支阿根廷队的冠军队长，帕萨雷拉上任后从严治军。1995年和1997年，阿根廷接连夺得世青赛冠军，这给了球迷莫大的期待，克雷斯波、阿亚拉、萨内蒂、贝隆、克劳迪奥·洛佩斯等新人在这一时期走上台前。1998年世界杯，阿根廷在一场经典对决中击败宿敌英格兰，闯入8强，但1/4决赛面对荷兰，奥特加染红离场，博格坎普的绝杀让阿根廷抱憾出局。虽然打出了精彩的比赛，年轻人的表现也令人眼前一亮，但阿根廷在帕萨雷拉时代的成绩并没有取得突破，两届美洲杯和一届世界杯均止步8强。

大热≠冠军

阿根廷之后进入贝尔萨时代，这位个性十足的主帅将3313阵形和持续的高位压迫体系植入阿根廷队。在经历过梅诺蒂时代的地面控制和比拉尔多时代的立足防守伺机进攻风格过后，阿根廷队还没有踢过这种模式的足球，但在2002年世界杯预选赛上，贝尔萨的这套体系，让阿根廷成为南美区进攻火力最猛的队伍。那届世预赛，阿根廷早早就锁定一个晋级名额，场均进球数、获胜场数和场均积分都创下球队参加世预赛以来的最高纪录。

1

2

① 阿根廷夺得2024年美洲杯冠军后，球迷来到阿根廷国家队的埃塞萨基地外，等待球队凯旋，马拉多纳的雕像矗立在夜色中。实现大赛三连冠之前，蓝白军团也曾经历28年大赛无冠的漫漫长夜。

② 1994年，是阿根廷28年大赛无冠的起始年份，那一年的世界杯赛场，马拉多纳的怒吼成为经典一幕。然而之后马拉多纳遭遇禁赛，阿根廷止步16强。

虽然被分入死亡之组，但阿根廷仍在2002年世界杯开战前被视作夺冠热门之一。然而，小组赛首战小胜尼日利亚过后，阿根廷在次战中被宿敌英格兰复仇成功，贝尔萨的球队在对阵瑞典时陷入不利局面。在巨大压力之下，阿根廷没能成功突围，1比1的比分让这支夺冠热门倒在小组赛，多名阿根廷球员泪洒赛场。韩日世界杯之后，贝尔萨在乡间别墅中“隐居”了几个月，以躲避外界的口诛笔伐。多年后巴蒂斯图塔在采访中指出，贝尔萨的问题在于始终没有尝试变阵。球员生涯最后一届世界杯草草收场，“战神”心中必定充满不甘。

2004年美洲杯是贝尔萨实现救赎的最好机会，那届的阿根廷队以2001年世青赛冠军成员为主要班底，老对手巴西则派出“二队”出战，外界普遍看好阿根廷能够打破无冠魔咒。决赛中阿根廷全场占据上风，在补时阶段仍以2比1领先。然而在距离破咒仅有一分钟之际，阿德里亚诺将球送进了阿根廷的球门，巴西补时绝平，并在点球大战中获胜。阿根廷以最残酷的方式延续着无冠怪圈，赛后索林、阿亚拉、达历山德罗等球员的表情中写满了无奈，贝尔萨则表情凝重。尽管接下来的雅典奥运会，阿根廷国奥队获得金牌，但这很难弥补美洲杯丢冠的创伤，贝尔萨在2004年9月辞职。

佩克尔曼此后接过阿根廷队教鞭。曾执教阿根廷青年队多年的佩克尔曼，带领自己非常熟悉的一批球员，以及初出茅庐的梅西，踏上2006年德国世界杯的征程。小组赛6比0横扫塞黑的比赛，替补登场的梅西打入个人世界杯第一球。1/4决赛对阵东道主德国，阿根廷凭着阿亚拉的进球取得领先，但此后佩克尔曼选择将两位主将里克尔梅和克雷斯波替换下场。阿根廷被追平比分，点球大战中也没能击败最擅长点球的德国人，蓝白军团再一次带着遗憾止步8强。

三连亚之憾

2006年世界杯过后，阿根廷进入“梅西时代”。2005年世青赛冠军和2008年奥运金牌都是梅西在青年队的重要荣誉，而他也肩负着为阿根廷打破成年队冠军荒的重要使命。只是在重压之下，梅西职业生涯前期的国家队表现并不尽如人意，阿根廷仍旧一次次看着冠军远去。2007年美洲杯决赛，阿根廷再次败在老对手巴西脚下。2010年世界杯，马拉多纳挂帅的阿根廷在对阵德国时一触即溃。

① 作为夺冠热门中途止步、世界杯决赛加时惜败、美洲杯决赛点球饮恨…… 每一张照片的背后，都是阿根廷的苦涩记忆。

② 2022年世界杯夺冠后，阿根廷全队返回国内，顶着炽热的阳光，开启夺冠巡游。

阿根廷球迷对梅西在国家队的状态感到不满，阿根廷媒体也对梅西有颇多批评。

2011年本土美洲杯，阿根廷止步8强。在点球输给乌拉圭的比赛后，球场内的球迷向梅西发出嘘声。球迷们希望梅西能如马拉多纳一样，以极致的个人主义带领阿根廷夺得冠军，然而现实情况却是，阿根廷的冠军荒越来越长。

2014年世界杯，阿根廷在萨韦利亚的带领下闯入决赛，但格策的进球粉碎了蓝白军团的冠军梦。接下来的美洲杯两连亚，以及接踵而至的阿根廷足协丑闻，都让阿根廷的黑夜无比漫长。

在一度退出国家队又回归之后，梅西用一个帽子戏法帮助阿根廷客场3比1击败厄瓜多尔，带领球队进入2018年世界杯决赛圈。俄罗斯世界杯，阿根廷跌跌撞撞进入淘汰赛，但在年轻的法国队面前，阿根廷还是黯然出局。而在俄罗斯世界杯期间，阿根廷队的将帅矛盾一度成为焦点，一切迹象似乎都暗示，阿根廷的黑暗时代很难在短时间内结束。

阿根廷新一任足协主席塔皮亚在俄罗斯世界杯后选择信任斯卡洛尼，这一安排原本被视作“死马当活马医”。但在新教练组的努力之下，球队以梅西为绝对核心，辅以一众生力军，战术体系逐步成型。这套体系虽然没能帮助阿根廷在2019年美洲杯夺冠，但也初见成效。随着斯卡洛尼的球队连续不败，外界也开始重新审视这支全新的阿根廷队。

2021年美洲杯决赛，阿根廷在马拉卡纳球场1比0击败巴西，梅西把奖杯高高举过头顶。阿根廷终于告别28年的大赛冠军荒，几代蓝白将帅的泪水、遗憾和不甘，无数让人不堪回首的至暗时刻，就此成为历史。在卡塔尔捧起大力神杯后，梅西曾表示：“这个冠军也属于一代又一代为了冠军梦想而奋斗的阿根廷球员。”熬过漫长的暗夜，阿根廷实现大赛三连冠伟业，盼来了日出，迎来了灿烂的朝阳。

球商的胜利，伯乐的功绩

梁宏业

2024年美洲杯决赛，替补登场的劳塔罗·马丁内斯在加时赛打进制胜球，阿根廷队1比0战胜哥伦比亚队，夺得2024年美洲杯冠军。阿根廷队实现大赛三连冠，成为西班牙队之后，足坛又一支实现大赛三连冠成就的队伍。阿根廷队也拿到了第16个美洲杯冠军，从而超越15次美洲杯夺冠的乌拉圭队，成为美洲杯之王，阿根廷队也将9次夺冠的巴西队远远甩开。夺得2021年美洲杯冠军后，阿根廷队结束了28年大赛无冠的历史，一跃进入大赛三连冠的历史鼎盛时期。

艰辛夺冠路

2024年美洲杯开赛前，阿根廷队就是夺冠大热门。传统宿敌巴西队正在重组中，仍需时间才能达到和阿根廷队竞争的高度，而乌拉圭队和哥伦比亚队状态正佳，但在人员配置方面，要想和世界杯冠军阿根廷队一争高下，仍有欠缺。

不过，阿根廷队的夺冠过程并非一帆风顺。首先，阿根廷队不少主力球员不在最佳状态，作为世界杯时的主力后腰，恩佐·费尔南德斯刚刚在4月初做了手术，另一位主力中场

① 阿根廷夺得2024年美洲杯冠军，梅西与迪马利亚、奥塔门迪共同捧杯。

② 2024年美洲杯小组赛第2轮，劳塔罗替补登场打入绝杀进球，帮助阿根廷1比0战胜智利。尽管智利如今阵容实力下滑，但球风硬朗依旧，给阿根廷制造了不小的麻烦。

麦卡利斯特也在利物浦经历了一个消耗颇大的赛季。更重要的是，球队核心、队长梅西已经离开欧洲赛场，37岁的梅西，已处于职业生涯的尾声阶段。

这样一支并不处于最佳状态的阿根廷队，在小组赛首战对阵加拿大队的比赛中就面临困难，不过最终还是赢下了比赛。次战面对曾经两次在美洲杯决赛中让阿根廷队无冠而归的智利队，阿根廷队依旧难以打出统治级表现。如今的智利队与10年前的智利队已经无法相提并论，但阿根廷队还是和智利队陷入纠缠乱战，劳塔罗禁区内抢点破门，帮助阿根廷队拿下胜利。小组赛最后一战对阵秘鲁队，阿根廷队派出了大量替补球员，这反而是小组赛三场比赛中阿根廷队表现最好的一场。

阿根廷队夺冠历程中最惊险的一场比赛，出现在对阵厄瓜多尔队的1/4决赛。开场后阿根廷队就处于被动，不过他们在上半时利用角球机会打进一球，可是接下来局面未变，阿根廷队在下半时依然被动。尽管阿根廷队最后时刻换上了能控制高点的奥塔门迪，想通过更加严密的防守过关，还是被连续换上前锋“拼刺刀”的厄瓜多尔队在最后时刻将比分扳平。点球大战中，梅西第一个登场，他主罚的点球击中横梁弹出，幸好门将埃米利亚诺·马丁内斯连续扑出对手两个点球，把阿根廷队从淘汰边缘拉了回来。赛后阿根廷队主帅斯卡洛尼自己都承认，这样的比赛“毫无享受可言”。

阿根廷队在半决赛中又一次遭遇加拿大队，这次阿根廷队能顺利过关，更多体现出他们在足球认知水平上高人一等。论身体状况，阿根廷队明显更为疲惫、更加不在状态。在开场就被加拿大队连续打出反击后，阿根廷队开始打传控球，尽量避免让加拿大队随意打出反击。阿根廷队则通过长传反击，由阿尔瓦雷斯打进首开纪录的进球。梅西在下半时再进一球，阿根廷队挺进决赛。

决赛中，阿根廷队并不是凭借统治级场面战胜对手，他们再一次依靠足球智商优势取得胜利。决赛上半时，面对身体素质、体能、速度全面占优的哥伦比亚队，阿根廷队陷入被动，好在阿根廷队用后场防守和传倒控球没有让比赛失控。下半时比赛，队长梅西受伤离场，但阿根廷队并未丧失斗志，最终在加时赛中凭借替补登场的帕雷德斯、洛塞尔索和劳塔罗的一次连续配合，打入制胜球，锁定冠军。

在2024年美洲杯夺冠历程中，阿根廷队阵中表现最令人惊喜的球员是中锋劳塔罗·马丁内斯。国际米兰中锋并不是这届美洲杯阿根廷队的主力中锋，他只出场了221分钟，只在小组赛第3场对阵秘鲁队的比赛和1/4决赛对阵厄瓜多尔队的比赛中首发，其他4场比赛都是替补登场。但他还是打进5球，收获赛事金靴。决赛中他加时破门一锤定音，阿根廷就此实现大赛三连冠伟绩。

阿根廷队在这一届美洲杯的夺冠历程，看似一马平川，并未与9次美洲杯冠军巴西队和15次美洲杯冠军乌拉圭队交手，但实际

上，阿根廷队的夺冠之路格外艰辛。与2021年那支处于上升期、生气勃勃的球队相比，与2022年那支处于巅峰的球队相比，阿根廷队在这一届美洲杯，更多是利用球员们的大赛经验，和对足球高人一等的理解，智取对手。

斯卡洛尼的时代

2018年世界杯，曾被认为是阿根廷队冲击世界杯冠军的良机，因为4年前阿根廷队打进了世界杯决赛，也因为2018年梅西已经31岁，在外界看来，这或许是梅西以最佳状态冲击世界杯冠军的最后一次机会。但2018年世界杯的结果对于阿根廷足球来说是黑暗的，主帅桑保利的战术安排没有获得大多数老队员的认同，在与法国队的对攻战中，阿根廷队败北。

当时没有人知道梅西是否会宣布就此告别国家队，梅西在2016年美洲杯决赛失利后一度退出国家队，这一次他不想再做出冲动的决定。但未来似乎仍是一片黑暗，比格利亚、马斯切拉诺等实力派老将退出，此时的阿根廷队缺乏世界级球星，留存下来的强将只有梅西、阿圭罗、迪马利亚、奥塔门迪、阿库尼亚、塔利亚菲科等人。

更让人束手无策的是，经历多年的混乱管理后，阿根廷足协经费紧张，很难请到大牌教练，雪上加霜的是，足协还要向桑保利支付1100万美元的毁约金。无奈之下，阿根廷足协只能让2018年世界杯教练组成员斯卡洛尼担任代理主帅。斯卡洛尼通过了2019年美洲杯的考验，实现转正。

或许没有人会在最初的时候，认为斯卡洛尼执教的阿根廷队能够取得成功，因为那时阿根廷缺乏人才，斯卡洛尼几乎是在灰烬和废墟之上重新建队。此时的阿根廷，给人的感觉是人才匮乏，在2005年世青赛夺冠梅西闪耀、2007年世青赛夺冠阿圭罗锋芒毕露之后，传统的世青赛热门球队阿根廷队，就再也没有闯进过半决赛。斯卡洛尼重建球队，只能从一些欧洲联赛中下游球队和阿根廷本

① 2024年美洲杯半决赛，胡利安·阿尔瓦雷斯在打入首开纪录的进球后跃起庆祝。

② 2024年美洲杯决赛，终场哨响后阿根廷球员庆祝胜利。

③ 阿根廷阵中部分主力与重要轮换球员，在首次获得成年队征召时尚未成名。斯卡洛尼慧眼识珠，是阿根廷取得成功的关键因素之一。

1 2 3

土联赛挑选球员，以至于大部分欧洲足球记者看着2018年世界杯后的阿根廷队名单都会头疼，因为他们不知道这些球员是从哪里来的，长什么样，踢什么位置。

如今的阿根廷队，满是在欧洲大牌俱乐部效力的球员，然而你还记得这些球员首次被斯卡洛尼征召时，是在哪效力吗？马竞的德保罗、利物浦的麦卡利斯特、热刺的罗梅罗、曼联的利桑德罗·马丁内斯，以及蒙铁尔和莫利纳，那时候都在干什么？

看一看现在阿根廷队的精兵强将，在首次入选成年国家队时效力的俱乐部：克里斯蒂安·罗梅罗，亚特兰大；劳塔罗·马丁内斯，竞技队；胡利安·阿尔瓦雷斯，河床；麦卡利斯特，博卡青年；德保罗，乌迪内斯；纳韦尔·莫利纳，乌迪内斯；蒙铁尔，河床；利桑德罗·马丁内斯，国防与司法；埃克塞基尔·帕拉西奥斯，河床；尼古拉斯·冈萨雷斯，斯图加特，那时他刚刚来到欧洲赛场一年……

这批球员中的很多人，如今已经进入欧洲顶级俱乐部，并且帮助阿根廷队拿到大赛三连冠，这充分说明了斯卡洛尼挖掘人才的眼光。另一方面，一些在青年队比赛中没有进入各大俱乐部球探法眼的球员，也是凭借着此前美洲杯和世界杯的表现进入豪门。可以说，斯卡洛尼让这些球员通过在大赛中的表现，走向了更高的舞台，也获得了更丰厚的收入。

斯卡洛尼的成功不是偶然，他的选人眼光只是他成功的原因之一，他的沟通能力和情商才是高得离谱。首先是他说服梅西回到

纳韦尔·莫利纳

利桑德罗·马丁内斯

蒙铁尔

埃克塞基尔·帕拉西奥斯

尼古拉斯·冈萨雷斯

克里斯蒂安·罗梅罗

劳塔罗·马丁内斯

胡利安·阿尔瓦雷斯

麦卡利斯特

德保罗

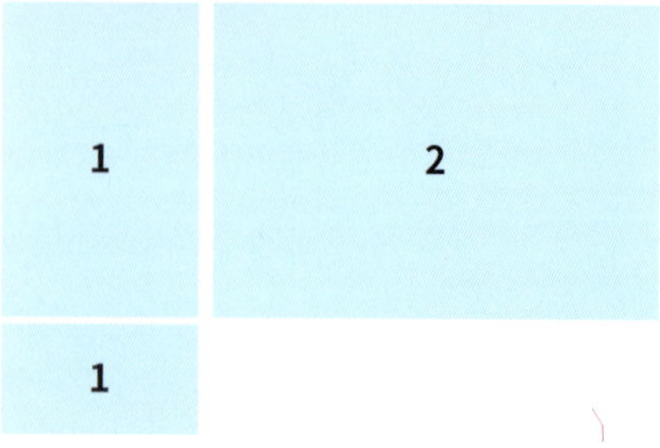

① 帮助梅西在国家队找到最舒适状态的斯卡洛尼，与梅西其实早有交集。梅西成年国家队首秀染红时，身为队友的斯卡洛尼曾带头与主裁争论。

② 2024 年美洲杯颁奖仪式，斯卡洛尼与众将击掌。

球队，而阿根廷队教练组能否和梅西相处好，是球队成败的关键。此前萨韦利亚说服梅西牺牲自己更多为队友们做球，成就了阿根廷2014年世界杯亚军。而桑保利过于执着地推行三中卫战术，不理会梅西和其他球员要求打四后卫的偏好，直接导致2018年世界杯的失败。2019年美洲杯，阿根廷队起步并不顺利，梅西对队内的众多问题不满，但在斯卡洛尼耐心劝说下，梅西逐渐发现，这支球队是有希望的，斯卡洛尼也在2019年美洲杯后顺利转正。为了调节队内关系，斯卡洛尼也将当时名气上仅次于梅西的伊卡尔迪放弃。

在战术上，斯卡洛尼也是个鬼才，他最著名、最绝妙的安排，就是在2022年世界杯决赛对阵法国队的比赛中，让迪马利亚首发打左路，专攻登贝莱身后，让阿根廷队半场2比0领先，占尽先机。2024年美洲杯决赛中，在阿根廷全场不占优势的情况下，斯卡洛尼在加时赛换上帕雷德斯、洛塞尔索和劳塔罗，三人合力完成制胜球。斯卡洛尼也是个尊重足球规律的主帅，卡塔尔世界杯，阿根廷队首战输给沙特队后，斯卡洛尼对阵容进行了大调整，撤下绝对主力劳塔罗，让小将胡利安·阿尔瓦雷斯和刚刚进入国家队的恩佐·费尔南德斯等人首发，激发了球队活力，阿根廷队找到了更合适的主力阵容。

所以，斯卡洛尼究竟是一位怎样的主帅？他能让队内关系和谐融洽，又懂得如何挖掘有潜力的球员；他能够帮助梅西在场上场下发挥领袖作用，也可以精准判断球员在大赛期间的状态，择贤而用；战术上，他善于发现对手漏洞，布置奇袭良策。斯卡洛尼几乎做对了一切，这在容错率很低的大赛中是很难实现的。阿根廷队的三连冠时代，也同样是属于斯卡洛尼的时代。

蓝白教父

吴昊宇

带领阿根廷夺得2024年美洲杯冠军之后，斯卡洛尼在执教生涯中已经拥有一个世界杯冠军和两个美洲杯冠军。阿根廷前两位世界杯冠军教头梅诺蒂和比拉尔多，同样受到阿根廷人民的敬重，但两人从未率队夺得过美洲杯冠军，而斯卡洛尼不仅带领阿根廷将美洲杯冠军和世界杯冠军收入囊中，还率队实现大赛三连冠伟绩。

突如其来的辞职风波

斯卡洛尼如今再度率队收获荣誉，然而在2023年，他差一点就辞职，离开阿根廷队帅位。从接过阿根廷队教鞭，一直到2022年卡塔尔世界杯率队夺冠，斯卡洛尼和阿根廷足协的关系看起来始终亲密无间。阿根廷足协主席塔皮亚在卡塔尔世界杯开始前，就宣布和斯卡洛尼的教练组续约到2026年世界杯，心无旁骛的阿根廷将帅在卡塔尔团结一心，成功登顶。阿根廷队取得巨大成功，各方关系十分和谐，一切看起来都是如此完美，这也让后来的斯卡洛尼辞职风波显得十分突然。

2023年，在迎来世界杯夺冠一周年之际，斯卡洛尼在发布会上突然表示，自己“要停下来思考一番”。他表示，自己很难继续带领阿根廷维持连胜脚步，球队需要一个更有活力的主教练。这番话在阿根廷引发震荡，国脚们也同样感到错愕。

后来阿根廷媒体揭开内幕，这起风波的起因，是斯卡洛尼对于阿根廷队的后勤保障和热身赛安排存在不小疑虑，同时在自己和教练组的薪资待遇方面，斯卡洛尼和足协主席塔皮亚也存在一定分歧。虽然在卡塔尔世界杯之前，斯卡洛尼的教练组就已经和足协续约到2026年世界杯，但双方在诸多细节上仍然没能达成一致。阿根廷媒体普遍认为，这次辞职风波更多是斯卡洛尼的教练组向足协施压。斯卡洛尼、萨穆埃尔、艾马尔、阿亚拉这几位昔日并肩作战、如今共同缔造蓝白军团又一个辉煌时代的老伙计们已经合作多年，他们想要共进退，向足协争取属于自己的利益，这是人之常情。此外，阿根廷在阵容

① 率队夺得2024年美洲杯冠军后，斯卡洛尼振臂庆祝。

② 一向勤勤恳恳的斯卡洛尼，在2023年经历了辞职风波。除了对阿根廷足协的一些安排不满，为自己的助教团队争取更好的待遇也是这次风波的起因之一。

③ 卡塔尔世界杯决赛后，斯卡洛尼身着球员时代夺得U20世青赛冠军时的阿根廷球衣，手举大力神杯庆祝。

层面上仍有隐忧，梅西近两年持续被伤病困扰，迪马利亚将在2024年美洲杯后退出国家队，斯卡洛尼表示自己很难继续带队维持连胜脚步，也同样有他的理由。

但为了大局考虑，斯卡洛尼同意继续带队。2024年美洲杯，这支保留了世界杯夺冠阵容大部分班底的阿根廷成功卫冕。夺冠之后，斯卡洛尼与梅西紧紧相拥的一幕令人印象深刻。能够带领蓝白军团实现大赛三连冠，斯卡洛尼配得上阿根廷足球“教父”的称谓。

“看菜下饭”，胜利至上

斯卡洛尼之前，梅诺蒂与比拉尔多都是阿根廷足球“教父”级主帅。梅诺蒂崇尚技术和进攻，比拉尔多则信奉身体对抗和战术执行力。两人截然不同的执教流派，还曾在阿根廷国内引发大规模争论，有人信奉梅诺蒂主义，另一部分人则相信比拉尔多主义。除了这两位冠军教头，阿根廷向来也不缺乏个性主帅，“疯子”贝尔萨就是其中的佼佼者，他的高位逼抢和3313阵形在足坛独树一帜，不少教练曾表示，自己的执教风格受到了贝尔萨的影响。

而斯卡洛尼的这支阿根廷队，并不存在特别的标签或鲜明的战术风格，赢球才是斯卡洛尼主义的唯一信条。外界评价斯卡洛尼的球队时，都表示这是一支“无情的赢球机器”。此前63场由斯卡洛尼带队的正式比赛，阿根廷只输掉两场，他还曾带队打出过连续36场不败的纪录。在斯卡洛尼带领下，阿根廷不再是当年那支关键时刻脚软、连续输掉三届大赛决赛的队伍。无论采用什么风格，赢球才是这支阿根廷队的第一要义。

2021年美洲杯，阿根廷经历了一场充满肉搏和犯规的决赛，以1比0击败老对手巴西，夺得冠军。卡塔尔世界杯，首战失利的阿根廷一步步调整。淘汰赛面对不同对手，斯卡洛尼采取了不同的应对方案，面对荷兰队他选择主动在边路出击，面对克罗地亚他则安排球队让出球权打反击。决赛的阿根廷一度两球领先，却被孤注一掷的法国连进两球追平比分，加时赛阿根廷再次经历了领先后被扳平的情况，但最终仍然惊险夺冠。斯卡洛尼在之后的采访中表示，他始终不敢回看那场决赛。

2024年美洲杯，阿根廷又是一路过关斩将，与此前一年多保持不败的哥伦比亚在决赛相遇。蓝白军团经历了惊险时刻，一度被哥伦比亚压制，队魂梅西下半时伤退。但在加时赛，劳塔罗的进球还是帮助阿根廷赢得冠军。斯卡洛尼麾下的这支冠军之师，在困境中总是能化险为夷。炎热的天气、糟糕的场地，在2024年美洲杯上，斯卡洛尼的球队没有展现出如同此前一样的侵略性，但这样一支状态不在最佳的蓝白军团，还是靠着严密防守和适时一击，一路过关。

打江山易，守江山难。随着夺冠功臣年龄增大，以及球员心态发生变化，一支国家队想要实现大赛连冠成就，是非常困难的事情。斯卡洛尼能够在连续三届大赛中将这支阿根廷带上巅峰，足见他出色的执教能力。斯卡洛尼的足球仍然不拘一格，擅长审时度势的阿根廷主帅，在2024年美洲杯上仰仗出色的防守拿下冠军，6场比赛仅丢掉一球，劳塔罗挺身而出，接连立功。卡塔尔封王后，世人皆言斯卡洛尼有安切洛蒂之风，针对不同对手“看菜下饭”的水准一流。从他带领阿根廷实现大赛三连冠的历程来看，此言非虚。

管理得当，成就王朝

当初斯卡洛尼暗示可能辞职时，阿根廷全队都感到震惊，球员们都表示希望斯卡洛尼留下。斯卡洛尼也在随后的声明中表示，自己一直在跟梅西交流，梅西全力支持他继续留下来，帮助阿根廷队创造更多的辉煌。赢下每一届决赛之后，我们都能看到斯卡洛尼与梅西一起庆祝的场面。

① 2024年美洲杯抽签仪式上，阿根廷队主帅斯卡洛尼带来美洲杯奖杯。数月后，斯卡洛尼带队将奖杯赢回。

② 备战2019年美洲杯期间，斯卡洛尼在训练场与众将有说有笑。在斯卡洛尼的领导下，阿根廷更衣室气氛极佳。

③ 斯卡洛尼的形象，以墙画的形式出现在其家乡普哈托。对于阿根廷人来说，他已成为一代蓝白教父。

1 3 2

阿根廷能够走出阴影，斯卡洛尼打造的以梅西为核心的体系，起到了最关键的作用。当阿根廷全队都为了梅西这位偶像和战友坚定战斗时，这支球队的能量是惊人的。卡塔尔世界杯后，斯卡洛尼又面临新任务，那就是为这支冠军球队完成更新换代。加纳乔是阿根廷的重要新人之一，卡塔尔世界杯前，已经有媒体为他进入阿根廷队造势，西班牙队也有意争夺这位出生在马德里的少年。

对于加纳乔这位实力不俗，却也因为在社交媒体上较为活跃而引发一些“问题”的少年，斯卡洛尼的做法是循序渐进。2023年在北京，阿根廷在友谊赛中2比0击败澳大利亚，加纳乔是役上演阿根廷队首秀，赛后他非常高兴地更新社交媒体：“梦想成真。”斯卡洛尼谈到他时则表示：“对于他，我们需要一步步地观察。”之后的11月国家队比赛日，由于在俱乐部状态不佳，加纳乔没有获得征召。在媒体面前，斯卡洛尼解释道：“这是出于足球的原因，没有任何私怨。”随着赛季末加纳乔状态回升，斯卡洛尼还是将他带到了美洲杯赛场，加纳乔也在夺冠后和全队一起庆祝。有斯卡洛尼坐镇，个性十足的加纳乔规规矩矩。

斯卡洛尼能够带领阿根廷取得成功，不仅因为他善于在球场上审时度势，还因为他能够将全队捏合成一个整体。每名球员各司其职，关键时刻拧成一股绳奋力拼搏，这才有了阿根廷队的王朝时代。这位球员时代名气不算响亮、执教阿根廷之前缺乏光鲜履历的少帅，已然是阿根廷新一代“教父”。

好汉三个帮

吴昊宇

阿根廷队在卡塔尔捧起大力神杯后，斯卡洛尼曾在专访中表示，那场决赛的前夜，他和教练组成员进行了一番长谈。那是一次情绪充沛的对话，他很动情地感谢了每个人，感谢大家共同经历的一切。随后教练组继续为决赛做准备工作，他们也在决赛后享受登顶的喜悦。

后来在斯卡洛尼辞职风波期间，有消息称，他如此考虑是为了给教练组成员争取更多利益。这个在上任之初并不被外界看好的教练组不仅收获成功，而且始终共进退。斯卡洛尼的助教团队包括了萨穆埃尔、阿亚拉和艾马尔这三位明星级名宿，此外还有门将教练托卡利、体能教练路易斯·马丁、视频分析师马蒂亚斯·曼纳等人。他们的团结协作，成就了阿根廷的蓝白王朝。

岩石，定海神针

2024年美洲杯小组赛最后一轮阿根廷对阵秘鲁的比赛，斯卡洛尼停赛，萨穆埃尔代替他出席了赛前发布会，之后又替他指挥了这场比赛。劳塔罗下半场率先破门之后，萨穆埃尔在场边挥拳庆祝。2022年1月，斯卡洛尼因为感染病毒被隔离，萨穆埃尔代替他率领阿根廷队出战世预赛。可以说，萨穆埃尔就是斯卡洛尼的“第一替身”。一旦斯卡洛尼无法指挥比赛，萨穆埃尔随时可以顶班，而且他带队出战的比赛，阿根廷保持全胜。

球员时代的萨穆埃尔是一位沉毅的领袖，他的绰号是“岩石”。这个绰号不仅能体现他作为中后卫的坚固属性，也能体现他性格上的稳重。萨穆埃尔2016年正式退役，两年后他受斯卡洛尼邀请，成为阿根廷国家队教练组成员。萨穆埃尔主要负责防守战术的制订，以及定位球攻防的布置。曾受穆里尼奥赏识的他，在防守战术上也深得穆帅真传，昔日阿根廷一触即溃的防守，在新教练组上任后有了明显的改善。2024年美洲杯，阿根廷更是在整届赛事只丢一球的情况下夺冠。

蓝白军团夺得卡塔尔世界杯冠军后，阿根廷媒体透露，球队在点球大战中的出场顺序是由萨穆埃尔排定。对阵法国的决赛，阿根廷在点球大战第4轮有望直接制胜，当时斯卡洛尼原本希望将第5个主罚的劳塔罗顺位

① 2022年美欧杯赛前，斯卡洛尼与三名助教阿亚拉、艾马尔、萨穆埃尔（左起）来到温布利踩场。

② 斯卡洛尼的三位助教各司其职：萨穆埃尔负责制定防守与定位球攻防战术，并在斯卡洛尼缺席时临场指挥；心思细腻的艾马尔是梅西的偶像，他可以更好地与球员沟通；严格而有威望的阿亚拉，则会承担起球队的思想工作。

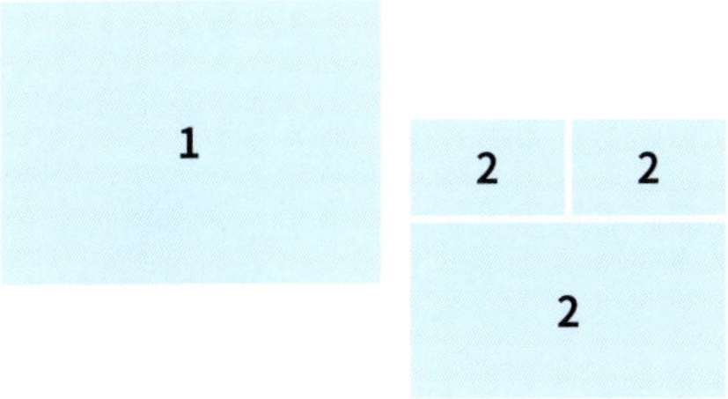

提前，但萨穆埃尔否决了主帅的想法，阿根廷仍然按照原先的安排，让蒙铁尔主罚第4个点球。蒙铁尔不负众望，攻入制胜点球。在阿根廷成就一代王朝的历程中，每当斯卡洛尼略显情绪化的想法萌生时，冷静且头脑清晰的萨穆埃尔总能及时制止，他在阿根廷教练组中扮演着定海神针的角色。

小丑，沟通纽带

艾马尔是梅西的偶像，他精湛的技术影响了一代阿根廷球员。退役之后，艾马尔一直在阿根廷国字号球队工作。2017年他来到阿根廷足协任职，担任阿根廷U17队主教练。2019年，艾马尔率领球队拿到南美U17锦标赛冠军。

艾马尔始终是斯卡洛尼最坚实的臂膀之一，他在U20国家队时代就曾辅佐斯卡洛尼，二人携手带领阿根廷U20队拿下了2018年阿尔库迪亚杯冠军。到了阿根廷成年国家队，艾马尔依旧是斯卡洛尼的得力助手，他主要负责进攻端的战术设计，同时他也是斯卡洛尼和球员之间的沟通纽带。艾马尔和斯卡洛尼是非常亲密的朋友，绰号“小丑”的他，在球员和教练组中人缘极佳。阿根廷《国家报》曾这样评价作为教练的艾马尔：“巴勃罗拥有作为教练的一切优秀品质，工作认真、尊重他人、出色的演讲能力、对他人的无条件信任，还有对比赛的全身心投入。”

2024年3月，阿根廷来到美国参加友谊赛，全队一起前往现场观看NBA常规赛湖人对阵步行者的比赛。在社交媒体上流传的一条视频中，

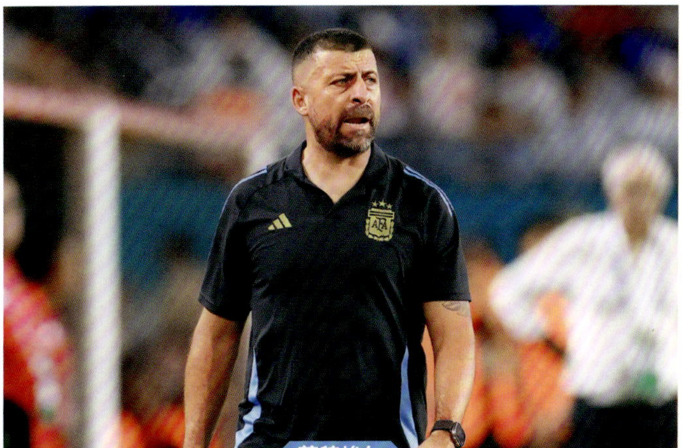
萨穆埃尔

阿亚拉

梅西与艾马尔

斯卡洛尼在球馆纪念品商店看中了一件湖人队卫衣，他转头问起艾马尔：“巴勃罗，你有钱帮我付一下吗？”艾马尔做出了一个“嫌弃”的表情，惹得身旁的阿根廷将帅哈哈大笑，这一幕足以看出全队与艾马尔的良好关系，以及阿根廷队内的和谐氛围。2022年世界杯小组赛第2轮，阿根廷在对阵墨西哥的这场关键战中一度陷入苦战，第64分钟，梅西打破僵局，艾马尔在场边激动落泪。这一幕已经成为经典一瞬，见识过不少大场面的“小丑”，也有着感性的一面。

老鼠，技术达人

在2006年那支云集了里克尔梅、克雷斯波、梅西、特维斯、艾马尔等天才的球队中，阿亚拉是防线上的领袖，虽然身材不高，但绰号“老鼠”的阿亚拉有着惊人的身体素质和弹跳能力。阿亚拉在球员时代，经历了阿根廷大赛无冠的灰暗时期，虽然他曾随队夺得过泛美运动会金牌和奥运金牌，但阿亚拉在美洲杯和世界杯冠军荣誉簿上都只能挂零。1998年世界杯，欧文的成名作和博格坎普的经典绝杀，阿亚拉都不幸成了背景板。

2019年1月，阿亚拉受斯卡洛尼邀请，加入阿根廷国家队教练组，当时阿亚拉是这个执教经验不足的教练组中，履历最为丰富的一位。退役后，阿亚拉曾在自己球员时代效力过多年的瓦伦西亚俱乐部担任技术总监，也曾在球员生涯最后一站的竞技俱乐部任职。阿亚拉会协助萨穆埃尔布置防守端战术，他还担负着分析本队犯下过的失误、总结经验的职责。比起沉稳的萨穆埃尔，阿亚拉在气质上有着热情的一面，但他在技术分析方面十分严格，在队里有着很高的威望，球员们对他非常尊敬。威望颇高的阿亚拉，在队中还负责思想工作。2024年美洲杯期间，阿根廷队前主帅巴西莱入院接受治疗，阿亚拉在决赛前接受采访时表示，他与斯卡洛尼向全队传达了用冠军为这位曾率队两夺美洲杯的功勋教头送上鼓舞的信息。最终阿根廷经过一场苦战，成就了美洲杯两连冠伟业。

坚实的幕后英雄

除了这三位明星助教，阿根廷教练组中还有门将教练托卡利、体能教练路易斯·马丁、视频分析师马蒂亚斯等人，以及负责后勤的成员，他们都是蓝白王朝背后不可或缺的部分。

托卡利在阿根廷足协任职多年，2017年起就在阿根廷国家队担任门将教练，经历了桑保利和斯卡洛尼时代。2021年美洲杯前夕，埃米利亚诺·马丁内斯成为主力门将，这是托卡利慧眼识珠的功劳。托卡利曾在接受采访时表示：“2011年的时候我就认识了马丁内斯，当时他为阿根廷U17队出战。从我在国家队第一次和他见面开始，他就明白他必须为自己赢得位置。而当他在阿森纳展现出极高水平时，我们就明白，是时候相信他了。”托卡利的选择，成就了埃米利亚诺·马丁内斯守护王朝的佳话。

路易斯·马丁是阿根廷队的体能教练，在进入阿根廷足协之前，路易斯·马丁是拉普拉塔大学生队的首席体能教练，也是阿根廷的金牌体能教练。他不仅业务能力出众，与球员也总是能相处融洽。在阿根廷的世界杯纪录片中，总能看到马丁在训练期间和阿根廷众将有说有笑的画面。巴里奥斯曾是阿根廷国家队的第二体能教练，他在参与成年国家队训练工作的同

时，也为阿根廷不同级别的青年队工作。2022年阿根廷夺得世界杯冠军后，巴里奥斯离任，胡安·塔莫内接替了他的岗位。

视频分析师马蒂亚斯·曼纳拥有罗萨里奥大学的传播学学位，他也是瓜迪奥拉足球理念的忠实追随者。他曾在自己的社媒账号上专门分析过瓜迪奥拉的比赛，还写过一本关于瓜迪奥拉理念的书。瓜帅曾阅读这本书，并给予肯定。马蒂亚斯也因此受到瓜迪奥拉邀请前往巴萨做客，并在拉马西亚分享了自己的工作理论。

马蒂亚斯曾在纪录片中表示："视频分析师工作的关键，在于将本方球队的情况、对手比赛视频的分析结果与教练的想法相结合，协助教练去指导球员。不要总想着用自己的分析专门拆解对手，如果不考虑自身的状态，那么再怎样深入分析对手也是没有用的。"马蒂亚斯作为视频分析师参加过4届世界杯征程，2010年南非世界杯，他就与贝尔萨一起在智利队工作。2014年，他作为桑保利的助手随智利出征巴西世界杯。2018年，他终于开始为阿根廷队工作，同样作为桑保利教练组成员参与俄罗斯世界杯。卡塔尔世界杯，他成为阿根廷夺冠的幕后英雄。

在2024年美洲杯的颁奖仪式上，阿根廷众将簇拥着一位头发花白的工作人员来到庆祝队伍中央，他被阿库尼亚扛在肩上，捧起奖杯，全队高喊着他的昵称"马里托"。这是阿根廷队的装备管理员马里奥·德斯特凡诺，1960年出生的马里奥已为阿根廷足协工作26年，前10年他在阿根廷国青队担任装备管理员，之后16年是在阿根廷成年队任职。

马里奥随阿根廷队一同经历过三连亚的遗憾，也终于与球队一起迎来辉煌时代。马里奥的工作看似简单，但他需要了解每一名球员的穿衣习惯和偏好，在每场比赛前都必须准备好多达三套球衣，以备不时之需。十几年如一日的工作经历，让马里奥对于每一名球员的比赛习惯都了如指掌，他是全队最受欢迎的工作人员之一。

在马里奥的眼中，梅西就像是自己的孩子，对于第一次见到梅西的那天，马里奥仍然记忆犹新，"那是在2004年的青年队比赛期间，他还是个腼腆的孩子，见到我时没有说太多话，我主动叫他来喝马黛茶。"

马里奥将26年光阴献给了阿根廷国字号球队，不过他不愿意就此退休，"我爱阿根廷国家队，我永远也不想退休，2030年的时候我就70岁了，希望那时候我还在做这个工作。他们可以不付钱给我，只要还有用得到我的地方，我就会一直为全队工作。"

1 2

① 2024年美洲杯决赛后的颁奖仪式，已为阿根廷足协工作26年的装备管理员马里奥·德斯特凡诺在球员们的簇拥下，捧起奖杯。

② 带领球队卫冕美洲杯冠军后，阿根廷教练组自拍留念。前排左起：助教艾马尔、助教萨穆埃尔、主帅斯卡洛尼、体能教练路易斯·马丁。后排左起：助教阿亚拉、体能教练胡安·塔莫内、分析师马蒂亚斯·曼纳、门将教练托卡利。

王的进化

弗朗西斯科·斯基亚沃

阿根廷队在卡塔尔赢得世界杯，对于我国民众产生的鼓舞是空前的，以至于在布宜诺斯艾利斯的庆典活动中，两名男子试图从一座桥上跳入阿根廷队的敞篷大巴中，其中有一人如愿跳了进去，但很快被“请”了出去，另一位从车边滑了下去，掉在人头攒动的道路上。如此乱象是由这支从卡塔尔载誉而归的冠军之师缔造的，而队长梅西也以这座世界杯冠军，进入了世界运动员的总统山行列。

羞涩的梅西

诚然，在对阵法国的那场近乎疯狂的决赛开始前，梅西就已经赢得了全阿根廷乃至全世界球迷的心。但最终亲吻大力神杯的一幕，就像是王子的故事一样，他打破了诅咒，得到了美妙的爱情，也是他毕生寻找的爱情。随后，400余万人涌上了布宜诺斯艾利斯街头，首都陷入人潮人海之中，这有时令人印象深刻，有时也让人感到恐惧。

今天看起来，梅西是无所不能的，他赢得了可以赢得的一切，在他35岁的这一年。而这，或许已经是他职业生涯的最后阶段。自2005年8月起，梅西披上阿根廷球衣已长达17年，而这一切并不顺利。现役阿根廷队长在国家队首秀就被红牌罚下，他曾在自己的国家遭到反对和嘘声，他甚至曾表示自己的国家队生涯已经结束。而在这一切过后，梅西在国家队的这个结局也变得更加具备史诗般的色彩。

自从在佩克尔曼率领的那支国家队对阵匈牙利的比赛中上演首秀以来，梅西身上发生过太多变化。曾经的他是个羞涩的、没有太多人关注的男孩，而如今他是个时常会冲冠一怒的男人。虽然最了解他的人曾发誓称，在关起门来的情况下，梅西总是有很多话想说。

2004年，梅西被紧急召入阿根廷青年队，以免被西班牙队征召。之后，在青年队的优异发挥就是他给阿根廷民众最好的介绍信，当时阿根廷上下对于下一个马拉多纳的诞生充

1 2022年世界杯决赛后，被阿圭罗扛在肩头的梅西手捧世界杯，享受众人的簇拥和欢呼。

2 2005年U20世青赛，梅西率领阿根廷队夺冠，以6球夺得金靴，还当选赛事最佳球员。

满期待。这当然不会是异想天开，但这恰恰不是梅西希望看到的，他在诺坎普球场震惊世人，但他不喜欢把自己与马拉多纳进行比较。

梅西总有一些和阿根廷民众不同的地方，其中有一条——虽然这不是决定性的——那就是他的气质很不阿根廷，他更像是一个西班牙人。巴塞罗那的球衣对他而言是最重要的，他一开始甚至不会唱阿根廷国歌，因为他并不知道阿根廷国歌的歌词。因为这些，梅西自己一度很苦恼，而只要可以，他更愿意躲到家乡罗萨里奥，那里是他最好的避风港。

遭嘘的梅西

2005年梅西随阿根廷国青队在荷兰夺得了U20世界杯冠军，2008年梅西随阿根廷国奥队在北京奥运会收获金牌，这些似乎是他实现伟大愿望的跳板，那就是跟随阿根廷成年队夺得一个个冠军头衔，他最终做到了，只是用了太长时间。

身边的球员和教练一批批更换，但围绕在他身旁的始终都是失望，在某种程度上，梅西自己也受到了束缚。他随队参加了一届届世界杯，却像多米诺骨牌一样不断倒塌。2006年在德国，梅西打入了世界杯处子球；2010年在南非，阿根廷队由马拉多纳率领，但梅西颗粒无收；2014年在巴西，梅西打入4球，并帮助阿根廷队获得亚军。虽然已经隐隐有了和大众和解的迹象，但在萨韦利亚带领下，那支阿根廷队的拼抢能力大于创造力。2018年俄罗斯世界杯上的阿根廷是一场灾难，桑保利和一些球员的国家队生涯也走到了终点。

美洲杯赛场上，或多或少充斥着同样的失望，最典型的就是2011年的本土美洲杯。那原本应当是为梅西量身定制的一届杯赛，却以最惨痛的失利告终，更重要的是，梅西在自己的国家，准确地说，是在圣达菲，被自己国家的民众送上了口哨声和嘘声。在这之前，梅西与阿根廷队在2007年的委内瑞拉美洲杯收获亚军，接下来的2015年和2016年两届美洲杯，阿根廷上演了同样的剧情，在决赛中点球大战输给智利无缘冠军，2016年美洲杯后，还出现了梅西宣布退出国家队的事情。

不一样的梅西

问题在2019年起逐步被理顺，虽然还是

没有夺冠，但斯卡洛尼已开始塑造一支可以争夺冠军的球队。2021年的马拉卡纳球场，梅西终于找到了打开枷锁的钥匙，他捧起了奖杯，自己国家队生涯的第一个。

比起冠军更重要的是，在这期间的一系列事件中，梅西完全赢得了阿根廷人的心。他逐步在国家队展现出另外一种神态，那是另一种相对比较有冲击力的表现方式。有时，他看起来更加极端，愈发接近一名“叛逆者”。这当然也是利昂内尔·梅西本人，绝大多数阿根廷人对他的这种变化表示赞赏。

我们经历了梅西到目前为止的所有变化，从一个少年到一个男人，从一个丈夫到一位父亲，从一个晚辈到一位长辈。他的造型也不断在变化，从长发到短发，蓄起了胡须，有了密密麻麻的文身。时间见证着梅西的不断变化，这些变化是显而易见的，唯一不变的是天蓝色和白色相间的那件球衣。

对于所有的阿根廷人，也对于世界上绝大部分地区的人，梅西已经成为他们心中英雄的化身，尤其是对于那些看到他后会眼中发光的孩子们。阿根廷的10号已经与全阿根廷，以及这个世界达成了永恒的和解，在出征卡塔尔世界杯之前，他就已经做到了这一点。

此时此刻，一架直升机飞越布宜诺斯艾利斯的方尖碑，梅西就在上面，他飞越布宜诺斯艾利斯上空，手中捧着大力神金杯。数千万人为他的庆祝冠军动态点赞，一切都是最美好的安排，除此之外，已经别无所求。

1	2

① 2014年世界杯决赛后，梅西凝望大力神杯却又只能与之擦肩而过。

② 2021年7月10日，梅西率队夺取美洲杯桂冠后深情亲吻奖杯，这是阿根廷队28年来的首座大赛冠军。

球王之辩

吴昊宇

以阿根廷绝对核心身份夺得世界杯冠军，让梅西了却了职业生涯最后的遗憾，也让此前已经拥有8座金球奖和4座欧冠奖杯的他，真正可以进入世界足坛历史第一人的候选当中。相比于两位举世公认的球王贝利与马拉多纳，梅西能否与他们争夺历史第一人的位置？这是世界各路媒体和足坛名宿乐此不疲的话题，恐怕也永远不会争出个标准答案。

梅西俱乐部生涯远胜

西班牙《马卡报》撰文称，梅西以梦幻般的方式夺取世界杯冠军，这令他能与贝利、马拉多纳平起平坐。正是世界杯冠军让梅西达到了这个位置。贝利曾三夺世界杯，第一次时只有17岁；马拉多纳在1986年作为领袖带领阿根廷称雄，可惜1990年没有复制这一神迹。只有时间能证明，未来是否还能有更多球员与这两人处在同一位置，但就梅西而言，在全世界都在鼓励他冲击这个位置时，他做到了。

ESPN的文章指出，梅西已经坐上了贝利与马拉多纳坐过的王座，他是最好的球员，这已无须辩驳，而是事实。不仅是因为梅西为阿根廷赢得了世界杯，而是阿根廷这支球队有时会放下捧起世界杯的手臂，但又是梅西为球队将这支手臂举了起来。决赛就是如此，梅西帮助阿根廷收获2球领先，但阿根廷险些将半抱入怀的奖杯又送了出去，加时赛中又是梅西让阿根廷距离奖杯更近一步，但再一次被法国追平，点球大战中，梅西为球队开启了胜利之门。足球是集体运动，但如果要选出一个在场内外都无可挑剔的代表人物，那么来自罗萨里奥的男孩，梅西，无疑就是那个人，他是这个星球上或许有史以来最好的球员，谁如果怀疑，那么谁可能就不是地球人。

法新社的文章表示，长期以来，因为没有世界杯奖杯，梅西始终难与贝利和马拉多纳相提并论，但如今，梅西已足以同两位球王级人物并肩。法新社同时指出，如果比起荣誉的数量和范围，梅西甚至比贝利与马拉多纳还要辉煌，贝利拥有3座世界杯，但相比于梅西，巴西球王的俱乐部生涯相形见绌，梅西在巴萨的巅峰时期4次站上欧洲之巅。马拉多纳拥有世界杯冠军，但球员生涯在那不勒斯和巴塞罗那均未捧起过欧冠奖杯。

当然，也有相反的论点指出，目前梅西所处的时代是对于进攻球员保护更好的时代。1966年世界杯，贝利因为遭遇粗暴铲球而不幸因伤退出，马拉多纳整个职业生涯几乎都受到粗暴对待。

“无世界杯也是No.1”

世界杯决赛前，1986年世界杯决赛接到马拉多纳助攻并打入制胜球的布鲁查加，曾在接受法新社采访时表示：“梅西是一名史诗级别的球员，虽然我认为他比不上马拉多纳。”布鲁查加还表示：“过去70年里，有5名球员

可以被视为世界上最好的球员，迪斯蒂法诺、克鲁伊夫、贝利、马拉多纳和梅西，无论梅西能否赢得世界杯冠军，他都是历史上最好的5名球员之一，我也希望他能赢得世界杯冠军。”

现任曼城主帅，曾执教过梅西的瓜迪奥拉说得很直接，“我说过很多次，梅西就是历史最佳球员，贝利和马拉多纳更多代表一种情怀，很难想象会再出现一名球员完成梅西所取得的成就。梅西即使没有赢得世界杯冠军，他在足球界已经做出的事情都不会让我改变看法。当然，这也正常，很多人都会看输赢，而世界杯冠军无疑是梅西已经很令人难以置信的职业生涯中点缀上的最后一颗樱桃。”

究竟谁沾了时代的光?

关于梅西是否是历史最佳球员，英国《镜报》的两位专栏作家约翰·克罗斯和安迪·邓恩展开了一番辩论。作为《镜报》的首席体育撰稿人，约翰·克罗斯表示：“每次看到梅西踢球，你都会意识到自己置身于一个伟大球员的表演之中，他的控球技术令人着迷，我多次看过他的现场表演，这是你永远都不会忘记的经历。在梅西与C罗的辩论中，我曾有相当一段时间站在C罗这边，但随着时间推移，你会发现梅西是无与伦比的。梅西、贝利与马拉多纳是定义了不同足球时代的球员，我们很幸运能够经历梅西的伟大时代。足球是不断变化的，现在比赛已经发生了翻天覆地的变化，对于球员的技术和体力要求也更高，因此梅西就是历史上最好的球员。”

但作为《镜报》足球专栏作家的邓恩有着不同观点，“梅西是我见证过的最伟大的足球运动员，但有史以来最伟大的足球运动员是贝利。我确实没有在现场观看过贝利比赛，但莎士比亚还活着的时候我也不在场，这不妨碍莎士比亚是史上最伟大的剧作家。我读过莎士比亚的作品，我也看过贝利的比赛录像。就世界杯而言，贝利是无与伦比的，他17岁就在世界杯半决赛上演帽子戏法，决赛中也打入2球，这还只是他3次世界杯冠军之旅中的第1次。目前的足球看重数据，球员对比赛的贡献可能会通过进球和助攻数据衡量，但观看到贝利的影像时，你会发现这种美好是不能量化的。当然，梅西也一样。”

邓恩同时表示：“足球现在的确节奏更快，对于体能和技术的要求也更高，但想象一下，假如贝利能够享受世界上最好的球员得到的保护措施，像梅西和C罗那样得到官方的看重，会是何种情景？1966年贝利在世界杯上受伤下场，放到现在，当时犯规的葡萄牙球员若昂·莫赖斯很可能会被罚下，但当值主裁判只是对他进行了口头批评。”

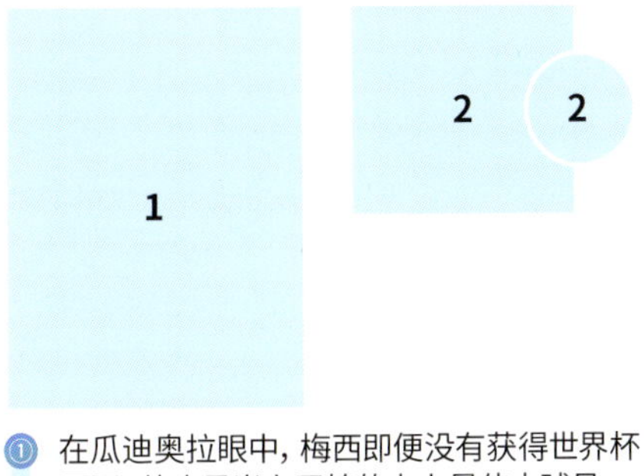

① 在瓜迪奥拉眼中，梅西即便没有获得世界杯冠军，他也是当之无愧的史上最伟大球员。

② 贝利曾在1966年世界杯与葡萄牙的比赛中，被对手凶狠铲伤。

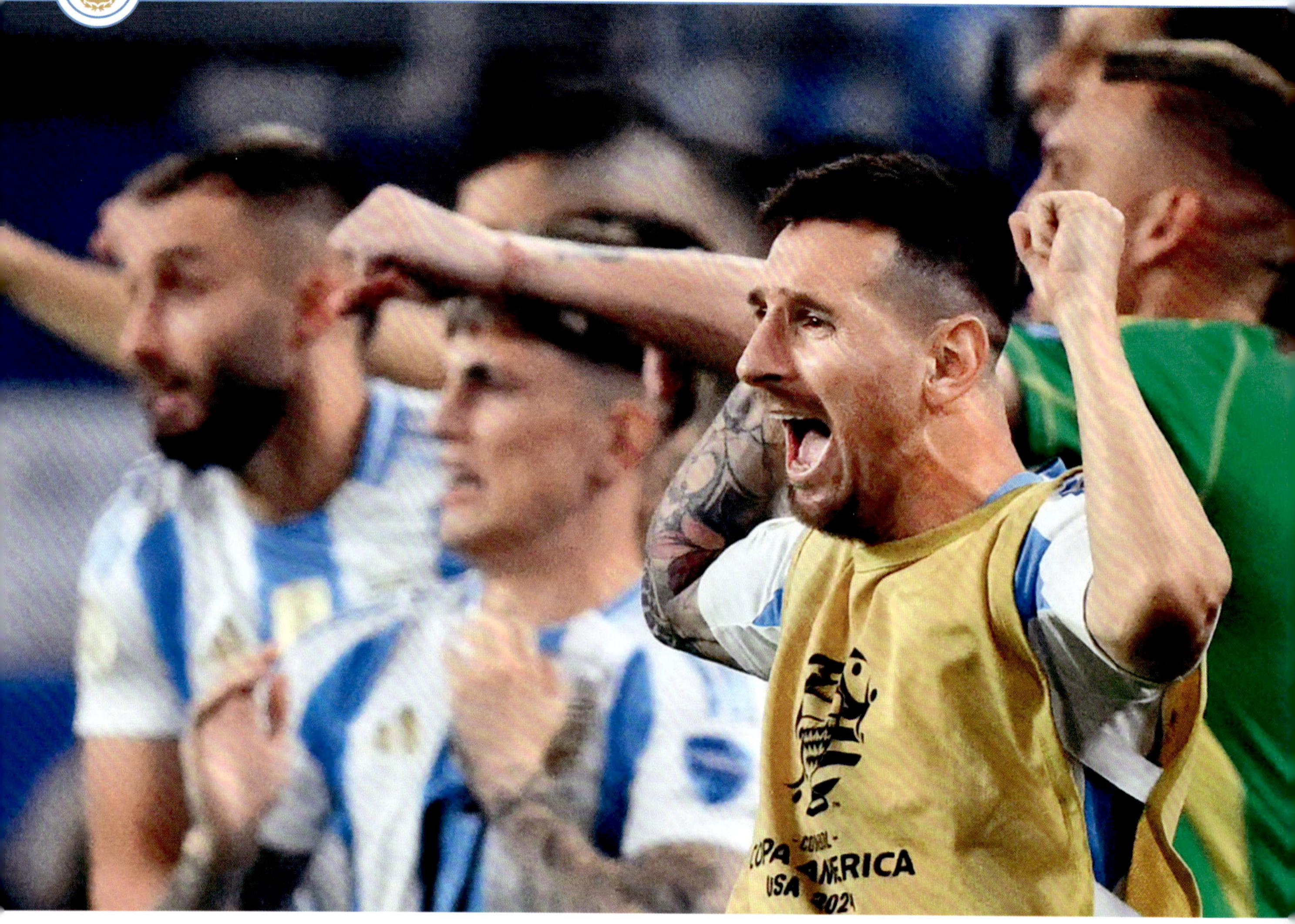

阿根廷自立，梅西更欣慰

梁宏业

2024年美洲杯决赛，第66分钟因伤被换下的梅西，在替补席上泣不成声。这是本届美洲杯令人印象深刻的一幕。但是梅西不甘的泪水，只停留了片刻，因为阿根廷队最终凭借劳塔罗的制胜进球，再次拿到美洲杯冠军，实现大赛三连冠。梅西作为队长，洋溢着幸福的笑容，再次捧起冠军奖杯。这似乎就是阿根廷队在这一届美洲杯上的写照，这支球队在场上已经不用梅西一直扶持，可以“独立生活”了。

梅西依赖症，治好了

最近10年，阿根廷队能否在美洲杯和世界杯这样的大赛中打出好成绩，与梅西的状态息息相关。只要梅西表现出色，阿根廷队即便不能保证一定夺冠，但最终也会走得很远，展现出争冠实力。如果梅西状态一般，那球队就往往走不远。比如2022年卡塔尔世界杯，梅西是赛事最佳球员，打进7球的梅西还收获赛事银靴，进球只比姆巴佩少1个。阿根廷队参加的7场比赛中，梅西是其中5场比赛的最佳球员，而且垄断了阿根廷队进入淘汰赛后所有比赛的最佳球员。2014年世界杯，阿根廷队打进决赛，在加时赛遗憾输给德国队，梅西的表现也是非常出色，被评为赛事最佳球员。

2021年美洲杯，阿根廷队终于夺冠，摆脱了成年队28年大赛无冠的历史。7场比赛中，梅西是其中4场比赛的最佳球员，并且当选赛事最佳球员，还以4个进球和5次助攻成为赛事金靴和助攻王。而近10年来阿根廷队成绩最差的一次大赛，2018年世界杯，梅西因为不适应桑保利的战术安排，很难在比赛中展现出较好的水平，只在小组赛战胜尼日利亚队的比赛中当选最佳球员，阿根廷队在1/8决赛就被法国队淘汰。

2024年美洲杯，阿根廷队一改非要梅西搀扶才能站得起来的病症，相比以往，这其实是梅西表现最不突出的一届美洲杯。这届杯赛，梅西只打进1球，完成1次助攻，只在半决赛对加拿大队的比赛中当选最佳球员，还在决赛中受伤离场。即便如此，阿根廷队还是夺冠了，这充分说明这支阿根廷队的整体实力和成熟度，已经有了充分的提升。

本届美洲杯阿根廷队对阵加拿大队的揭幕战中，梅西展现出不错的状态，两粒进球都来自他的策划，而且梅西自己还有两次单刀机会，但都罕见地没有打进。梅西的状态虽然不能和以前相比，但其实也没有差得太多。第2场对阵智利队，阿根廷队占据些许优势，梅西在比

赛中一次射中立柱，一次为莫利纳制造单刀机会的妙传，只可惜莫利纳的射门最终被扑出。此役梅西全场只有30次传球，比赛参与度不如以往高，但这也是可以接受的，劳塔罗乱战中的进球，也来自梅西开出的角球。

正是在对智利队的这场比赛中，梅西的腿部肌肉感到不适，他没有参加小组赛第3场阿根廷队对阵秘鲁队的比赛。不过这场比赛对阿根廷队来说本就不重要，主帅斯卡洛尼也派出大量替补，最终阿根廷队2比0获胜。

巅峰期后，“老来得冠”

1/4决赛阿根廷队对阵厄瓜多尔队的比赛，梅西状态不佳，这是阿根廷队在本届大赛7场比赛中踢得最差的一场，也是最接近被淘汰的一场。点球大战中，大马丁两连扑的神奇表现拯救了阿根廷。赛前一天，梅西才参加球队合练，颇有赶场的意思，比赛中梅西

① 2024年美洲杯决赛，劳塔罗加时破门，替补席上的梅西振臂庆祝。

② 2021年美洲杯，梅西领取赛事最佳球员奖杯。

③ 2024年美洲杯小组赛第2轮，梅西腿部肌肉不适，在场边接受简单治疗。伤病与疲劳，影响了梅西在这届美洲杯上的状态。

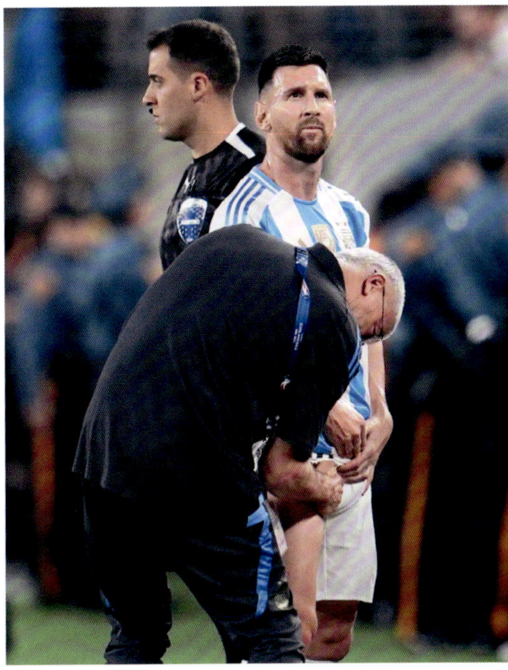

的参与感不强，一直留在中锋位置，缺乏往日的中场组织参与度，斯卡洛尼一直准备用迪马利亚换下感觉不佳的梅西，但梅西并没有在场上出现伤病状况，迪马利亚最终没有登场。

点球大战中，梅西首先登场主罚，他的勺子点球击中了横梁，这似乎让人回忆起2016年百年美洲杯决赛中，梅西在点球大战中没有罚中的往事。然而如今的阿根廷队早已远离厄运，大马丁拯救了阿根廷队，也拯救了梅西，这就是阿根廷队的现状——即便梅西发挥不好，也有其他人拯救球队。这一场赛后，梅西承认："没有伤病，我没有感觉到疼痛，但我还是在心理上有些害怕（受伤）。"

半决赛再战加拿大队，这是本届大赛梅西表现最好的一场，这一届美洲杯梅西踢得最好的两场比赛，就是对加拿大队的两场比赛。这场比赛是梅西在本届美洲杯上唯一一次当选单场最佳，他也在本场比赛中打进了个人本届赛事唯一进球。从本场比赛看，梅西已经摆脱伤病，状态越来越好。

不过在对阵哥伦比亚队的决赛中，梅西在上半场因为一次下底传中伤了右脚踝，尽管梅西一直坚持，但到了第66分钟，梅西无法再坚持，主动示意换人。离场后梅西伤心落泪，他的右脚踝已经严重肿胀。也许当时梅西回忆起同样是在美国举办的2016年美洲杯，梅西在对智利队的决赛中，点球大战首个登场，却将球罚丢。输掉那场点球大战后，梅西同样落泪，阿圭罗一直在身后安慰。未能在球队最需要自己的时候帮助球队，成为梅西一生的痛，但这一次阿根廷队没有让梅西留下遗憾。尼古拉斯·冈萨雷斯替补登场后，阿根廷队增加了更多直线进攻，帕雷德斯、洛塞尔索和劳塔罗这三位替补球员打出连续配合，劳塔罗一锤定音，打进决赛唯一进球，帮助阿根廷夺冠。这粒进球，让梅西露出笑容，队友们的表现令他倍感欣慰。

与在俱乐部生涯中的年少得志相比，梅西在国家队的经历可以说是"老来得冠"。梅西在阿根廷队拿到大赛冠军的经历，堪称最波折的一条路。梅西经历过2006年世界杯出场太少难以帮助球队的无奈，经历过2010年世界杯荒唐的415阵形和面对德国队的惨败，也经历过大赛三连亚距离登顶只差一步的遗憾。2018年世界杯后，在人们认为梅西已经过了巅峰期，不可能再带领阿根廷队争夺冠军时，梅西却收获了冠军，而且一夺就是大赛三连冠。梅西不但在巴萨书写了最美丽的一段故事，也帮助阿根廷队创造历史，梅西一个人就经历了两段最壮丽的神话。

1 2

① 2024年美洲杯半决赛，梅西状态回升，收获进球。然而到了决赛，伤病再次来袭，梅西伤心落泪。

② "老来得冠"的梅西，将美洲杯奖杯搂在怀中。

AMERICA USA 2024
COPA

登神长阶

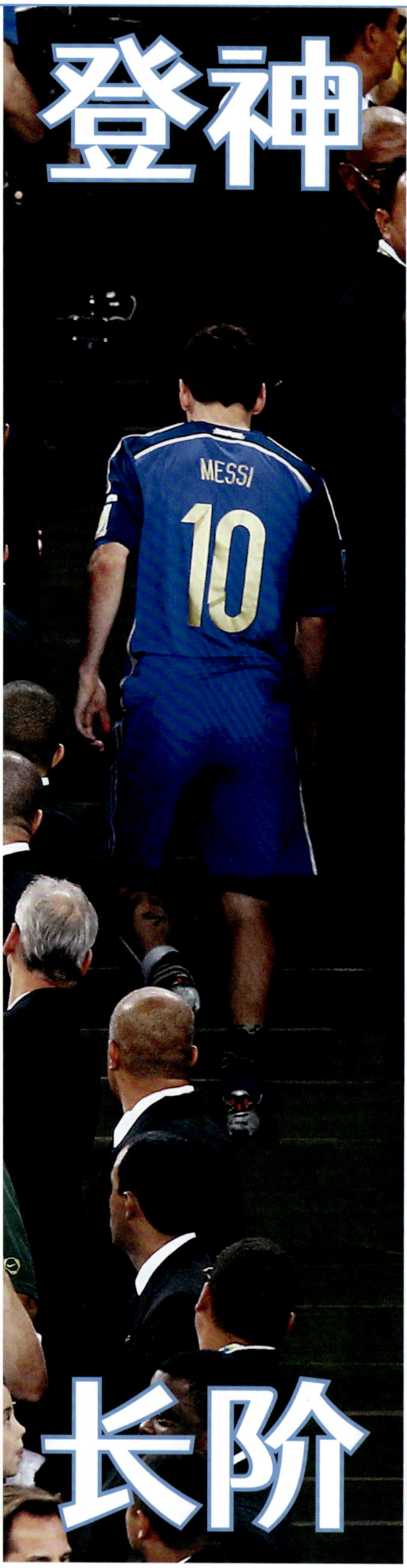

1

2

① 梅西迈过漫长而陡峭的阶梯，走出大赛三连亚的阴影，走向大赛三连冠的辉煌。

② 2024 年美洲杯期间，梅西度过了 37 岁生日。

杨健

2024年美洲杯决赛因伤退场，之于37岁的梅西，无疑是极为糟糕的体验。但从2021年的巴西，到2022年的卡塔尔，再到2024年的美国，帮助阿根廷完成大赛三连冠的梅西，亲手缔造了一代蓝白王朝。其间还有一尊量级稍轻、但含金量不俗的美欧杯掩映其中。从世界杯上的只手擎天，到本届美洲杯上被伤病困扰，37岁的梅西或许已经过了在球场上唯我独尊的年代，但他对冠军的渴求，却从未走远。

疲惫的梅西，肿胀的脚踝

出战2024年美洲杯之前，梅西迎来了卡塔尔世界杯至今相对较密集的出场频率，美洲杯小组首战开打前一个月，他还上演了单场1球5助攻的神奇演出。而赛道切换为国家队，缺少休息的梅西，顶着不小的伤病风险来到了美洲杯赛场。

于是，球迷们在2024年美洲杯赛场看到的，不再是那个挥洒自如的梅西，而是在疲惫、伤病和粗暴犯规下步履维艰的老将。哪怕决赛地就在迈阿密，但球迷们看到的，是一个表现不同于以往的阿根廷队长。

2024年美洲杯，梅西的身体状态并不理想。但此前在国家队个别赛事中状态不理想的梅西，更多是为战术而自我牺牲，而今，他却要在角色定位、体能分配和伤病对抗上，艰难地寻找平衡点。这或许是比用进球和助攻带着球队前进，更难的抉择。

这也不难理解，为何小组赛揭幕战，梅西几乎是“站着踢”，甚至还错过了两个单刀机会。赛事首球这么近，却又那么远。即便阿根廷队确定出线后选择让梅西轮休，本该满血复活的梅西，1/4决赛仍然射失了点球，直到半决赛，吝啬的进球账户才首次写上了梅西的名字。

从2023年年底开始，梅西的腹股沟伤势就一直在不断反复，而在这一届美洲杯期间，他再次遭遇伤病困扰。但真正让轻伤不下火线的梅西无奈搁浅的，仍是本届美洲杯令见者咋舌的犯规尺度。尽管决赛前梅西表示“不再畏惧伤病”，但伤势对他状态的影响显而易见，而阿里亚斯的粗鲁铲球，则让梅西的脚踝难堪重负。

此前小组赛对阵智利时，梅西就在场上感到不适，但最终选择留在场上的蓝白10号，用一脚大力远射证明自己还能坚持。决赛中仍然不愿离场的梅西，最终也只能无奈接受现实。被换下后，梅西以泪洗面，长时间啜泣，甚至毫不避讳镜头。上一次梅西哭得如此伤心，或许还要追溯到无奈离开诺坎普的那个心碎之日。

劳塔罗的进球，让梅西破涕为笑，和以冠军告别国家队的迪马利亚一样，梅西得到了队友们最热情的拥抱和欢呼。梅西、迪马利亚和奥塔门迪一齐领回奖杯，更让大团圆的气氛来到极致。从2021年到2024年，梅西的两届美洲杯决赛都难言出色，命运给梅西开了足够多的黑色玩笑，但结局总归美好。

从三连亚，到三连冠

“这不是属于梅西的一届美洲杯，但在梅西伤退离场之后，斯卡洛尼的镇定和对策才显现出来。”回望美国之行，《号角报》的定论简洁而不失准确。一球一助攻的成绩单，的确不算美好，而五场美洲杯决赛既无进球也无助攻，更与梅西的赢家身份不相称，但这却是梅西国家队两个时代轨迹的缩影——当他全力以赴、子弹打光时，却每每沦为赢家的背景；当他已经无法事必躬亲时，多年来受他关照的队友，终于站了出来。

这些年的国家队大赛，梅西经历了从冠军求而不得，到奖杯接连到来的巨大转变。2016年，梅西在美洲杯上打入5球，但阿根廷队却背靠背倒在决赛的点球点上，那一刻的梅西，伤心到绝望，甚至一度打算就此告别国家队。

对于彼时的梅西而言，这是压垮他国家队争冠动力的最后一根稻草。2014年的巴西，小组赛引领蓝白军团头名出线、淘汰赛被对手多人协防限制发挥的梅西，在距离金杯最近的地方止步。新金童格策生涯最巅峰一夜，见证的却是老金童梅西在大力神杯前的黯然神伤。

大赛三连亚，之于梅西曾是无法逾越的心魔。此后，2018年世界杯阿根廷早早出局，2019年美洲杯半决赛后梅西炮轰宣泄，这让一些人就此断定，已经开始“下山”的梅西，生涯全部成就，或许只停留在俱乐部，以及不算长却收获满满的青年国字号期间了。

但命运齿轮的转动，让这一切有了完全不同的走向。2021年的巴西，不再是梅西的伤心地。面对哥伦比亚，遭对手恶意侵犯血

染球袜的梅西坚持不下火线。而在对抗强度更上一层楼的决赛，梅西固然在巴西队的“上强度”策略面前难有发挥，但焦不离孟的战友迪马利亚解决了战斗。赛后，梅西激动落泪，肩膀伴随着哭泣剧烈耸动。他知道，从这一刻起，他不再是那个孤身上路的沉默英雄。

当梅西可以放心地将背后交给队友时，胜利便如约而至。一年后的卡塔尔，轮到恩佐•费尔南德斯和阿尔瓦雷斯等小将闪光，梅西不必再进球组织一肩挑，而重返另一个伤心地美国，则轮到曾经陷入国家队球荒的劳塔罗•马丁内斯救场。多年来老将当道、一度有断代之虞的蓝白军团，不必再过度“啃老”梅西，毕竟，哪怕是在决赛梅西因伤离场、球队全面被动的情况下，他们仍旧能与对手从容周旋，并战而胜之。决赛加时中的阿根廷队，没有梅西这种能够靠着个人能力改写比赛进程的球员，却总能爆发出远超个体的合力，无论梅西在场与否，球队体系都足够成熟、灵活。

拿到2024年美洲杯冠军后，梅西的冠军头衔来到惊人的45个，进一步拉开与阿尔维斯（43冠）之间的差距，甚至有可能在未来几年成为50冠俱乐部第一人。在2024年美洲杯期间度过37岁生日的梅西，生涯暮年不断收割冠军的同时，也悄然开始再度转型。

“我不关注统计数据、助攻或进球，我从来都不关心自己在一场比赛中跑了多少距离或者跑得有多快。”在37岁生日来临前接受采访时，梅西表示，自己是以格外“古早”的方式，对抗着岁月流逝和科技加持，“很多人说我在球场上‘散步’，但在走动的时候，我会分析对手的站位，以及我们无球时队友的站位。短暂地在精神上和比赛抽离，有助于我更好地观察对手，在空间和时间上取得有利位置。”

小组赛对阵多年来美洲杯上的死对头智利，堪称如今梅西在国家队踢法的集中展现。尽管在这场决定小组赛位次的强强对话中，梅西仅仅通过角球间接帮助劳塔罗破门，但全场比赛蓝白10号11次尝试过人成功7次，传球成功率94.1%，20次地面对抗赢了一半，送出5次关键传球，又复刻当年“一对四”经典瞬间，足可见疲惫状态下的梅西，仍能消耗掉对手大量的防守资源，为队友铺平取胜之路。

2024年美洲杯小组赛第3场和决赛，劳塔罗都曾在进球后特意与梅西庆祝，将进球献给梅西。在这支团结的阿根廷队中，梅西的存在，其意义已经超越竞技层面，他成为阿根廷队的信念支撑。历经国家队生涯的挫折与外界的批评和质疑，梅西等来了柳暗花明的转折。从大赛三连亚到大赛三连冠，梅西一步一步迈过漫长而陡峭的阶梯，书写了一段球场上的神话。

1

2

① 尽管身体状态无法与巅峰期相比，梅西仍能通过出众的个人能力与大局观帮助球队。

② 阿根廷夺得2022年世界杯冠军，梅西对大力神杯深情一吻。

FIFA WORLD CUP
Qatar2022

天使不折翼

杨健

两代阿根廷球王的身边，从不缺心有灵犀、心神无二的搭档。马拉多纳身边，是为大场面而生、奉迭戈为神明的卡尼吉亚；和“风之子”一样瘦削、灵动、诡谲的迪马利亚，则以更绵长的坚守，成为梅西收获国家队大赛荣誉的头号助力者。平素里迪马利亚是不争不抢的“副核”，天王山对决中，他则是让对方胆战心惊的胜负手，而他神奇左脚划出的曼妙弧线，更是阿根廷队数尊奖杯上最耀眼的宝石。

利万物而不争的“天使”，高开低走的俱乐部生涯固然令人叹惋，但十六载蓝白年华苦尽甘来，却足够扫却心头所有的块垒。

最后一舞，天使圆满

千里搭长棚，没有不散的宴席。2023年11月，迪马利亚宣布将在2024年美洲杯后正式告别国家队，这也意味着他不会参加2026年世界杯。最近一年半，斯卡洛尼的任务并

1

2

① 2022 年世界杯决赛破门后，迪马利亚庆祝进球。

② 2024 年美洲杯决赛后的颁奖仪式，迪马利亚高举奖杯。

Madrid
COPA AMERICA USA 2024
COPA AMERICA USA 2024

不是找到下一个“天使”，而是立足现有人员进行优化，实现中前场的年龄与风格平衡。尽管在备战美洲杯的热身期间，迪马利亚状态仍旧不错，但考虑到他的年龄与体能，斯卡洛尼对迪马利亚的使用仍然有所保留。小组收官战，在梅西缺席时被派上“压阵”的迪马利亚，助攻劳塔罗·马丁内斯完成破门。

进入淘汰赛，斯卡洛尼的策略依旧未变。1/4决赛面对厄瓜多尔，“天使”在第56分钟被换下，没能在点球点上施展经验。半决赛再战加拿大，他在第78分钟被换下，用因伤错过世界杯的尼古拉斯·冈萨雷斯换下迪马利亚，几乎成了斯卡洛尼的惯常套路。

没人质疑迪马利亚对阿根廷队的感情和专注，但岁月对于以高速盘带起家的蓝白“副核”，实在是过于无情。已经36岁的他，很难再施展快速突破，更多是凭借老辣经验无球游走，寻觅对方防线空隙。然而，本届美洲杯的身体对抗强度较之此前，有过之而无不及，而判罚尺度的放宽，也加剧了迪马利亚攻坚的难度。

半决赛后接受采访时，“天使”动情落泪：“我认为我可以昂首离开，为此我已付出一切。我做了我应该做的事情，希望做到最好。我愿意为这身球衣付出生命。”身为迪马利亚的战友与最默契的搭档，因伤状态欠佳的梅西，虽然很难用左脚帮助老友，但在更衣室里，不爱说话的他却向队友们发表了激情洋溢的演说：“我们必须进入决赛，这是为了迪马利亚而战！”

决赛场上，那个球迷熟悉的迪马利亚回来了。为了争夺球权，迪马利亚可以从中圈一直奔到边线，在被对方后卫狠狠撞到腰部倒地后，他咬着牙站起身投入比赛。他本有机会像上届美洲杯一样锁定胜局，但他突入禁区的低射，被对方门将扑出。

在被换下场之前，喘着粗气、叉着腰平复呼吸的“天使”，打光了最后一颗子弹。在他的背后，是1比0的记分牌，与仅剩3分钟结束的加时赛，在他的面前，是同样百感交集、尽在不言中的梅西。117分钟，3次关键传球，2次射正，除了没有进球，迪马利亚，完美。从世界杯决赛再到美洲杯决赛，迪马利亚已经习惯了无法支撑全场的节奏，告别时刻来临，他再度落泪。

“迪马利亚奉献了一场精彩的比赛，这是他表现最好的比赛之一。他会一直为球队跑到跑不动为止，就好像他还是个25岁的小伙子。他是传奇，但已经做出离开的决定，我们无法说服他留下。”赛后，斯卡洛尼谈及迪马利亚的退队决定，难掩遗憾。男儿有泪不轻弹，尽情用眼泪释放16年情愫的迪马利亚，最后一届国家队大赛征程仍是赢家。

烽火十六载，天使不缺席

“暴雨、狂风、黑暗之间，我所要做的，就是全力飞奔。”

近年来，亲笔信几乎成了大赛必备元素之一，卡塔尔世界杯时，迪马利亚也曾写下亲笔信。和诸多忆苦思甜的同行相比，真正苦出

2008年北京奥运会男足决赛、2021年美洲杯决赛、2022年美欧杯、2022年世界杯决赛（左起），阿根廷关键先生迪马利亚都曾破门。

身的“天使”，自小就罹患多动症，跟在身为邮差的父亲的自行车后奔跑，成了他挥霍过剩精力的最好方式。曾在足坛累计转会身价排行上排名榜首的他，人生首次让东家“掏钱”，不过是罗萨里奥中央青年队给出的25个足球。

为阿根廷出战145次，打入31球，贡献32次助攻，迪马利亚在阿根廷队史进球排行榜上高居第六，而在出勤排行榜上，则和一代传奇萨内蒂并列队史第三，仅次于梅西和

马斯切拉诺。但比起壮志未酬的“小马哥”，迪马利亚有着比前者幸运得多的收尾。迪马利亚先后拿到世青赛、奥运会和世界杯冠军，他还有美欧杯和两个美洲杯冠军在手。

但比荣誉等身更神奇的，是迪马利亚的进球在蓝白军团重塑王朝的岁月里，总是在关键时刻出现。2008年北京奥运会男足决赛，在灼热的骄阳下，攻入制胜球的正是迪马利亚。2021年美洲杯决赛，阿根廷1比0战胜东道主巴西，又是迪马利亚开场22分钟攻入全场唯一进球。2022年美欧杯，阿根廷3比0战胜意大利，迪马利亚上半场伤停补时阶段打进本队第2球。

三个进球，位置和角度固然有别，但方式却都是迪马利亚的看家本领——挑射。

而在“迪马利亚进球=冠军”的赢家征程中，唯一有所不同的，还是2022年卡塔尔世界杯决赛。他先是利用突破成功造点，又通过反击完成破门，几乎亲手将法国队置于死地。在2018年世界杯1/8决赛那场刻骨铭心的3比4中，迪马利亚气贯长虹的世界波曾帮助阿根廷一度扳平比分，但球队已无力阻拦姆巴佩长驱直入。谁也不会料到，彼时已过而立的“天使”，会在未来接连拿到国家队大赛冠军，和梅西一起圆梦。

然而，迪马利亚的黑暗岁月，丝毫不比梅西来得短。这对搭档首次接近成年队大赛冠军，是2014年世界杯决赛。尽管在1/8决赛加时绝杀瑞士，但8强战只踢了33分钟的他就因伤离场。而当决赛来临前，皇马那张严禁出场的命令，让迪马利亚留下了遗憾。面对禁令，迪马利亚出离愤怒，“如果我腿断了，那就让它断吧。我不在乎，我只想上场踢球”。

萨韦利亚没有冒险，在替补席全程目睹球队功败垂成的迪马利亚没有料到，在南美大陆举办的洲际赛事，几乎成了他的劫难。2015年美洲杯决赛面对智利，伤病再次找上门，他只踢了29分钟就因伤离场。梅西只能单核带队，迪马利亚拿到的剧本更加时运不济。

与此同时，正值黄金年华的迪马利亚，在俱乐部赛场同样遭遇不顺，从伯纳乌到老特拉福德，曾尝试转型的他，个人风格与球队战术格格不入。在巴黎和尤文，他在数据方面和关键场次表现都不乏亮点，但更多的风评，却是他“球风散漫”“踢法养生”“不尊重球队”。最终敞开怀抱接纳他的，是他欧洲生涯的起点本菲卡。

在蓝白生涯臻于大成前，迪马利亚同样有过令人绝望的过往。出征2018年世界杯之前，他甚至求助心理医生，克服淘汰赛受伤的心理阴影。而在斯卡洛尼带队之初，他一度没有征召迪马利亚，这也曾引发无数猜疑。但最终，所有的劫数，都不过是欢庆前的插曲，那个瘦削的男孩，为阿根廷插上了腾飞的双翼。

神锋升级，版本同步

小五

2024年美洲杯决赛，劳塔罗·马丁内斯一锤定音，帮助阿根廷夺得冠军。两个“版本”的劳塔罗，自此不再有差别——俱乐部的劳塔罗和国家队的劳塔罗，终于实现状态同步。

6场比赛、2次首发4次替补、5个进球、决赛加时制胜，劳塔罗成为阿根廷的英雄。终场哨响，劳塔罗跪在地上掩面哭泣，那一刻他积攒许久的压力终于得到释放，心魔得以破除。身边的尼古拉斯·冈萨雷斯将他紧紧拥在怀里，两人都是阿根廷阵中的卡塔尔世界杯失意者，冈萨雷斯在开赛前因伤退出，劳塔罗由于屡次浪费机会而遭受指责。

卸下包袱，轻装上阵

其实在打完3场小组赛之后，劳塔罗就谈过这个事情，“这种情况发生改变（接连进球），是因为我们所有人付出了努力，有时候球自己不愿意进，但当球愿意进的时候，就会发生这样的事”。劳塔罗似乎将这种反差总结为一种玄学，但实际上，他在心态上的改变起了决定性作用。

在俱乐部层面，这一年对于劳塔罗来说是丰收的一年。国际米兰拿到联赛冠军，再加

① 在不到两个月的时间内，劳塔罗先后亲吻意甲冠军奖杯和美洲杯冠军奖杯。竞技状态层面，俱乐部的劳塔罗与国家队的劳塔罗也终于实现“版本同步”。

② 2024年美洲杯决赛，劳塔罗在加时赛为阿根廷攻入制胜球，成为夺冠功臣，进球后他霸气庆祝。终场哨响，劳塔罗激动落泪。

上一个超级杯，他也收获意甲金靴，这让劳塔罗可以保持平和的心态。上一次看到劳塔罗脸上带着心有不甘的表情，还是在2022年AC米兰夺冠的时候。那个赛季，国际米兰原本被认为是联赛夺冠大热门，但他们表现不佳，只能看着同城死敌夺冠，劳塔罗也认为那是个巨大的遗憾。之后的一个赛季，又赶上那不勒斯异军突起，从对手表现出的统治力来讲，那种不甘心的感觉似乎少了一些，但劳塔罗依然心里有道坎。

直到2024年，国际米兰以19分的巨大优势夺得联赛冠军，蓝黑军团绣上了第二颗星，庆典一办就是一个月，劳塔罗这才卸下包袱。同时，劳塔罗也与国际米兰敲定续约事宜，未来有了明确的方向。与大多数在5月仍然在紧张奋战的球员相比，劳塔罗其实得到了更多的休息与调整的时间，这让他在备战美洲杯时，多了一份底气和体力。

这一年也是劳塔罗在心理层面继续成长的一年，他与妻子阿古斯蒂娜有了第二个孩子。按阿古斯蒂娜的说法，劳塔罗以前是个脾气暴躁的年轻人，输球后总会在家里发脾气，一连几天不说话。但在成为父亲以后，劳塔罗的性情变了很多，好像看待世界的态度都不一样了，他也不再纠结于某个失误、某场失利。

在国家队层面，劳塔罗也逐渐卸下了心理负担，人们已经很少再将“梅西接班人”的帽子扣在他的头上。劳塔罗已经26岁了，他不再是任何人的接班人，他就是他自己。2024年美洲杯决赛，不会有太多人将替补登场的劳塔罗当成救世主，但事情就这样发生了：面对直面门将的机会，劳塔罗在这一刻显得无比坚决，稳稳将球打入球门。

这一转变还有个客观原因，劳塔罗对此这样解释：“我之前几乎就要准备手术了，我的脚踝承受了很多痛苦。我接受了治疗，还是疼痛难忍，我咬紧牙关坚持到最后。在俱乐部，我也用了消炎药，脚踝非常疼。”

劳塔罗是个有些好面子的人，从来不在比赛中服软。按他的说法，在联赛最后阶段的低迷状态，应该与脚踝伤势有关。但他一直不愿承认俱乐部的劳塔罗和国家队的劳塔罗有差别。“劳塔罗就是劳塔罗”，在完成对哥伦比亚的绝杀后，人们才觉察到，他之前的发言似乎有些道理。在国际米兰，劳塔罗几乎每个赛季都会经历进球荒，或长或短。总体来讲，他看起来不是个大赛型选手，更适合联赛，假如在杯赛期间状态不好，他就很难从逆境中走出来。

这是劳塔罗在大赛决赛的首粒入球，此前他参加过世界杯、美洲杯、欧冠和欧联杯决赛，均未能取得进球，这个进球对他而言有着非凡意义。而且劳塔罗的委屈与不甘，旁人或许难以体会——此前的决赛，他不仅没有进球，还给留下了许多浪费机会的画面。他曾是国家队的“罪人”，是阿根廷的“弃儿”，是辜负梅西传球的人。

伴随着这样的印象，劳塔罗似乎变成了一个足坛“喜剧人”，尽管在俱乐部，他的进球效率依旧惊人。然而事实却是，一些人并没有强烈的观看意甲比赛的意愿，他们对意甲的动态也缺乏了解。有些人只看到了劳塔罗的颓势，看到世界杯决赛后他在庆祝时爬上横梁，抢了风头。失意时，他笑容满面，真正成为英雄后，他反而掩面哭泣，这是最纯粹的压力释放。

拔出心中那根刺

劳塔罗在职业生涯中已经获得了11座冠军奖杯，他比伊瓜因幸运。他表现糟糕时，球队仍然一路晋级，最终捧杯。如今，劳塔罗终于等来了在大赛决赛场为自己正名的时刻。劳塔罗和伊瓜因都是有执念的人，都喜欢用场上的表现说话，劳塔罗做到了，他用进球堵住了质疑者的嘴，但伊瓜因没能等来这一刻。

对于劳塔罗来说，现在还差什么？或许只差一座欧冠奖杯。他在大赛中的表现，在决赛中的进球，都是正常状态的体现，只不过他在心理层面获得了提升。劳塔罗几乎每个赛季都能在技术层面取得进步，刚来到意甲时，他被当成一名“怼锋”，与伊卡尔迪相比，他干了很多脏活累活，甚至被认定为“防守型前锋”。

随后他提高了门前效率，接着是回撤接球与组织串联的能力，之后他在传出“大师球”方面也取得长足进步，这种转变是延长职业生涯最好的方式。劳塔罗从“虐菜高手”，蜕变为在对阵AC米兰、亚特兰大这种级别的对手时仍能力挽狂澜的前锋。然而真正的考验还是在最重要的比赛中，比如2023/2024赛季欧冠1/8决赛对阵马竞的两回合，以及之前的欧冠决赛。比起阻挡队友射门的卢卡库，其实劳塔罗的表现更加沉寂，只不过卢卡库吸引了更多的关注和质疑。也许受到了国际米兰保联赛战略的影响，劳塔罗在欧冠中错失了太多机会，他本该在对阵本菲卡的首回合比赛中打入更多的进球。

美洲杯决赛后，斯卡洛尼总结道：“尽管劳塔罗是最佳射手，但他没有进入首发序列，他备受折磨。他对我不满是有道理的，因为他想登场比赛。不管是对是错，我们都认为球队应该这样踢，最终我们取得了胜利。”每一名有斗志的球员，都难以接受替补的定位，尤其是对于劳塔罗这样的斗士而言。

卡塔尔世界杯，劳塔罗失去了主力位置，胡利安·阿尔瓦雷斯在这届大赛期间成为首发。以劳塔罗的实力，他当然配得上锋线主力的地位，不过现在这件事也显得没那么重要了。劳塔罗从来都不是进球“刷子”，对于他来说，团队胜利远比个人荣誉重要得多。只要健康，他始终希望首发;只要登场，他总会拼尽全部力气。

劳塔罗仍然面临一个难题，那就是怎样管理好身体状态。回到俱乐部，他要面对的是一个将近70场比赛的赛季。也许国际米兰主帅西蒙尼·因扎吉也能从美洲杯上得到一点启示，就像此前锋线“二换二”的策略一样，让劳塔罗得到足够的休息，这样才能充分发挥他的能量，减少受伤概率。也许他在美洲杯上的爆发，和替补定位有关系，也和国际米兰提前夺冠有关。斯帕莱蒂在欧洲杯失利后，曾抱怨国际米兰夺冠太早，让阵中的蓝黑国脚失去了节奏，劳塔罗的表现就是对这一言论的最好驳斥。

阿根廷球迷迟早要面对没有梅西的日子，劳塔罗也许会扛起这面大旗，也或许不会。但至少阿根廷球迷已经重新在心中接纳了他。在国际米兰当队长的经历，也是对他的锻炼。蓝黑军团的传统是，沉默的队长以身作则。劳塔罗是国际米兰的榜样，未来也有望成为阿根廷的领袖级人物。

无论如何，劳塔罗正处于职业生涯的巅峰。2024年美洲杯决赛后他敞开心扉：“卡塔尔世界杯结束的时候，我很高兴，但我知道我在个人层面还有亏欠。我为这届美洲杯做足了准备，如今终于拔出了心中这根刺。”

① 2022年世界杯，阿根廷夺得冠军，但劳塔罗在整届赛事中未能收获进球，且因为屡次浪费良机而遭受指责。2024年美洲杯，劳塔罗终于打了翻身仗。

② 2024年美洲杯决赛后的颁奖典礼，劳塔罗将金靴奖杯放在头顶。

暖男逆袭路

吴昊宇

2024年美洲杯，阿根廷在防守方面几乎做到极致：6场比赛仅丢1球，5次零封对手。门将埃米利亚诺·马丁内斯为蓝白军团再立新功，他也又一次收获赛事金手套。这一次，他没有做出嚣张的庆祝动作，马丁内斯泪流满面，与家人紧紧相拥，浑不吝气质拉满的阿根廷门神，在这一刻也露出柔情的一面。

超级底牌

2024年美洲杯1/4决赛，阿根廷遭遇开赛以来的最大困境。面对厄瓜多尔，1比0领先的蓝白军团在比赛最后阶段门前风声鹤唳，厄瓜多尔打入绝平进球，将比赛直接拖入点球决战。第一个主罚的梅西将点球罚丢，阿根廷众将在心理上面临巨大考验。好在，阿根廷还有埃米利亚诺·马丁内斯，梅西罚丢点球后，他立刻扑出对手点球。接下来的第2轮，阿尔瓦雷斯罚中，马丁内斯再次将点球扑出，阿根廷扭转不利局面，点球淘汰厄瓜多尔，杀入半决赛。如果没有马丁内斯的神勇发挥，

① 2022 年世界杯决赛后，埃米利亚诺·马丁内斯与家人一同庆祝胜利。

② 埃米利亚诺·马丁内斯成为阿根廷主力门将以来，4 次面对点球决胜均有成功扑点，帮助阿根廷在这 4 场点球大战中全部获胜。

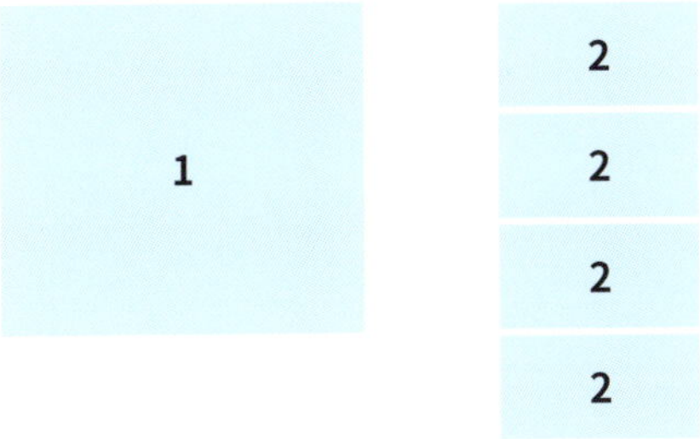

蓝白军团恐怕就将止步8强。

决赛对阵哥伦比亚，阿根廷上半场完全不占优势，一度被对手压制在本方半场。此时挺身而出的又是马丁内斯，他接连上演精彩扑救，让哥伦比亚得势不得分。如果没有马丁内斯的神勇表现，阿根廷难以坚持到劳塔罗加时赛绝杀的一刻。整届美洲杯，马丁内斯出战6场，他镇守的球门只有一次被对手攻破。其余5场比赛，马丁内斯全部零封对手。马丁内斯的稳定表现，让阿根廷拥有以防守立足的资本。

1/4决赛点球两连扑，半决赛勇扑单刀，决赛面对狂轰滥炸悄然不动，只要有马丁内斯站在门前，阿根廷拥趸们的心中，总是那么安稳。自马丁内斯坐稳阿根廷主力门将位置以来，球队在大赛点球大战中悉数过关。马丁内斯在为国家队出战的4次点球大战中，共计8次扑出对手的点球。只要对手在常规时间或加时赛中无法击倒阿根廷，那么进入点球大战后，拥有马丁内斯的蓝白军团就不会给对手机会。帮助球队淘汰厄瓜多尔后，马丁内斯在赛后采访中表示："梅西在世界杯上多次拯救我们，所以当他罚丢点球时，我必须帮助他。"决赛前梅西也在接受采访时表示："拥有马丁内斯，我们进入点球大战时非常放心。"

2024年美洲杯，在梅西受困于伤病，状态不在最佳的情况下，阿根廷的三位马丁内斯都站了出来。锋线有劳塔罗·马丁内斯攻城拔寨，后卫线有利桑德罗·马丁内斯保驾护航，门线上有埃米利亚诺·马丁内斯镇守城门。

恶人？暖男！

提到埃米利亚诺·马丁内斯，绝大多数人除了肯定他的硬实力之外，或许更多时候会想到他那些争议性十足的举动。比如在世界杯

2021 美洲杯半决赛

2022 世界杯 1/4 决赛

2022 世界杯决赛

2024 美洲杯 1/4 决赛

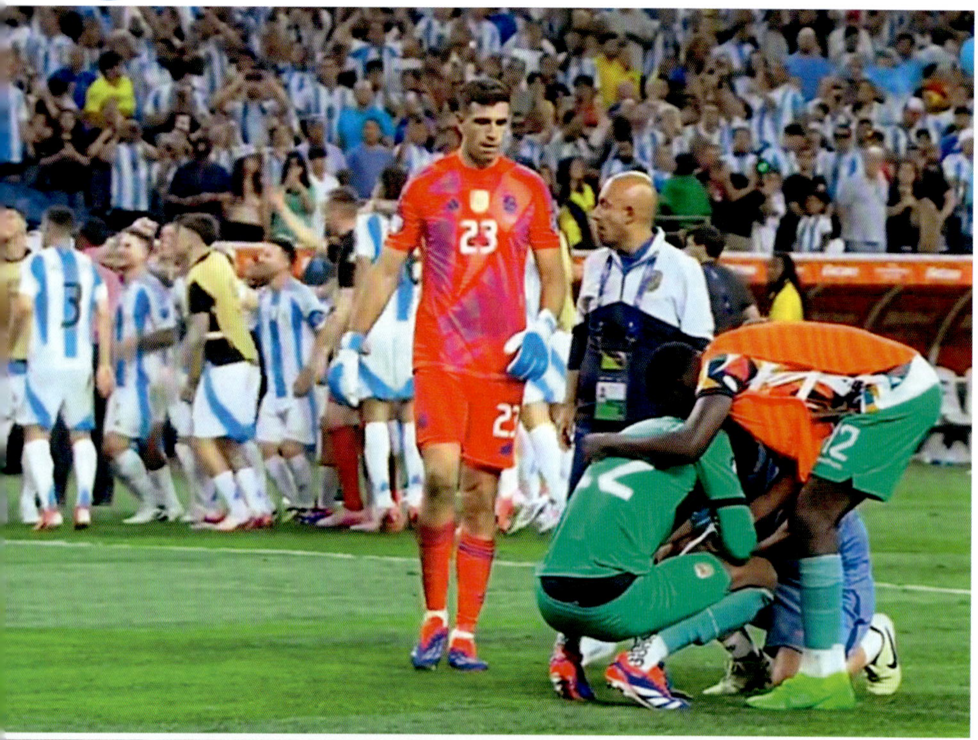

① 2024 年美洲杯 1/4 决赛，阿根廷点球战胜厄瓜多尔，惊险晋级。在队友们聚在一起庆祝时，埃米利亚诺·马丁内斯向对手门将亚历山大·多明格斯走去，送上安慰。

② 在阿森纳经历了多年颠沛的租借生涯后，埃米利亚诺·马丁内斯转会至阿斯顿维拉并站稳脚跟。接近 30 岁时才成为阿根廷队主力门将的他，上演了职业生涯的逆袭好戏。

1

2

领奖台上用金手套奖杯做出不雅动作，比如多次在场上试图激怒对手，或是在点球大战中“搞心态”干扰主罚球员，以及用夸张的动作庆祝。马丁内斯有着天生的浑不吝性格，球场上的他从来都不是“善茬”，在欧洲各大媒体笔下，他经常以“恶人”形象出现，让对手恨到牙痒。

虽然有着“恶人”的名声，但马丁内斯有着暖男的一面。在 2024 年美洲杯 1/4 决赛帮助阿根廷淘汰厄瓜多尔之后，马丁内斯并没有立即加入庆祝队伍，而是上前安慰了厄瓜多尔门将亚历山大·多明格斯。多家媒体评论称，马丁内斯的这个举动，展现出了良好的体育精神。

卡塔尔世界杯决赛后，马丁内斯还有过一次义举，他将自己在世界杯决赛上使用的手套在慈善拍卖会上出售，将收入全部捐给阿根廷一家医院的患癌儿童。马丁内斯表示：“当他们需要我提供手套的时候，我丝毫没有犹豫。一名球员不会经常参加世界杯决赛，这副手套对我来说当然很特别，但比起让手套躺在我的衣橱里，帮助患病的孩子或许能实现更大的价值。”

阿根廷队的门将教练托卡利曾表示，马丁内斯是一个非常好相处的人，和他共事的人都感到愉快。梅西与马丁内斯的性格相差极大，但两人始终保持着非常好的关系。2024 年美洲杯结束后，梅西还专门邀请留在美国度假的马丁内斯一家人去他在迈阿密的住所做客，可见两人平日关系之紧密。

在阿森纳的 10 年板凳生涯，让马丁内斯始终耿耿于怀。离开阿森纳加盟阿斯顿维拉之后，马丁内斯也多次在媒体面前直言，称老东家不够信任他，自己在阿森纳没有得到应有的重视。他也多次表示，自己在维拉过得非常开心，因为维拉给了他雷打不动的主力位置和很高的地位。马丁内斯就是这样一个“士为知己者死”的人，对于看轻自己的旧主，他不会留任何情面，而对于重视他的东家，他百般努力，希望给予回报。大概也正因如此，马丁内斯会与看轻南美足球的姆巴佩针锋相对。对于不尊重自己或本方的对手，他会立刻给出回应，而对于在梅西失点后送上安慰的厄瓜多尔门将多明格斯，马丁内斯也会在他遭遇失利后给出暖心安慰。爱憎分明、有恩必还、有仇必报，这就是最真实的马丁内斯。

2019/2020 赛季的足总杯之旅，是马丁内斯十年枪手生涯的最大转折点，他以出色的表现帮助阿森纳夺得冠军，并在之后成为阿根廷主力门将。虽然蓝白军团原主力门将阿尔马尼染病，或许是促成马丁内斯获得主力位置的因素之一，但阿根廷队门将教练托卡利说得很明白：“当时马丁内斯在阿森纳做得很出色，我们早已有意将他扶正，他是靠实力成为主力门将的。”从阿森纳时期的铁板凳，到坐稳阿根廷主力门将位置，再到以主力身份助阿根廷成就蓝白王朝，马丁内斯苦尽甘来。

马丁内斯多年来被四处租借、不受赏识，但他抓住了一个个机会，证明了自己的实力。在英超赛场，马丁内斯也成为顶级门将，2023/2024赛季，他帮助阿斯顿维拉杀入欧冠赛场。赛季末面对老东家阿森纳，马丁内斯在比赛中接连扑出高质量射门，帮助球队2比0客场击败枪手。赛后马丁内斯在酋长球场激情庆祝的一幕，让不少观战的枪手拥趸五味杂陈。

连续三届大赛帮助阿根廷夺冠，同时连续三届收获世界大赛金手套奖，以及2023年雅辛奖，让马丁内斯足以跻身阿根廷队史最佳门将序列。成为阿根廷主力门将以来，马丁内斯已经为球队贡献33场零封，队史上仅次于47次零封的塞尔吉奥·罗梅罗，但马丁内斯只用了45场比赛就达成这一成就。2023年10月的世预赛，阿根廷1比0击败巴拉圭，马丁内斯打破了布尔戈斯保持的连续608分钟不丢球的阿根廷队史纪录。

比起门神前辈，马丁内斯收获的大赛荣誉更多。阿根廷前两位世界杯冠军门神菲洛尔和蓬皮多都是传奇，但他们的荣誉簿上都没有美洲杯冠军。后来的阿邦丹谢里、罗梅罗等门将，没能帮助阿根廷打破大赛无冠魔咒。直到马丁内斯成为主力门将，阿根廷才打破无冠怪圈，成就了蓝白王朝时代。

技术流工兵提笔点睛

文 刘冶

梅西是阿根廷进攻端毫无疑问的核心，他的个人能力、创造力和大局观，无人能出其右，但为了最大化自身进攻作用，梅西从几年前就开始将体能用在刀刃上。与他一样的还有迪马利亚，因此阿根廷的其他中前场球员就必须通过不遗余力的跑动，去覆盖弥补梅西和迪马利亚的防守跑动量，争取在夺回球权后迅速将球交给二人。虽然阿根廷中前场每一位球员的技术都很出色，但在国家队，他们都甘愿做脏活累活，以求最大化梅西和迪马利亚的作用。而在二人相对沉寂时，他们又能及时站出来，重新亮出自己刻意收起的锋芒，帮助球队取胜。

梅西的“保镖”与“影分身”

效力于马德里竞技的中场硬汉德保罗，在阿根廷夺得大赛三连冠的进程中，起到了相当

重要的作用。此外，德保罗的“梅西保镖”身份，也同样令球迷津津乐道：每当阿根廷队在场上起冲突，德保罗总能第一时间为梅西出头，在势头不对时，他也能及时挡在梅西身前。

而在场外，德保罗也总是毫不掩饰对梅西的崇拜，他多次在采访中称赞梅西。比赛中，德保罗更是能很好地完成为梅西保驾护航的职责。无论斯卡洛尼排出四中场还是三中场阵形，德保罗经常出现在右路，协助完成右路的防守任务。德保罗覆盖面极大，整个球场右半扇都是他的活动范围。他可以协助右后卫和后腰进行防守，断球后也能用出色的技术护住球，将球送到前场有威胁的地方。而在进攻端，德保罗也同样有出色表现。2024年美洲杯阿根廷对阵加拿大队的半决赛，正是他为胡利安·阿尔瓦雷斯送出巧妙直塞，帮助球队首开纪录。攻守俱佳的德保罗对阿根廷队的攻守平衡来说，有着至关重要的作用，三届大赛都作为绝对主力的他，为阿根廷队的辉煌战绩做出了不可磨灭的贡献。

在左侧和德保罗遥相呼应的，则是被球迷戏称为“标清梅西”的麦卡利斯特。他在2022年世界杯才第一次代表蓝白军团出战大赛，却在小组赛就确立了主力位置。麦卡利斯特与梅西身形相似，和梅西有着同款的发型，但这都不是他被称为“标清梅西”的理由：

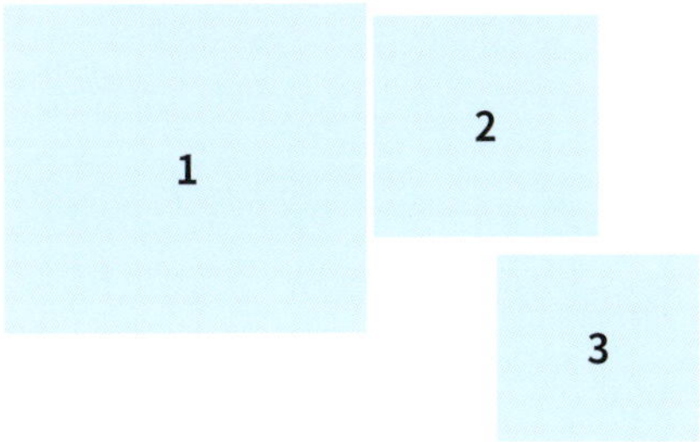

① 2022年世界杯半决赛，阿根廷3比0完胜克罗地亚，莫利纳、恩佐、麦卡利斯特、德保罗（左起）奔向梅西，庆祝进球。

② 德保罗总是陪伴在梅西身旁。

③ 相似的身形与出众的个人能力，让麦卡利斯特获得了“标清梅西”的称号。

尼古拉斯·冈萨雷斯

洛塞尔索

出众的控球和摆脱能力，才是观众们“看走眼”的关键。

麦卡利斯特在左路拿球内切连续摆脱数人的场景，的确像极了梅西，他在2024年美洲杯上也有过数次这样的精彩表演。相比在梅西身后当保镖的德保罗，麦卡利斯特插入禁区直接威胁球门的机会更多，揭幕战上，正是他前插完成助攻，帮助胡利安·阿尔瓦雷斯打入2024年美洲杯首粒进球。这位性格沉稳而低调的爱尔兰后裔，在参加的第一届美洲杯上就贡献了两次助攻。未来，麦卡利斯特将担负起更重要的进攻职责，发挥他早就在俱乐部赛场展现出的才华。

在世界杯横空出世之后，2001年出生的恩佐很快就被切尔西以高身价签入。但在加盟蓝军之后，恩佐的表现暂时还难以在英超赛场服众。2024年美洲杯他继续担任主力，但表现并没有那么亮眼。在世界杯赛场完成鲤鱼跃龙门的他，还需要在球场内外多加沉淀，好好打磨自身。

相比而言，另一名在世界杯上崛起的00后小将胡利安·阿尔瓦雷斯则显得更加稳重。年轻的阿尔瓦雷斯已经在俱乐部和国家队赛场荣誉满满，但并不是每一个冠军的含金量都相同，“小蜘蛛”在2021年美洲杯上只有1次替补出场，到了2024年美洲杯，他首发出战4次，两度面对加拿大都有进球。虽然表现没有像世界杯时那样抢眼，但也作为主力参加了整届杯赛，为自己的美洲杯生涯画上饱满的一笔。

替补合力，决赛制胜

在2021年美洲杯上轮流担任先发后腰的帕雷德斯和吉多·罗德里格斯，都已年满30岁。虽然他们的主力位置被后起之秀取代，但斯卡洛尼仍然给了两人随队出征2024年美洲杯的机会。阿根廷队的中场球员需要有更多跑动，这也必然导致球员在场上消耗极大。帕雷德斯和罗德里格斯可以作为生力军，在下半场或是加时赛为球队增添动力。

在“五次换人”规则的新时代，能够维持中场对抗强度的替补球员，对于各支球队来说仍然具有重要作用。2024年美洲杯决赛鏖战到加时，正是第97分钟替补出场的帕雷德斯在中场完成拦截并策动进攻，才有了劳塔罗的制胜球。这届赛事中戏份不多的帕雷德斯，在最关键的时候没有辜负教练的信任，为潘帕斯雄鹰大赛三连冠的点睛之笔做出贡献。

和帕雷德斯的处境类似的还有洛塞尔索，

① 阿根廷夺得2024年美洲杯冠军后，尼古拉斯·冈萨雷斯亲吻奖杯，洛塞尔索戴着金牌庆祝。两位遗憾错过2022年卡塔尔世界杯征程的球员，在这一届美洲杯中以轮换球员身份为球队做出贡献。

② 2024年美洲杯决赛后，合力贡献制胜球的帕雷德斯、洛塞尔索与劳塔罗（左起）坐在横梁上，与球迷一同高歌庆祝。

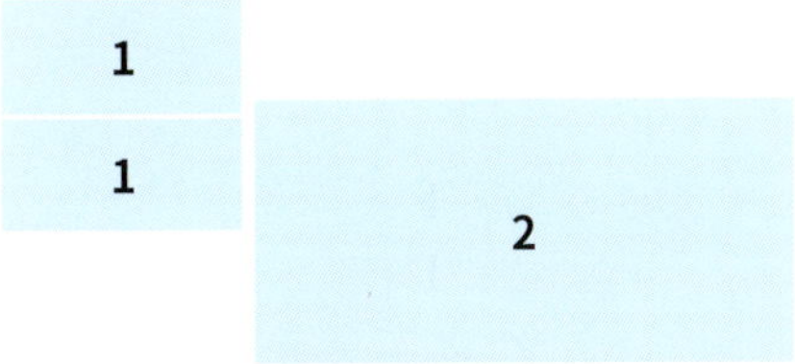

他是阿根廷2021年美洲杯夺冠时的绝对主力。令人遗憾的是，洛塞尔索因伤错过了卡塔尔世界杯，这使得斯卡洛尼在2021年美洲杯确立的打法，失去了重要的战术支点。斯卡洛尼不得不对成熟的战术体系进行调整，而这也导致阿根廷在卡塔尔世界杯上开局状态不佳。好在斯卡洛尼及时找到解决办法，最终带队捧回大力神杯。然而作为代价，洛塞尔索失去了主力位置。2024年美洲杯，洛塞尔索只得到149分钟的出场时间。但就是在这为数不多的出场时间里，他助攻劳塔罗在决赛中打入制胜球。从2021年的绝对主力，到2022年的遗憾缺席，再到2024年的替补奇兵，洛塞尔索的大赛经历，和他的俱乐部生涯一样跌宕起伏。

与洛塞尔索同样留有遗憾的，还有尼古拉斯·冈萨雷斯，他在卡塔尔世界杯开赛前因伤退出大名单。2024年美洲杯决赛他临危受命，换下因伤无法坚持的梅西。登场后冈萨雷斯帮助球队在前场继续施压，避免球队在核心下场后陷入被动。阿根廷的中前场是一个紧密团结的集体，所有人都心甘情愿为梅西和迪马利亚当绿叶，收起才华去做脏活、累活。一众替补球员登场后，也能发挥重要作用，由三名替补球员合力完成的决赛制胜球，就是最好的证明。

卫士正当好年华

刘冶

2024年美洲杯，阿根廷队在6场比赛中只失一球，防守表现几乎可以用无可挑剔来形容。根据权威数据网站的评分，这届美洲杯阿根廷队内评分最高的四名球员中除了梅西，另外三名正是门将埃米利亚诺·马丁内斯，和两名中后卫克里斯蒂安·罗梅罗、利桑德罗·马丁内斯。阿根廷防线球员通过在场上不遗余力地覆盖、凶狠硬朗的拼抢、奋不顾身地解围和封堵，在埃米利亚诺·马丁内斯身前筑起一道钢铁城墙。

中卫搭档，平稳换代

这堵移动城墙的领袖是克里斯蒂安·罗梅罗。20岁就登陆欧洲赛场的他在意甲成功打出名堂，转投热刺后也迅速成为后防核心，跻身足坛一流中卫行列。这届美洲杯他延续了出色表现，铲球、拦截、抢断等多项数据都位列赛会前列，几乎所有防守数据都是队内最高，是蓝白军团当之无愧的后卫线定海神针。

罗梅罗拥有极佳的身体条件，无论空中对抗还是地面对抗成功率都极高。他同时兼具爆发力和速度，再辅以稳准狠的脚下抢断技术，总是能够在出现危险时第一时间上抢。赛场上，罗梅罗屡屡及时出现在最关键的位置，无论由攻转守时迅速前顶扼杀对手反击，还是在禁区内完成最后的解围，他都得心应手。

如今罗梅罗身旁的搭档，则从2021年美洲杯和2022年世界杯时的老将奥塔门迪，换成了利桑德罗·马丁内斯。虽然同为1998年出生，利桑德罗的起点并没有罗梅罗高。罗梅罗20岁时就在意甲亮相，而利桑德罗晚一年旅欧，第一站是阿贾克斯。2021年美洲杯，罗梅罗已经是轮换主力，与佩泽拉分享奥塔门迪搭档位置的出场时间，而利桑德罗·马丁内斯在那届杯赛上只有一次登场。2022年世界杯时，罗梅罗已经锁定首发位置，而利桑德罗则取代佩泽拉，成为第一顺位的替补中卫。

2024年美洲杯，奥塔门迪已经年满36岁，斯卡洛尼决定让利桑德罗出任首发，而他也没有辜负教练的期望。在罗梅罗完成绝大部分防守任务的前提下，利桑德罗很好地兜住了底。两人在决赛中同时飞身堵枪眼的一幕，可以称得上是这届美洲杯最令人血脉偾张的瞬间之一。

由于罗梅罗承担了绝大部分的防守压力，利桑德罗在进攻端也可以做出更大贡献。他创造出两次得分机会，并且在面对厄瓜多尔的1/4决赛中头球破门，帮助状态不佳的球队取得领先优势。身高只有1.75米的利桑德罗向来被人担心空战会吃亏，但他在这届美洲杯中并未在高空球上处于太大劣势，反而还打进一个头球。这是他的第一粒国家队进球。

2023/2024赛季，利桑德罗先后三次受到伤病困扰。他先是受脚伤影响，在赛季开始时缺阵105天，复出后一个月又遭遇膝伤。两个

1 2 3

① 2022年世界杯1/4决赛，阿根廷点球淘汰荷兰，利桑德罗·马丁内斯与克里斯蒂安·罗梅罗赛后相拥庆祝。到了2024年美洲杯，利桑德罗已成为主力中卫，与罗梅罗一同出任首发。

② 2024年美洲杯决赛，克里斯蒂安·罗梅罗奋力解围。

③ 2024年美洲杯1/4决赛，阿根廷在常规时间内与厄瓜多尔1比1战平，随后点球胜出。第35分钟，利桑德罗头球破门。

月后，再次从伤病中恢复的利桑德罗只踢了一场比赛就肌肉拉伤，直到5月才复出，整个赛季在英超联赛只有11次出场。利桑德罗战胜了漫长而又反复的伤病，踏上了美洲杯赛场，这粒进球也可以算是对他不屈精神的奖励。

四大边卫，交替出击

相比于完成更新换代的中后卫，阿根廷队的边后卫人员则依旧延续2021年美洲杯之后的配置：左路由1992年出生的塔利亚菲科和1991年出生的阿库尼亚这两名老将镇守，右路则交给1997年出生的蒙铁尔和1998年出生的纳韦尔·莫利纳。四人从2021年美洲杯开始轮流出战，直到卡塔尔世界杯才稳定为塔利亚菲科加莫利纳的首发搭配，但蒙铁尔和阿库尼亚也有较多替补出战或是轮换先发的机会。

在足坛近几年的发展趋势中，边后卫球员需要承担越来越重的战术职责，在搭配不同类型的边锋时，需要随时在拉开宽度和内收接应之间切换，有时还要来到后腰位置上扫荡甚至组织进攻。这使得边后卫球员面临巨大体能消耗，伤病风险也随之增加，拥有两套实力和特点相近的左右边后卫，能够让球队在排兵布阵时更加从容。比如这届美洲杯决赛，首发出战的蒙铁尔受伤离场时，替补登场的莫利纳并不会让球队右路出现明显漏洞。

阿根廷队的四名边后卫实力不俗，却又相

① 2022 年世界杯决赛，阿库尼亚（右）在第 64 分钟替补登场，协助塔利亚菲科镇守左路。

② 从 2022 年世界杯到 2024 年美洲杯，蒙铁尔的点球主罚始终稳健。

③ 2022 年世界杯 1/4 决赛，阿根廷点球淘汰荷兰。莫利纳在第 35 分钟接到梅西精妙助攻，为阿根廷首开纪录。

1

2 2 3

对低调。除了效力于马德里竞技的莫利纳，其他三人都不在顶级豪门踢球，塔利亚菲科和蒙铁尔甚至在之前的一个赛季里都没有欧战可踢。但就是这样的准欧战级边后卫配置，帮助阿根廷队实现了大赛三连冠壮举，这也说明他们是实力大于名气的球员。阿库尼亚的看家本领是左路的超强冲击力，但随着年龄增长，他的速度不可避免地出现下滑。年龄相近的塔利亚菲科在技术特点上则更加均衡，防守稳健的同时，进攻端也能给予球队支持。由于阿根廷队的左路攻击手人选在不断调整，塔利亚菲科这样全面的球员更加受到青睐。无论搭配麦卡利斯特、迪马利亚还是尼古拉斯·冈萨雷斯，塔利亚菲科都能和他们打好配合。而右路则相对稳定一些，只需要和梅西适配就好。莫利纳已经与梅西在进攻端形成良好默契，卡塔尔世界杯 1/4 决赛，莫利纳接到梅西绝妙助攻，攻破荷兰队大门。

蒙铁尔在球队中更大的作用，或许是作为点球大战的秘密武器。从河床出道以来，蒙铁尔在职业生涯中主罚点球从未失手。卡塔尔世界杯决赛，蒙铁尔在点球大战中为阿根廷攻入制胜一球。这届美洲杯，阿根廷队最惊险的一场比赛就是 1/4 决赛对阵厄瓜多尔，蓝白军团在最后时刻被对手打入绝平进球，双方直接进入点球大战。斯卡洛尼见点球大战不可避免，赶紧换上蒙铁尔，希望他在点球大战中发挥百发百中的绝技。而蒙铁尔也不负众望，打进点球。2022 年世界杯和这届美洲杯，阿根廷队共计三次面对点球大战，蒙铁尔全部出场并主罚命中，球队三次过关。他和大马丁共同构成球队在点球决胜中的底气，让蓝白军团在十二码的轮盘赌中，拥有比对手更大的胜算。

如今的阿根廷拥有稳定的防守体系，很少因为个人松懈导致失误送礼。从战略上来说，利桑德罗平稳接班奥塔门迪，球队后防没有出现明显的动荡期。与利桑德罗和罗梅罗年龄相仿的莫利纳和蒙铁尔，在未来也能够继续为球队做出贡献。在完成中后卫的换代之后，斯卡洛尼下一个需要解决的问题就是左后卫的接班人选，而阿根廷又很幸运地拥有潜力爆表的巴伦廷·巴尔科。只要巴尔科发展达到预期，阿根廷在接下来的至少三届大赛中，都仍然拥有竞争力极强的后卫线。

Marco
New

连冠之路

BIENVENIDOS
CAMPEONES
AMERICAN
EXPRESS
Copa América
2024

2021美洲杯

夺冠之路

小组赛第1轮	阿根廷1比1智利
32’梅西/57’爱德华多·巴尔加斯	
小组赛第2轮	阿根廷1比0乌拉圭
12’吉多·罗德里格斯	
小组赛第3轮	阿根廷1比0巴拉圭
10’帕普·戈麦斯	
小组赛第4轮	轮空
小组赛第5轮	玻利维亚1比4阿根廷
60’萨韦德拉/6’帕普·戈麦斯、33’（点）42’梅西、65’劳塔罗·马丁内斯	
A组第1名，4战3胜1平积10分，得失球7比2。	
1/4决赛	阿根廷3比0厄瓜多尔
40’德保罗、84’劳塔罗·马丁内斯、90+3’梅西	
半决赛	阿根廷1比1哥伦比亚(点球3比2)
7’劳塔罗·马丁内斯/61’路易斯·迪亚斯	
决赛	阿根廷1比0巴西
22’迪马利亚	

VIBRA O CONTINENTE.
ÓN 2021
PA AMERICA
AMERICA

2021

第1战

A组第1轮

阿根廷 1:1 智利

2021.06.14

尼尔通·桑托斯奥林匹克体育场

主裁判：威尔马·罗尔丹（哥伦比亚）

换人

阿根廷		智利	
66'	20-洛塞尔索↓ 11-迪马利亚↑	21-卡洛斯·帕拉西奥斯↓ 22-布里尔顿↑	76'
67'	5-帕雷德斯↓ 14-埃克塞基尔·帕拉西奥斯↑	11-爱德华多·巴尔加斯↓ 7-皮纳雷斯↑	76'
79'	15-尼古拉斯·冈萨雷斯↓ 16-华金·科雷亚↑	17-梅德尔↓ 5-罗科↑	83'
79'	22-劳塔罗·马丁内斯↓ 9-阿圭罗↑	8-比达尔↓ 19-阿拉尔孔↑	84'
84'	4-蒙铁尔↓ 26-莫利纳↑	9-梅内塞斯↓ 14-加尔达梅斯↑	90+2'

进球

32' 1比0（梅西） 阿根廷获得禁区弧顶处直接任意球机会，梅西主罚左脚兜射直入球门右上角。

57' 1比1（爱德华多·巴尔加斯） 塔利亚菲科禁区内放倒比达尔，裁判判罚点球。比达尔主罚的点球被埃米利亚诺·马丁内斯扑出，爱德华多·巴尔加斯跟进头球补射得手。

黄牌

阿根廷		智利	
30'	夸尔塔	伊斯拉	25'
62'	劳塔罗·马丁内斯	埃里克·普尔加	32'
		比达尔	35'

技术统计

阿根廷		智利
18(5)	射门（射正）	5(4)
0	射中门框	1
6	远射	0
49%	控球	51%
349(81%)	传球（成功率）	381(80%)
29(45%)	长传（成功率）	53(40%)
21(24%)	传中（成功率）	7(14%)
15(67%)	盘带（成功率）	10(40%)
7	角球	1
2	越位	7
16	铲抢	7
13	拦截	5
13	解围	23
14	犯规	19
2	黄牌	3
0	红牌	0

梅西收获里程碑进球，却未能帮助阿根廷取得开门红。

数说

梅西超越巴蒂

73 梅西任意球破门，这是梅西在阿根廷队的第73个进球。此役过后梅西在南美国家队射手榜上位列第二，仅次于贝利。

57 梅西职业生涯第57次打入直接任意球，在这一数据上追平C罗。

1672 梅西时隔1672天，再次为阿根廷队打入直接任意球。梅西上一次为国家队打入直接任意球还是在2016年11月15日的世预赛，那场比赛阿根廷3比0战胜哥伦比亚。

39 梅西已为阿根廷队打入39粒正式比赛进球，超越传奇射手巴蒂斯图塔。

3 阿根廷队遭遇各项赛事3连平，最近5场比赛，阿根廷队在4场比赛中与对手战平。

2.82 阿根廷队此役预期进球为2.82，这是斯卡洛尼执教阿根廷队以来的正式比赛最高纪录。

声音

点球改变了比赛

2021年美洲杯小组赛首轮，阿根廷1比1战平智利。梅西表现依旧出色，全场7次射门3次射正打进1球，65次触球制造了5次关键传球。

赛后接受采访时梅西表示："我们想取得胜利，接下来将对阵乌拉圭，这也是场困难的比赛，我们现在必须开始考虑下一场比赛了。这场比赛（对阵智利）很艰难，我们踢得不够冷静，无法控制好球。点球改变了比赛。"

门将埃米利亚诺·马丁内斯保持乐观，"有些地方需要改进，但今天我们的表现令人印象深刻。球队非常团结，我们充满自信。最近3场比赛，我们的表现都远远好于对手，我们有几次终结比赛的机会，可惜未能抓住。"尼古拉斯·冈萨雷斯表示："我要自我批评，我浪费了太多机会，我们应该在临门一脚上有更好的表现。我为浪费机会感到恼火，但对球队整体的表现感到满意。"

主帅斯卡洛尼则说："我们理应获胜，但最终只拿到一场平局。这是一个艰难的开局。如果球队没能创造出机会，我会很担心，重要的是我们做到了这一点，我们安排了很多进攻球员。球队这场比赛比之前两场发挥得更好，他们（智利）除了那个点球，没有别的机会。球队正在进步。"

难过智利关

文 杨健

从世预赛到美洲杯首战，和智利“相爱相杀”的潘帕斯雄鹰，面对滚刀肉般的对手，似乎又有了2015年至2016年间的心理阴影。尽管全力以赴的梅西仍旧首开纪录，但缺少一口气赢下对手信心的阿根廷队，收获的又是一场1比1。各项赛事遭遇三连平的蓝白军团，从圣地亚哥到里约，坏运气始终如影相随，梅西正式比赛国家队进球超越巴蒂斯图塔，却仍无法挽救糟点满满的防守。

上轮世预赛破门的克里斯蒂安·罗梅罗因伤缺席，本场斯卡洛尼只得又派上世预赛送点的奥塔门迪，上一场首发的佩泽拉也被夸尔塔顶替，埃米利亚诺·马丁内斯和塔利亚菲科分别出任首发门将和左闸，整条防线几乎全数换人。不过本场智利队也有减员，桑切斯因大腿肌肉伤势首轮无法出场。少了心腹大患的蓝白军团开场后掌握攻击节奏，状态不错的梅西第8分钟就接应塔利亚菲科头球回摆射门偏出，随后劳塔罗近在咫尺的包抄射门，又在对手干扰下偏出，伴随着尼古拉斯·冈萨雷斯打向死角的低射被布拉沃扑出，开场三连击的阿根廷队，着实声势骇人。

面对咄咄逼人的阿根廷，曾在2015、

2016年两届美洲杯决赛拿下对手的智利，仍旧凭借耐心和凶悍防守与阿根廷周旋，以比达尔为首，不惜用飞铲和对抗阻滞阿根廷的智利队，在主裁威尔马相对宽松的尺度下，逐渐扭转了开场的劣势。但僵持阶段打破均势的，仍是梅西。洛塞尔索为阿根廷赢得前场任意球机会，梅西兜出完美弧线直蹿网窝，布拉沃尽管判断对了方向，仍无法阻止皮球入网。

上半时最后时段，阿根廷队本有机会乘胜追击，但比达尔禁区内手球，VAR回看后未给出点球判罚建议，给下半时埋下了伏笔。易边后仅10分钟，比达尔禁区内被塔利亚菲科踢倒，主裁判观看VAR后判罚点球。比达尔亲自操刀被大马丁扑出，巴尔加斯跟进头球补射得手。继上轮世预赛之后，阿根廷连续第二场被判罚点球。然而令蓝白军团气短的，不是本方在禁区内的大意粗疏，而是已经有一张黄牌在身的比达尔，在宽松尺度的纵容下，继续以杀伤性踢法阻断阿根廷队攻势。

比赛进入最后半小时，不甘心平局的阿根廷开始了最后一轮的反扑，梅西禁区弧顶接球闪出空当劲射，仍旧被布拉沃拒之门外。冈萨雷斯接应梅西挑传头球攻门偏出，迪马利亚禁区内横向摆脱左脚弧线球也告无果，但最令人泄气的场景，发生在补时第1分钟，连续在外围传中到小禁区的阿根廷，逼迫智利队稳健整场的防线百密一疏，但后点已成空门之势的华金·科雷亚，显然对飞到面前的球缺少准备，甚至连射门动作都未能做出。

终场哨响，全场射门18次，是对手3倍还多的阿根廷，无奈地咽下一场平局。尽管阿根廷将美洲杯常规时间对阵智利的不败纪录，扩大到19胜9平，但球队上下满是失望。多次错失机会的冈萨雷斯自我批评："我浪费了太多机会。我们应该在临门一脚上有更好的表现，我为浪费机会感到恼火，但对球队整体的表现感到满意。"

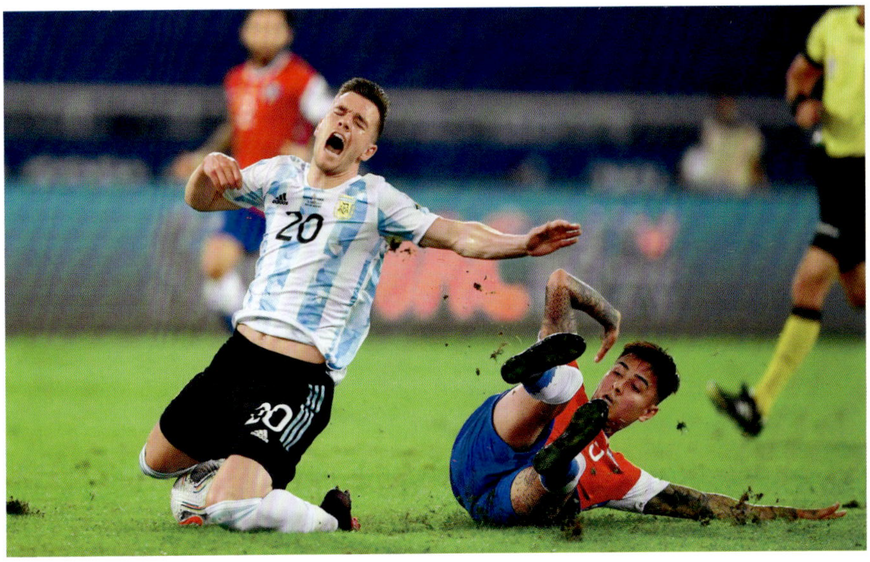

1 2 3

① 尼古拉斯·冈萨雷斯（左一）错失绝杀机会。

② 梅西直接任意球破门瞬间。凭借此球，梅西国家队正式比赛进球数超越巴蒂斯图塔。

③ 智利中场埃里克·普尔加铲抢洛塞尔索，智利队多次用凶狠的防守阻断阿根廷队的进攻。

2021

第2战

A组第2轮

阿根廷 1:0 乌拉圭

2021.06.18

加林查国家体育场

主裁判：桑帕约（巴西）

进球

12' 1比0（吉多·罗德里格斯） 梅西左路突破下底传中，吉多·罗德里格斯后点头球攻门，皮球砸在远端门柱后弹入球网。

黄牌

阿根廷		乌拉圭	
48'	洛塞尔索	托雷拉	62'
75'	埃米利亚诺·马丁内斯	奥坎波	90'
90+1'	华金·科雷亚		

技术统计

阿根廷		乌拉圭
9(6)	射门（射正）	4(0)
0	射中门框	0
4	远射	3
45%	控球	55%
457(84%)	传球（成功率）	552(86%)
58(41%)	长传（成功率）	48(63%)
15(13%)	传中（成功率）	22(14%)
27(56%)	盘带（成功率）	6(50%)
8	角球	3
1	越位	0
10	铲抢	21
13	拦截	6
12	解围	16
11	犯规	21
3	黄牌	2
0	红牌	0

换人

阿根廷		乌拉圭	
52'	20-洛塞尔索↓ 14-埃克塞基尔·帕拉西奥斯↑	6-本坦库尔↓ 8-南德斯↑	46'
52'	22-劳塔罗·马丁内斯↓ 16-华金·科雷亚↑	14-托雷拉↓ 5-贝西诺↑	64'
70'	15-尼古拉斯·冈萨雷斯↓ 11-迪马利亚↑	7-德拉科鲁斯↓ 26-奥坎波↑	65'
90+3'	7-德保罗↓ 6-佩泽拉↑	13-乔瓦尼·冈萨雷斯↓ 25-法昆多·托雷斯↑	70'
		15-费德里科·巴尔韦德↓ 24-戈里亚兰↑	84'

终场哨响，阿根廷球员庆祝胜利。

数说

阿根廷队史千场里程碑

1000 阿根廷队迎来队史第1000场比赛。

10 在2022年世界杯预选赛和2021年美洲杯比赛中，阿根廷队总共已打入11粒进球，其中10粒进球是在上半场打入。

2 本届美洲杯前2场比赛，梅西皆当选全场最佳球员。

5 梅西本场比赛被对手侵犯5次，为全场最高。

4 乌拉圭队连续4场比赛未能破门，追平队史最差纪录。

32 乌拉圭已32年未能在美洲杯的常规比赛时间内击败阿根廷。

声音

为冠军而来

赢下“拉普拉塔河德比”，主帅斯卡洛尼对全队都提出表扬，他表示：“我一直强调，全队所有人都会打比赛，现在这支队伍的首发表现很好，这让我感到很开心。今天球队更努力，对手没有进球，整体来说非常稳健。”

斯卡洛尼还特别提到了进球功臣吉多·罗德里格斯，“吉多的态度很积极，我们很欣赏他在比赛中的存在感。今天他抓住机会打进一球，表现非常好。”

门将埃米利亚诺·马丁内斯赛后受访时表示：“我们来到这里就是为了赢得冠军，我们不惧怕任何人。能赢下比赛是因为我们有世界最佳球员（梅西），还有一个总是拥有各种战术方案，可以应对任何问题的主教练。”

本场比赛，乌拉圭没有一次射正，马丁内斯虽然未能一展扑救能力，但他的防守指挥发挥了很大作用。

迪马利亚在赛后接受采访时则提到了他们最大的争冠对手巴西队：“巴西队非常强，他们表现得不错，而且还拥有主场优势。不过，阿根廷永远是冠军候选人。我们本场比赛战胜了一支为冠军而战的球队，球队将会沿着这条路继续走下去。”

伤愈复出的克里斯蒂安·罗梅罗表示：“拿到胜利非常重要，我们做到了这一点。阿根廷国家队是个出色的团队，我感谢教练组给我机会，让我加入这个群体，接下来能走多远取决于我们自己。我们要一场场地来。”

连续两场被评为全场最佳的梅西，赛后也更新了社交媒体：“加油赢下去！今天的比赛对我们来说至关重要。赢球之后，我们可以平静面对接下来的比赛，做好应对困难的准备。”

稳守+梅西=冠军?

洪流

本届美洲杯，阿根廷队正在悄然进行战术革新。尽管拥有探戈足球、文艺优雅的标签，但阿根廷在战术历史上，从来不缺乏凶悍大闸、铁血后腰和守强于攻的边后卫。无论率队夺得世界杯的比拉尔多还是险些率队夺得世界杯冠军的萨韦利亚，强悍防守是不变的主线。因此，当斯卡洛尼率领着这支新生代阿根廷，继续用勤勉跑动和防守迎敌时，其实大多数人一点也不应该感到意外。

只是，在多届比赛错失冠军之后，年纪已经不小的梅西快要等不起球队的复兴了。1比0战胜乌拉圭的比赛，或许能够让他稍显轻松——球队在后防线多个位置上大胆求变，让阿根廷至少避免了以往的头重脚轻。考虑到梅西本人的跑动能力已经有所下滑，吉多·罗德里格斯的闪光，也能够让阿根廷的偶像放心去踢自己喜欢的足球。看得出来，多年大赛无冠的阿根廷，正在努力搭建自己的冠军公式：稳守+巨星=冠军。

在很多人眼中，这位6年前才在亚特兰大退役的少帅似乎缺乏创造力，但在斯卡洛尼自己眼里，他是在稳步升级球队。本场阿根廷首发阵容相较上轮对智利做了四处调整：莫利纳替代蒙铁尔出任右后卫，阿库尼亚替代塔利亚菲科出任左后卫，克里斯蒂安·罗梅罗伤愈取代夸尔塔，而最重要的，是帕雷德斯被吉多·罗德里格斯替代。这是帕雷德斯在斯卡洛尼时代第一次没能首发出场。

四个调整中，三个都是针对后防线，可以说斯卡洛尼在开赛仅一场后就迅速完成了自我调整——其实也是自我否定。蒙铁尔在河床时表现出来的特点是攻守均衡，但上一场他镇守的右路被智利完爆，蒙铁尔不仅找不到球，还多次送出犯规。本场的莫利纳至少在防守端做到没有被对手突破，同时还贡献了4次抢断，表现稳健。

阿库尼亚是阿根廷本场的重大发现，2018年世界杯他显得过于紧张，而本场他在边路几乎赢下了所有对抗，且还有余力插上助攻，进步相当明显。罗梅罗可能是阿根廷后防线上最关键的一员，在他率领下，阿根廷队让苏亚雷斯和卡瓦尼领衔的乌拉圭锋线全场0射正，比起之前的夸尔塔，罗梅罗显得稳健得多。

此前的比赛，阿根廷最大的问题是后防没有驱动点，在前场球员状态起伏的情况下，全队找不到撕开对手防线的机会，而这也意味着比赛会变得乏味。至少从本场比赛来看，斯卡洛尼通过调整首发阵容来增强球队的稳定程度，效果相当不错。

帕雷德斯的伤停，意外地给斯卡洛尼送来

了解决球队防守难题的钥匙:吉多•罗德里格斯。这位皇家贝蒂斯中场，最突出的优点其实是大范围奔跑。阿根廷不是没有能跑的球员，但吉多最大的不同在于，其奔跑速度和干扰能力相比于阿根廷其他技术流中场都属于上乘。来看看他的数据，88.5%的传球成功率、70%的抢断成功率、2次拦截、3次抢断、4次解围，乌拉圭本场的快速反击甚至一次都没打成。

在如今的阿根廷阵中，德保罗成为前场潜藏自由人，一方面承担保护梅西的任务，一方面自己也要帮忙组织和穿插。吉多的出现，让德保罗和梅西在面对托雷拉与本坦库尔的组合时，可以多拿球、少参与围抢，可以说，他让阿根廷中前场的一大短板——梅西的体能——显得不再致命。

如果说阿根廷的后场核心是吉多，前场核心则毫无疑问依然是梅西。这场梅西踢得很拼，在比赛中甚至一度躺在场上大口喘气。但这并不影响他连续突破乌拉圭后卫，威胁对方球门。开场仅12分钟,阿根廷左路开出战术角球，梅西一个变速后下底传中，球从门将身前飞过，吉多后点头球帮助阿根廷打进制胜球。

稳固防守+巨星闪光，这样的阿根廷，已经开始具备过往名帅执教时的味道了。对于阿根廷来说，斯卡洛尼的思路完全正确。

1 2
3

① 打入全场唯一进球的吉多·罗德里格斯张开双臂激情庆祝，本场比赛他在攻防两端均有出色发挥。

② 克里斯蒂安·罗梅罗防守卡瓦尼。在他的率领下，阿根廷防线此役零封对手。

③ 梅西带球摆脱乌拉圭左后卫比尼亚的防守。

2021

第3战

主裁判：赫苏斯·巴伦苏埃拉（委内瑞拉）

换人

阿根廷		巴拉圭	
59'	9-阿圭罗↓ 16-华金·科雷亚↑	14-库瓦斯↓ 16-卡多索·卢塞纳↑	66'
72'	24-帕普·戈麦斯↓ 7-德保罗↑	17-卡库↓ 21-奥斯卡·罗梅罗↑	66'
81'	5-帕雷德斯↓ 17-尼古拉斯·多明戈斯↑	26-皮里斯·达莫塔↓ 8-理查德·桑切斯↑	82'
81'	11-迪马利亚↓ 21-安赫尔·科雷亚↑	11-安赫尔·罗梅罗↓ 7-卡洛斯·冈萨雷斯↑	87'
		9-阿巴洛斯↓ 18-萨穆迪奥↑	87'

进球

10' 1比0（帕普·戈麦斯）梅西策动进攻，将球传给禁区前沿的迪马利亚，迪马利亚向左横带几步后送出巧妙直塞，禁区内帕普·戈麦斯接球后面对门将挑射远角破门。

黄牌

阿根廷		巴拉圭	
34'	帕雷德斯	古斯塔沃·戈麦斯	16'
		卡多索·卢塞纳	78'

技术统计

阿根廷		巴拉圭
9(4)	射门（射正）	10(2)
0	射中门框	0
6	远射	4
43%	控球	57%
407(85%)	传球（成功率）	515(87%)
38(61%)	长传（成功率）	37(51%)
1(0%)	传中（成功率）	22(18%)
26(50%)	盘带（成功率）	23(52%)
2	角球	9
1	越位	2
24	铲抢	18
17	拦截	13
14	解围	10
11	犯规	23
1	黄牌	2
0	红牌	0

梅西带球突破，巴拉圭中场库瓦斯铲抢无果。

数说

梅西追平马斯切拉诺纪录

73% 比赛前15分钟阿根廷的控球率是60%，而上半场的最后15分钟，巴拉圭的控球率是73%。

1 帕普·戈麦斯打进国家队正式比赛首粒进球，他代表阿根廷国家队登场6次打进两球，他的上一个国家队进球是在2017年6月13日对新加坡的友谊赛中打进。

9 本场巴拉圭队首发11人有9名球员在阿根廷踢球，只有埃斯皮诺拉和阿萨门迪亚不是在阿根廷联赛效力。巴拉圭队主帅贝里索也是阿根廷人。

16 自2019年美洲杯半决赛0比2输给巴西后，阿根廷队在斯卡洛尼任内16场不败（9胜7平）。

147 梅西第147次代表阿根廷成年国家队出场，追平马斯切拉诺的国家队出场纪录。

声音

不依赖梅西并非易事

梅西此役追平由马斯切拉诺保持的阿根廷成年国家队出场纪录，马斯切拉诺道贺：“恭喜梅西追平了阿根廷国家队出场纪录，没有什么是比你创造传奇更好的事情。”主帅斯卡洛尼表示：“梅西参加了所有比赛，但想要不依赖他并非易事，他或许很累，但仍然会有所作为。”梅西本人则在社交媒体上表示：“又是一场重要的胜利，继续提高。很高兴追平了我的朋友马斯切拉诺，你是我非常喜欢的球员，也是我一直尊重和敬佩的人。”

打入此役唯一进球的帕普·戈麦斯赛后将功劳归于迪马利亚，他表示：“我非常开心，一直等待着射门机会，我把握好了这次机会。我要感谢我的家人、朋友，在没有办法登场的时候，我一直在耐心等待。我为这场胜利感到高兴。迪马利亚的助攻太棒了，我只需要触一下球就能完成射门。我们再次取得胜利，这非常重要。我们之后会有一周的休息时间。”

迪马利亚则表示：“我认为我们配得上胜利，我们在比赛中有很多机会，但只把其中一次转化成进球。今天我获得了机会，证明了自己。我喜欢踢比赛，也希望成为首发。我的态度没有变过，我一直都很高兴。我总是在训练中竭尽全力，希望证明自己。只要教练安排我登场，我就会倾尽全力。”

阿根廷以不败战绩提前出线，不过后卫佩泽拉认为，球队还有提升空间，“我们上半场发挥出色，下半场的强度有所降低。之前我们受到了一些批评，但现在球队正在进步。我们想在每场比赛里提高自己。”

阿根廷队主帅斯卡洛尼在总结本场比赛时表示：“今天我们有轮换，现在是合适的时候，很幸运，一切都很顺利，我们拿到了3分。球队两天前刚刚踢完一场比赛，大家并没有处在最好的状态，但球队依然踢得很棒。下半场巴拉圭发挥出了他们的优势，但我们上半场踢得不错，不过也很明显，我们有一些地方需要提高。”斯卡洛尼还表达了对于球员的满意，“我对于戈麦斯和迪马利亚的表现很满意，他们这一代球员仍然在为阿根廷队效力，他们证明自己依然属于当下，能够继续做贡献。我也想提一提阿圭罗，他也有很多付出，为球队做了很多的工作。我对于他们三名球员都很满意。”

梅西负重前行

洪流

连战巴拉圭、乌拉圭两大劲旅，阿根廷队用两个1比0通过考验，仔细想来这其实是很了不起的事情。在过去的数届美洲杯上，阿根廷队通过小组赛并不困难，但很难见到的是，阿根廷在比赛中主动回收，面对南美球队打起反击。只不过，梅西已经越来越劳累。

本届美洲杯，阿根廷最大的优点在于攻防转换时执行战术颇为坚决，相比上一场对阵乌拉圭，本场塔利亚菲科、佩泽拉两名主力回到首发阵容中，表现还算不错。塔利亚菲科在此前的比赛中被人质疑进攻端没有作用，本场他索性踢成了左中卫，阿根廷队在三后卫和四后卫之间切换，防守表现相当稳固。

而保证阿根廷攻防转换这一大亮点的，是吉多·罗德里格斯和帕雷德斯两人的联袂首发。帕雷德斯主要承担中后场的传球串联工作，吉多·罗德里格斯则体能充沛、拦截出色，上一场他还打入制胜球。本场有了这两名体力充沛的后腰协助，阿根廷踢得进退自如，巴拉圭进攻时，阿根廷的防守可以在5至10秒内完成落位，上半场巴拉圭数次禁区前的射门全部被回防的阿根廷球员围堵，完全不能对门将埃米利亚诺·马丁内斯构成威胁。

除了快速落位，吉多·罗德里格斯和帕雷德斯还不惜以犯规为代价，绞杀作风硬朗的巴拉圭中场。此役帕雷德斯一共3次抢断，造成对方5次丢失球权，吉多·罗德里格斯则2次成功抢断，3次解围，同时也有3次犯规。

在阿根廷的中场绞杀面前，巴拉圭的中场三人组全场没有1次成功抢断，让帕雷德斯刷出95%的传球成功率，比赛也就此被阿根廷牢牢掌握。不过，阿根廷犯规偏多，让巴拉圭多次拿到任意球，巴拉圭的有威胁进攻次数几乎是阿根廷的两倍，如果遇到定位球进攻能力更强的对手，这个打法风险也不小。

在此前的比赛中，斯卡洛尼其实更喜欢用洛塞尔索，但此役洛塞尔索伤停，斯卡洛尼将他的任务交给了迪马利亚和帕普·戈麦斯，

① 迪马利亚助攻帕普·戈麦斯破门，阿根廷球员庆祝进球。这是戈麦斯在阿根廷国家队打入的首个正式比赛进球。

② 本场比赛，由帕雷德斯（上图）和吉多·罗德里格斯（下图）组成的后腰搭档，成为阿根廷攻防转换的关键保障。

1

2

2

一人负责直接威胁球门，一人负责传球衔接前锋。这一安排取得良好收效，上半场迪马利亚助攻戈麦斯打进全场唯一进球。对于在斯卡洛尼的战术体系中并非绝对主角的两人来说，这场比赛或许会成为他们的转折点。

但阿根廷进球难的问题还在延续，美洲杯3场比赛，阿根廷只打进3球。此役阿圭罗时隔一年半再次代表阿根廷队首发登场，然而这位梅西老友并不在状态。作为中锋，阿圭罗全场只有一次射门（第7分钟对手禁区解围失误，阿圭罗一对一面对门将打飞），两次过人全部失败。

下半场阿根廷连续换人，但不管是二前锋类型的华金·科雷亚、安赫尔·科雷亚还是能打边路的德保罗，在有限的时间里都无法跟上梅西和迪马利亚的反击节奏。问题或许出在斯卡洛尼的战术方面，这样的战术过于限制球员的创造能力，在马竞和国际米兰打主力的安赫尔·科雷亚与劳塔罗，都没发挥出真实水平。

这样一来，梅西不得不拖着疲惫的身躯，继续为球队贡献光与热。本场梅西的射门次数（3次）、射正次数（2次）、被犯规次数（5次）都是全场最高。不过，梅西的传球成功率上半场高达90%，下半场却降至81%。到了70分钟后，梅西已无法用纵向突破撕开巴拉圭的防线，但他依然为阿根廷制造出比赛结束前最后一个好机会。阿根廷依然在依赖梅西的发挥。

2021

第4战

A组第5轮

玻利维亚 1:4 阿根廷

2021.06.28
潘塔纳尔竞技场

主裁判：安德烈斯·罗哈斯（哥伦比亚）

换人

玻利维亚		阿根廷	
61′	15-塞斯佩德斯↓ 3-萨格雷多↑	24-帕普·戈麦斯↓ 27- 胡利安·阿尔瓦雷斯↑	56′
61′	25-丘拉↓ 10-亨利·巴卡↑	9-阿圭罗↓ 22-劳塔罗·马丁内斯↑	63′
61′	18-希尔韦特·阿尔瓦雷斯↓ 11-罗德里戈·拉马略↑	21-安赫尔·科雷亚↓ 20-洛塞尔索↑	64′
81′	17-罗伯托·费尔南德斯↓ 13-瓦亚尔↑	18-吉多·罗德里格斯↓ 5-帕雷德斯↑	71′
85′	16-萨韦德拉↓ 14-比利亚罗埃尔↑	14-埃克塞基尔·帕拉西奥斯↓ 17-尼古拉斯·多明戈斯↑	71′

进球

6′ 0比1（帕普·戈麦斯） 梅西禁区前接安赫尔·科雷亚横传后转身送出绝妙挑传，前插的帕普·戈麦斯在小禁区线附近凌空打进球门右上角。

33′ 0比2(梅西) 梅西精准斜传策动反击，帕普·戈麦斯接球杀入禁区灵巧变向后被迭戈·贝哈拉诺绊倒，梅西点球射进右下角。

42′ 0比3（梅西） 阿圭罗中圈附近挑传前场，梅西前插，禁区弧顶处垫射将球吊入球门。

60′ 1比3（萨韦德拉） 胡斯蒂尼亚诺前场右路带球至底线附近倒三角回传，萨韦德拉小禁区前沿爆射将球打进右上角。

65′ 1比4（劳塔罗·马丁内斯） 阿库尼亚禁区内打门被门将扑出，劳塔罗补射右上角得手。

黄牌

玻利维亚		阿根廷	
86′	罗德里戈·拉马略	阿库尼亚	90′
90+2′	瓦亚尔		

技术统计

玻利维亚		阿根廷
5(2)	射门(射正)	18(13)
0	射中门框	0
3	远射	4
32%	控球	68%
387(84%)	传球(成功率)	827(92%)
35(57%)	长传(成功率)	51(78%)
6(0%)	传中(成功率)	8(38%)
7(57%)	盘带(成功率)	23(65%)
2	角球	4
2	越位	3
16	铲抢	13
13	拦截	11
18	解围	8
11	犯规	7
2	黄牌	1
0	红牌	0

此役获胜后，斯卡洛尼已率领阿根廷队连续 17 场比赛不败。

数说

梅西梅开，渐入佳境

3 阿根廷近3场美洲杯小组赛都在比赛前15分钟取得进球。

4 阿根廷4场小组赛梅西全部首发打满全场，并且3次当选全场最佳球员。

3+2 本届美洲杯梅西4场小组赛打进3球助攻2次，独自领跑射手榜，在助攻榜上与内马尔并列第一。

17 斯卡洛尼带领阿根廷队连续17场不败（10胜7平），追平20世纪30年代至50年代执教阿根廷队的吉列尔莫·斯塔维莱，位列阿根廷队史历任主帅连续不败场次榜第三。前两名为巴西莱（31场）和贝尔萨（18场）。

18 梅西近18场国家队比赛首次梅开二度，上一次是在2019年6月，阿根廷5比1击败尼加拉瓜的比赛中。这也是梅西第二次在美洲杯单场收获2+进球，上一次是在2016年6月，阿根廷5比0战胜巴拿马的比赛中，是役梅西上演帽子戏法。

100 阿圭罗第100次代表阿根廷成年国家队出战，达成百场里程碑。

148 梅西第148次代表阿根廷成年国家队出场，超越马斯切拉诺，独享队史出场纪录。

声音

阿根廷希望成为比赛主角

阿根廷4比1战胜玻利维亚，阿根廷主帅斯卡洛尼赛后表示："我们希望制造很多进球机会，虽然比赛场地的情况不算理想，但球队知道，我们目标就是必须赢球，我很欣赏全队展现的态度。"

"我们在比赛中实现了平衡，对手并不好对付，我们希望用最理想的方式对待比赛，很多出场机会不多的球员配得上获得机会，登场比赛。大家都已证明，自己配得上阿根廷队的征召，然而一场比赛只有11人可以首发。"

"阿根廷队一直希望成为比赛中的主角，只是球队有时候也会感到疲劳，球队不可能在90分钟内的全部时间都是主角。我们仍然有可以提高的地方，当然，我们对球队的表现还是感到非常满意。"

"我们对下一场比赛的对手厄瓜多尔抱有尊重，他们年轻、出色又充满动力，他们已经证明了自己。"

B计划试验成功

洪流

阿根廷的2021年美洲杯征程，此前一直磕磕绊绊。对阵智利、乌拉圭和巴拉圭，梅西显得劳累而孤独，全队战术似乎过于死板。不过往好处想，斯卡洛尼在帮助球队打造战术纪律。小组赛末战对阵提前垫底的玻利维亚，斯卡洛尼做出了变阵决定，也证明了球队能够打出精彩的足球，梅西也踢得足够轻松。这场胜利，给阿根廷接下来的淘汰赛征程提供了极好的基础。

离开了高原主场和逼抢的意志，玻利维亚完全无法和阿根廷抗衡。全场比赛，玻利维亚和阿根廷的射门比为5比18，阿根廷射正13次，全面占据场上优势。对手实力有限，也让斯卡洛尼有机会进行阵容轮换，尝试一套更为进取的战术。本场比赛，阿根廷轮换6名球员，安赫尔·科雷亚、蒙铁尔、阿库尼亚首发，同时利桑德罗·马丁内斯、埃克塞基尔·帕拉西奥斯和阿尔马尼也登场亮相。

虽然轮换了阵容，但斯卡洛尼并没有让刚过完34岁生日的梅西轮休，赛前他就表示，阿根廷队只有梅西一个首发位置可以确定，这说明他有拿这套阵容为梅西试验更主动的踢法的考虑。从具体打法来看，阿根廷防线前移，在中场的横向传递变多，梅西的拿球区域也靠前了不少。首发出战的帕拉西奥斯和吉多·罗德里格斯两人在中场筑起了一道新的屏障，前者比起帕雷德斯和洛塞尔索更加稳健，本场比赛也是阿根廷4场小组赛中，让对手通过中场次数最少的一场。

在借着轮空的机会休整了7天之后，体能得到恢复的梅西在本场比赛中的表现也达到了美洲杯开赛以来的一个新的高峰。帕普·戈麦斯和阿圭罗虽然都是三旬已过的老将，但两人在反跑穿插中的意识强于其他人，和梅西在一起，足以踢出节省体力的进攻配合。特别是戈麦斯，他曾被认为是“低配梅西”，而当和真正的梅西进行配合时，他可以用最直接的传跑吸引防守球员的注意力。梅西不再孤独，这对阿根廷来说是个绝佳信号。

轮换的另一个好处，是阿根廷的战术B计划试验成功。从本场的表现来看，无论阿库尼亚、蒙铁尔还是利桑德罗·马丁内斯，都有足够实力在首发阵容中立足，不过三人此前在攻防方面都或多或少存在一些短板。本场阿库尼亚又一次展现了出众的边路突破能力，而利桑德罗·马丁内斯更是踢出了后腰的感觉，这两人都可以在此后面对厄瓜多尔的比赛里出场。安赫尔·科雷亚的后排插上属性在本场比赛也终于发挥了作用，不过从斯卡洛尼此前对他的使用来看，他或许更适合担当替补奇兵的角色。

而更让人高兴的是，此前在斯卡洛尼战术中位居核心的劳塔罗，此役终于打进了个人本届美洲杯首球。下半场刚刚替补出场，劳塔罗就门前补射打进一球，他还有数次极具威胁的射门。在短暂的出场时间里，劳塔罗和梅西在战术层面难以共存的问题，似乎得到初步解决。

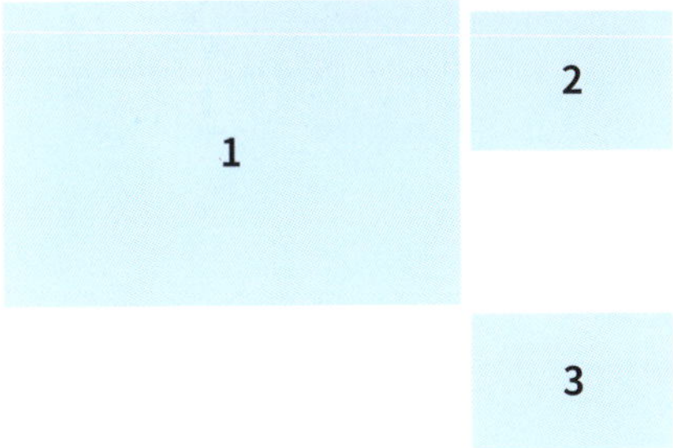

① 梅西状态出色，助攻帕普·戈麦斯（右一）首开纪录后，自己完成梅开二度。

② 劳塔罗收获个人本届美洲杯首球。

③ 阿库尼亚此役先发出战，展现出极强的突破能力。

2021

第5战

换人

阿根廷		厄瓜多尔	
71'	20-洛塞尔索↓ 11-迪马利亚↑	10-格鲁埃索↓ 11-埃斯特拉达↑	46'
71'	5-帕雷德斯↓ 18-吉多·罗德里格斯↑	27-迭戈·帕拉西奥斯↓ 19-普拉塔↑	46'
83'	15-尼古拉斯·冈萨雷斯↓ 3-塔利亚菲科↑	21-阿兰·佛朗哥↓ 23-莫伊塞斯·凯塞多↑	70'
90+4'	22-劳塔罗·马丁内斯↓ 9-阿圭罗↑	17-安赫洛·普雷西亚多↓ 9-坎帕纳↑	83'

进球

40' 1比0（德保罗）梅西中路送出直塞，劳塔罗得球后在禁区前沿被出击的门将放倒，随后梅西将球分至右侧，无人盯防的德保罗将球打入右下角。

84' 2比0（劳塔罗·马丁内斯） 因卡皮耶后场停球失误，迪马利亚上抢，梅西禁区线上将球向左横敲，劳塔罗将球打进右上角。

90+3' 3比0（梅西）迪马利亚前插被因卡皮耶放倒，裁判起初判罚点球并出示黄牌，但在观看录像后认定犯规地点在禁区外，取消点球并改判红牌将因卡皮耶罚下。梅西主罚的任意球越过人墙，打进球门右上角。

黄牌

阿根廷		厄瓜多尔	
45+4'	奥塔门迪	安赫洛·普雷西亚多	20'
66'	尼古拉斯·冈萨雷斯	阿兰·佛朗哥	31'
		埃斯图皮尼安	44'

红牌

阿根廷		厄瓜多尔	
		因卡皮耶	90+2'

技术统计

阿根廷		厄瓜多尔
21(8)	射门（射正）	10(2)
1	射中门框	1
7	远射	4
47%	控球	53%
296(80%)	传球（成功率）	324(80%)
30(50%)	长传（成功率）	47(34%)
10(40%)	传中（成功率）	20(30%)
17(53%)	盘带（成功率）	16(31%)
6	角球	10
1	越位	4
14	铲抢	20
8	拦截	6
17	解围	13
16	犯规	14
2	黄牌	3
0	红牌	1

第 40 分钟，梅西助攻德保罗破门，进球后两人庆祝。

数说

阿根廷连续11场上半时破门

4 梅西本届美洲杯打进4球、助攻4次，两项数据都是第2名的2倍。

4 本届美洲杯梅西5次出场，4次当选全场最佳球员。

11 阿根廷连续11场比赛在上半场取得进球，这是2011年以来的最长纪录。

46 2021年梅西已参加35场比赛，直接参与（进球+助攻）46球，并26次当选全场最佳。

58 梅西职业生涯打进58个直接任意球，超越C罗的57球。

76 梅西为阿根廷国家队打进76球，距离贝利的南美球员国家队进球纪录仅差1球。

声音

梅西给了我们信心和快乐

阿根廷3比0淘汰厄瓜多尔，闯入4强，赛后梅西表示：“这是一场非常艰难的比赛。厄瓜多尔是一支非常有拼劲的球队。我认为我们也很努力，之后我们打入了第一个进球，然后比赛变得有点胶着。我们尝试控制比赛，但做不到，因为草皮的情况不大好，我们的触球很糟糕，但没有任何借口，因为每个人都一样。我们踢了一场很棒的比赛，希望一步一个脚印，再拼一场，打进我们期待已久的决赛。现在我们必须好好休息，因为离下一场比赛的时间很近了。”

梅西本场助攻两次并打进一球，毫无悬念地当选全场最佳球员，但他说：“我总是说，个人荣誉是次要的，我们来这里是为了别的东西。我要祝贺团队所做的工作，我们已经离开家人很多天了。我们都拥有一个共同的目标（夺得美洲杯冠军）。”

进球功臣劳塔罗·马丁内斯表示：“我们都追随梅西，今天我们再次看到他改变了比赛。我们很高兴，我们会全力以赴。”梅西的另一名锋线搭档尼古拉斯·冈萨雷斯表示：“梅西每天都给我们带来惊喜，每次他都变得更加强大，并感染我们所有人。他给了我们信心和快乐，我们必须沿着这条道路继续走下去，并享受它。”

挨打越狠，打人越疼？

洪流

美洲杯开赛至今，阿根廷面对的诸多对手中，厄瓜多尔算是在防守端做得最好的一支球队。然而，比赛结束时，场上的比分是3比0——潘帕斯雄鹰不仅赢了，而且单从比分上看赢得轻松随意。真的是阿根廷比对手在档次上远远高出几筹吗？是，也不是，阿根廷的比赛打得被动，但比赛结束前的连续两个进球，证明球队的进攻组合已拥有最好的配置。梅西身边的助手状态调试到最佳，阿根廷距离冠军，越来越近了。

阿根廷队害怕高位逼抢，从2010年到现在都是如此。2011年美洲杯阿根廷被乌拉圭淘汰，球队能把比赛拖进点球，已经是进攻线压制对手的结果。2015年、2016年两届美洲杯决赛折戟，前面顺风顺水的阿根廷到了决赛，就被智利的7名防守球员分割包围。2019年美洲杯半决赛输给巴西，阿根廷人更是在射门、控球、威胁进攻三项数据上遭遇全线压制。

不过在本届美洲杯上，阿根廷在小组赛中已经开始尝试高位逼抢战术，而8强战中他们恰恰遇到了最合适的对手厄瓜多尔——这支球队小组赛没赢球，又偏偏喜欢打高位逼抢，可以让阿根廷试验一下面对这种球队该怎么踢。

从比赛的进程看，阿根廷明显比面对智利时更加会应对这种场面。全场比赛的控球率方面，厄瓜多尔以53%领先于阿根廷队的47%，而且甚至在威胁进攻当中，厄瓜多尔队也仅仅落后阿根廷两次。然而，上半场结束前

的进球证明了一切：厄瓜多尔队刚刚错失了一个中路两点包抄的机会，连续围攻之下被抢断，阿根廷迅速送球到前场，梅西直塞制造单刀，冈萨雷斯被绊倒，梅西跟上再把球冷静交到远端，德保罗只需面对一个空门。下半场最后时刻的两个进球，套路也类似，只要阿根廷以梅西为核心进行三传两递，就能迅速制造有威胁的机会。

厄瓜多尔并非没有机会，恩内尔·巴伦西亚错失了两个绝佳的包抄机会，外围的远射也颇具威胁，这是他们高位逼抢应得的威胁球。但是另一方面，阿根廷全场射门高达21次，反过来说明面对高位逼抢的球队，阿根廷有一手快速反击打身后的绝招。过去这些年，阿根廷习惯把高位逼抢和控球打法联系起来，但从现在的情况来看，高位逼抢与回收防守相结合才是更有效的方法。

对斯卡洛尼来说，能够找到适合这样一套战术的球员，更能让他高兴。本场比赛，斯卡洛尼对首发阵容做了一定程度的调整，德保罗、尼古拉斯·冈萨雷斯、奥塔门迪这些在此前比赛中状态不佳的球员纷纷回到主力阵容，吉多·罗德里格斯也被洛塞尔索替代，但球队并没有像首战智利那样一味前压。挨打越狠、打人越疼的踢法，阿根廷算是彻底学会了。

① 阿根廷队在比赛结束前连续打入两球，进攻组合已经渐入佳境。

② 面对两人夹防，梅西从容送出传球。

③ 德保罗此役重回首发阵容，为球队首开纪录。

1 2 3

梅西，返老还童！

洪流

梅西又进球了，梅西又助攻了，梅西又直接参与了阿根廷的全部进球。

这样的段子有些老套，但新鲜的是这发生在2021年美洲杯，发生在已经34岁的梅西身上。2015年的泪水，2016年的麻木，2019年的愤怒之后，似乎没人觉得梅西还能承载阿根廷队的新时代了。但现实是，如今的梅西变得更加强大。不光强大，相比起2014年来说还显得更加轻松写意。如今的梅西有了些中年男人的感觉，但这场比赛他没有显现出疲态。距离对阵乌拉圭时的精疲力竭才3场，梅西却找到了最佳状态。返老还童？对他来说，这不是奇迹。

看着他们的老队长一次次反越位成功、直面对方门将，阿根廷队的中场球员本场比赛很可能会目瞪口呆。在小组赛中，梅西的控球位置其实比较靠后，不仅要传出致命直塞，还要承担由守转攻的职责。但对阵厄瓜多尔的比赛，梅西顶在了更靠前的位置，上半场第28分钟他反越位单刀，射门击中立柱，与进球失之交臂。

不过自己的进球不急于一时，没过多久梅西就为队友制造出绝佳机会。厄瓜多尔进攻被解围，中场帕雷德斯将球交给梅西，梅西直传，瞬间就送给尼古拉斯·冈萨雷斯一个单刀机会。在冈萨雷斯被铲倒后，梅西紧跟向前，他的选择出其不意：将球传给后点位置空门的德保罗。在德保罗打入进球后，厄瓜多尔上半场的主动权化为泡影。

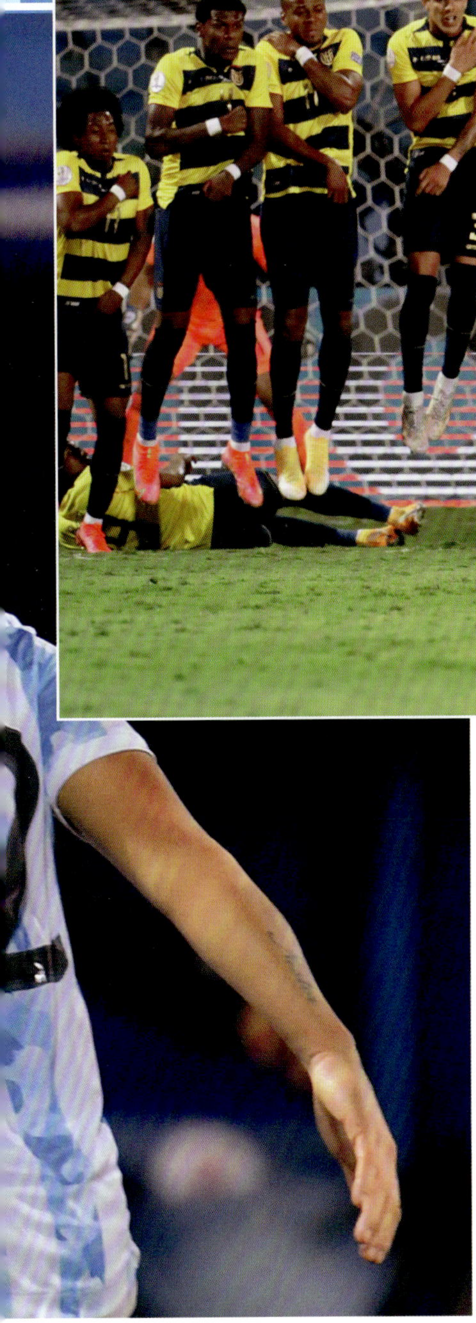

比赛结束前的第二个进球，更能证明梅西的关键作用。厄瓜多尔球员停球过大，迪马利亚抢断成功，此时插上的梅西完全可以选择强行射门，他的身边不仅没人防守，甚至门将的站位都不足以封出球。然而梅西却没有射门，反而将球分给劳塔罗，球在行进过程中还巧妙绕过了厄瓜多尔最后一名后卫。须知，劳塔罗在此战之前已经遭受阿根廷国内媒体一段时间的口诛笔伐，梅西的传球算是帮他摆脱争议，老大哥的贴心尽显无遗。为队友贴心送上助攻的举动，也能显示出梅西现在已经踢得安心又舒适。

梅西此役再次任意球破门。比赛结束前，迪马利亚冲击对方禁区，在两名球员包夹下摔倒。裁判在观看录像之后改判为禁区边缘的任意球，这让梅西一时脚痒，想来试试脚风。于是，他就打进了一记妙到毫巅的任意球。在射门之前，阿根廷有球员站在厄瓜多尔人墙的前面，迪马利亚还跳来跳去吸引门将的注意。哨声响起，迪马利亚等人立刻分散，而梅西罚出的球就从这个空当飞入，直奔右上死角。

3比0！此刻的梅西甚至都没多少庆祝的激情。在巅峰期，梅西几乎把任意球当点球踢，即使是过去几年体能下滑，他的任意球功力也没丢掉。梅西还差一座国家队大赛奖杯，如今他距离这座奖杯已经越来越近了。

① 1 粒进球，2 次助攻，本场比赛阿根廷队的 3 个进球梅西均直接参与。

② 梅西此役再度任意球破门。

③ 接到梅西的妙传打入一球后，劳塔罗如释重负，与梅西拥抱。

1

2

3

2021

第6战

半决赛

阿根廷 **1:1** 哥伦比亚

（点球 3 比 2）

2021.07.06

加林查国家体育场

主裁判：赫苏斯·巴伦苏埃拉（委内瑞拉）

换人

阿根廷		哥伦比亚	
46′	26-莫利纳↓ 4-蒙铁尔↑	18-博雷↓ 10-卡多纳↑	46′
56′	20-洛塞尔索↓ 5-帕雷德斯↑	6-特西略↓ 26-法夫拉↑	46′
67′	15-尼古拉斯·冈萨雷斯↓ 11-迪马利亚↑	8-古斯塔沃·奎利亚尔↓ 28-查拉↑	46′
		7-杜万·萨帕塔↓ 19-米格尔·博尔哈↑	60′

进球

7′ 1 比 0（劳塔罗·马丁内斯） 莫利纳前场右侧直塞找到禁区内的梅西，梅西禁区右侧倒三角回传，点球点附近无人看防的劳塔罗·马丁内斯右脚低射将球打入球门左下角。

61′ 1 比 1（路易斯·迪亚斯） 哥伦比亚任意球快发到阿根廷禁区左侧，路易斯·迪亚斯右脚挑射将球打入远角。

点球决胜

阿根廷		哥伦比亚	
√	梅西	夸德拉多	√
×	德保罗	达温松·桑切斯	×
√	帕雷德斯	耶里·米纳	×
√	劳塔罗·马丁内斯	米格尔·博尔哈	√
		卡多纳	×

黄牌

阿根廷		哥伦比亚	
21′	洛塞尔索	夸德拉多	45+4′
72′	蒙铁尔	法夫拉	55′
87′	吉多·罗德里格斯	米格尔·博尔哈	63′
90+1′	佩泽拉	穆尼奥斯	75′
		卡多纳	86′
		维尔马·巴里奥斯	88

技术统计

阿根廷		哥伦比亚
13(4)	射门（射正）	14(4)
1	射中门框	2
5	远射	7
50%	控球	50%
383(85%)	传球（成功率）	387(82%)
39(46%)	长传（成功率）	49(45%)
10(20%)	传中（成功率）	16(25%)
28(57%)	盘带（成功率）	31(65%)
5	角球	3
0	越位	1
17	铲抢	21
9	拦截	8
14	解围	5
20	犯规	27
4	黄牌	6
0	红牌	0

埃米利亚诺·马丁内斯在点球大战中扑出耶里·米纳主罚的点球。

数说

梅西5助攻，刷新个人纪录

3 阿根廷和哥伦比亚在美洲杯历史上3次战至点球大战，阿根廷全胜。阿根廷上一次夺得美洲杯冠军是在1993年，那时也是在半决赛点球淘汰哥伦比亚。

5 梅西本届美洲杯送出5次助攻，刷新个人单届大赛（美洲杯、世界杯）助攻纪录。

5 对巴西的决赛将是梅西第5次参加国家队大赛决赛（4次美洲杯+1次世界杯），此前4场决赛，阿根廷皆未能夺冠。

12 阿根廷连续12场比赛在上半场取得进球，在这12场比赛中，阿根廷7胜5平保持不败。

声音

大马丁就是怪兽！

阿根廷点球淘汰哥伦比亚，进入2021年美洲杯决赛，赛后阿根廷队长梅西在接受媒体采访时表示：“我们已经变得更强大。这场比赛非常艰难，但胜利是我们应得的，我们非常渴望打进决赛。比赛有时会变得很困难，但我们有埃米利亚诺·马丁内斯，他的表现是现象级的，我们信任他。点球大战就是看运气，但我们知道他会至少扑出两个，他是一个怪兽一样的门将。我们将进入决赛。”

主帅斯卡洛尼说：“我们对埃米利亚诺的表现非常满意，不仅是因为点球，还因为他给球队传递了安全感。在这里，谁担任首发并不重要，每个人都必须贡献自己的东西，他们已经理解这个信息。现在应该是庆祝和享受的时刻，明天我们将考虑决赛。任何认为这很容易的人都是错误的，今天哥伦比亚证明了这一点。”

“我们开局不错，然后他们恢复了比赛的动力，所有的杯赛比赛都很复杂。在比赛中都有需要纠正的地方，不仅仅是这场比赛。幸运的是，我们还有几天时间可以谈论所有事情。我们将与永恒的对手（巴西）进行决赛。这将是一场精彩的比赛，希望人们会喜欢。我们当然很想赢，但我认为这是一场应该去享受的比赛。”

门将埃米利亚诺·马丁内斯则说：“太不容易了，离开家人这么久，但为了现在这个时刻，一切都是值得的。巴西很强大，但我们有一位伟大教练和世界最佳球员。我们会赢下决赛的。”

保守险酿苦果

洪流

美洲杯半决赛的魅力到底在哪里？或许是90分钟之后直接点球大战的踢法，给阿根廷队的对手带来不小的期盼。本场阿根廷按部就班开场不久就领先之后，在下半场遇到了意料之外的情况：哥伦比亚将比分扳平，双方进入点球大战。如果不是埃米利亚诺·马丁内斯表现神勇，阿根廷可能就此止步，被挡在决赛大门之外。无论如何，阿根廷还是晋级了。在球队的比赛阵容和状态方面，主帅斯卡洛尼必须想一想，球队还能否用开局进球，随后回撤稳守的套路面对巴西。

南美足联其他球队，几乎都会在面对巴西和阿根廷时选择用强硬防守，来克制对方的攻击线。本场哥伦比亚在这方面做得不错，他们中后场已经成名的防守球员全都放下架子，每个人都不惮于对阿根廷的锋线，尤其是对梅西进行犯规。比赛尚未结束，梅西的腿就被镜头特写捕捉到：他的球袜上已经满是对方球员铲球的印痕，脚踝则被踢到流血。外界当然可以谴责哥伦比亚的粗暴防守，而且他们也有让内马尔重伤的前科，但梅西要做的是带领球队取得进球，来回击对手。

阿根廷再一次在开场就顺利取得进球。开场仅4分钟，梅西就为劳塔罗送出精准传中，可惜后者稍稍顶偏。3分钟之后，洛塞尔索直塞，梅西先在禁区内拿到皮球，然后背身一个回旋将球横传，劳塔罗轻松推射球门左下角得手。这是梅西在本届美洲杯的第5次助攻，5场比赛阿根廷打进11球，梅西贡献了4个进球和5次助攻！

但不知道是进球来得太早，还是斯卡洛尼特意叮嘱进球之后要回收，此后的比赛，

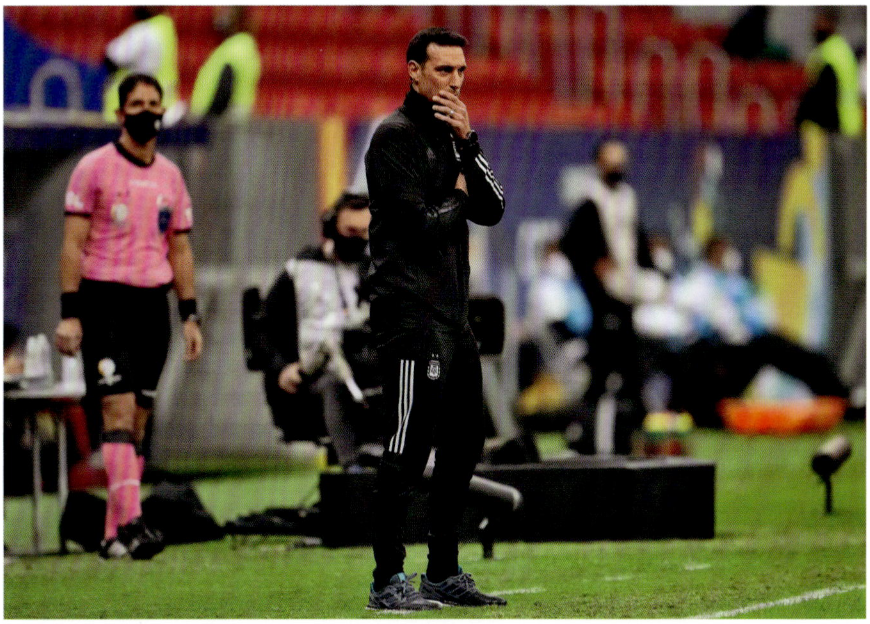

① 点球大战胜出的一刻，阿根廷球员激情庆祝。

② 阿根廷主帅斯卡洛尼在场边思索。此役阿根廷在取得领先后，主动回撤阵线。

③ 第61分钟，阿根廷防线出现松动，佩泽拉补防不及，路易斯·迪亚斯抓住机会扳平比分。

阿根廷似乎像是放弃了进攻。两队在攻防中屡屡出现人员碰撞，陷入肉搏战，30分钟后哥伦比亚更是用前场逼抢让阿根廷出不了球。总体来看，上半场哥伦比亚其实是更占据主动的一方。阿根廷队唯一清醒的球员依然是梅西，他在第34分钟纵向突破制造威胁，在那次进攻过后，阿根廷就没有好机会了。面对强硬的对手主动回收，等于助长对方的气焰，阿根廷在本届美洲杯上特别容易在上半场30到45分钟时出现场面被动的情况。

仅仅一个瞬间的松懈，就足以让一支防守稳固的球队付出代价。阿根廷此前稳健的防线（5场仅丢2球），在下半场突然短路，而且下半场阿根廷明明掌握优势，但谁也没有想到，哥伦比亚利用一次反击扳平比分：第61分钟，中场休息后替补登场的卡多纳快发任意球，他的一脚直传直接撕破了阿根廷六人组成的防线，本场表现出色的路易斯·迪亚斯快速插入禁区左侧打门，攻破了埃米利亚诺·马丁内斯的十指关。这粒丢球发生时，阿根廷全队好像都在走神，右后卫蒙铁尔失位，中后卫佩泽拉回防不及，两人都有不小的责任。

客观来说，后防线的松懈很难避免，在体能不足的情况下，注意力自然容易出现下降，但在淘汰赛中，这样的失误险些葬送阿根廷的晋级前景。如何克服松懈？被扳平后，阿根廷队终于重新把阵形前压，依靠高位逼抢获得了多次机会。不管梅西是连续两次突破，还是迪马利亚替补登场后抢断并制造黄金机会，都体现出阿根廷打高压逼抢和主动进攻的能力。

涉险晋级，阿根廷队距离冠军只有一步之遥，但他们的决赛对手巴西非常强大。阿根廷此前一路高歌猛进，这场半决赛给他们提了一个醒。

狮王走出阴影

洪流

梅西的名字是莱昂内尔，原意为狮子，象征着力量与勇气。这位低调内敛的球员在自己的职业生涯前半段表现得如同快乐的精灵，很少展现出狮子的一面。但或许是中后段经历了不少坎坷，梅西的狮子属性在一点一点地被激发出来。

就在本届美洲杯上，梅西展现出了狮王般的领袖力。半决赛面对哥伦比亚，梅西在被对手屡次犯规、脚踝出血的情况下仍然站出来，领导球队前行。开场仅7分钟，梅西就为劳塔罗·马丁内斯送上助攻。在哥伦比亚扳平比分后，梅西在点球大战中又率先主罚命中，展现出的统治力和坚韧令人叹服。

与哥伦比亚的比赛进行到第59分钟，梅西被哥伦比亚后卫法夫拉铲球之后，一瘸一拐地走向场边。此时，摄像机捕捉到了一个令人震撼的场面，梅西的脚踝浸满了鲜血，血已经从他的球袜里渗透出来，而他的球袜上面还布满了对手一次又一次铲球的印痕。

这并不是梅西第一次享受这样的待遇，也不是梅西第一次用场上的表现回击对手的犯规。本场比赛，阿根廷队开场后主动出击，开场仅4分钟，梅西就原地抢断，为劳塔罗送上一脚传中。3分钟之后，又是梅西禁区内接到洛塞尔索的直塞，将球交给劳塔罗，阿根廷射手用一脚漂亮的射门首开纪录。梅西在比赛中的状态越来越好。

梅西状态提升，是因为他距离球门越来越近。小组赛中，梅西一度主动回撤到本方禁区前，通过一次次40米以上的盘带帮助球队完成攻防转换。进入淘汰赛阶段，队友逐渐找回状态，梅西开始回到禁区弧顶这一威胁最大的位置。但面对哥伦比亚，或许是对方的实力和防守强度都有所上升的缘故，梅西在比赛结束前又一次开始长途奔袭。

第88分钟，梅西在中场区域开始带球，哥伦比亚连续两人上抢才最终将他放倒。联想到流血的脚踝，这一刻的梅西已经完全没有考虑自己的身体状态，他只想尽快赢下比赛。这样强硬的气质，展现出梅西的雄狮本色。

2015年、2016年两届美洲杯，梅西最终都没有能够拿到冠军，智利人两次在点球大战中战胜阿根廷，而梅西在这两次点球大战中一次成为本队唯一罚中者、一次罚失点球。可以说在美洲杯上，点球大战成了梅西的心理阴影。然而这场比赛，梅西克服了这一切，将点球罚进。

在此前的职业生涯中，不算点球大战，梅西在巴萨主罚了105个点球，射丢23个，命中率78%；把范围扩大到俱乐部和国家队的全部点球，梅西主罚了131个，非点球大战中罚入98个，罚失28个，点球大战中打进4个，射丢1个。总计77.9%的命中率，并不算特别突出。梅西这一次直接选择抽右上角，对方门将奥斯皮纳面对梅西近乎直击死角的点球无能为力。

打进点球后，梅西的任务已经完成了，接下来他只能祈求队友能为自己带来一场胜利。而阿根廷的新生代们也足够争气，虽然德保罗踢飞了点球，但帕雷德斯和劳塔罗都顺利命中。哥伦比亚的达温松·桑切斯、耶里·米纳和卡多纳的点球则相继被埃米利亚诺·马丁内斯扑出，阿根廷点球淘汰对手，梅西和队友们克服了心魔。

数据无法简单概括梅西在本届美洲杯上的统治力。除了4个进球和5次助攻之外，每次阿根廷的攻防转换，几乎都能看到梅西的身影，每次前场配合，几乎都有梅西参与传球。而每当球队面临困境，也能看到梅西挺身而出。这样的梅西是阿根廷毫无争议的领袖，职业生涯早期那个在国家队迷失的他已经不复存在了。打进决赛，这位34岁的“老汉”要面对拥有内马尔的巴西。在梅西的国家队生涯里，巴西并不是容易面对的对手，但拥有雄狮之心的他已无所畏惧。

1 助攻劳塔罗破门后，梅西与队友一起庆祝。

2 哥伦比亚球员防守动作凶悍，梅西左脚脚踝出血，鲜血染红球袜。

3 点球大战中，梅西第一个主罚，稳稳命中。

扑点专家决胜

洪流

2019/2020赛季足总杯决赛，英超球迷认识了埃米利亚诺·马丁内斯。这位18岁就加盟阿森纳的阿根廷门将，在27岁时才第一次以杯赛门将身份帮助枪手夺冠。2020年9月，马丁内斯转投阿斯顿维拉，赛季结束后当选队内赛季最佳球员。本届美洲杯，马丁内斯第一次代表阿根廷参加国际大赛，他在半决赛成为救世主。

1992年9月2日，埃米利亚诺·马丁内斯出生在阿根廷的马德普拉塔。他的足球生涯的起点是位于布宜诺斯艾利斯卫星城阿韦里亚内达的豪门球队独立队，因为在阿根廷U17国青队有着不错的发挥，他进入阿森纳球探的法眼，兵工厂用了不到50万英镑，签下这位只有17岁的阿根廷门将。

要想前往英国，马丁内斯需要劳工证。因为没有第一时间申请到英国的劳工证，他没有得到前往英格兰效力的机会。一年后，他终于申请到劳工证，开启了自己的英伦之路，为阿森纳预备队效力。

马丁内斯在阿森纳的10年可以用摸爬滚打形容。在阿森纳的门将位置上，从来就不缺乏实力派。法比安斯基、什琴斯尼、切赫以及后来的莱诺，让马丁内斯始终与主力无缘。刚刚加盟阿森纳的时候，温格把他租借到了英乙球队牛津联队练级，此后他又被租借至谢周三、罗瑟拉姆联、狼队、赫塔费以及雷丁等球队。

2019年，马丁内斯终于回归。作为莱诺的替补门将，他在联赛中机会寥寥，被认为上限已尽。但谁也没想到，2020年6月21日，莱诺在阿森纳对阵布莱顿的比赛中重伤离场，马丁内斯替补出场。此后4场代表阿森纳出战的比赛，阿森纳全部取胜，3场完成零封。足总杯成为马丁内斯证明自己的舞台，面对强大的曼城，马丁内斯全场高接低挡扑出近10次射门，帮助阿森纳2比0战胜曼城，完成了不可能的胜利。决赛战胜切尔西后，马丁内斯拿着奖杯哭成了泪人。

接下来的赛季，马丁内斯为了得到更多的上场机会，加盟了前一个赛季保级的阿斯顿维拉。在维拉，他用表现证明此前的爆发并非昙花一现。2019/2020赛季，维拉全年丢掉67球，英超第二多，而马丁内斯加盟之后，维拉全季仅丢掉46球，英超第六少。在扑救

榜单上，马丁内斯排名英超第三，在英超能拿出如此表现，马丁内斯的表现证明，自己完全可以成为阿根廷队的主力门将。

本届美洲杯，马丁内斯出场5次仅丢二球。阿根廷1比1战平智利的首场小组赛，马丁内斯扑出了比达尔的点球，可惜随后被爱德华多·巴尔加斯补射破门。本场对哥伦比亚，马丁内斯用腿挡出了夸德拉多的大力射门，1.95米的身高也使得他可以拿下制空权，让对方前锋杜万·萨帕塔的空中优势荡然无存。

在点球大战中，哥伦比亚一共5次射门，马丁内斯4次扑对了方向，并3次把球扑出。近2米的身高、超快的反应速度、极强的判断力，马丁内斯给对方球员制造了巨大的心理压力。夸德拉多虽然首轮点球破门，但马丁内斯差点就扑出皮球，球只是从他双手之间钻入网窝。在随后的4个点球中，只有爆射中路的米格尔·博尔哈骗过了马丁内斯，达温松·桑切斯、耶里·米纳和卡多纳都选择推射球门右侧，结果全被马丁内斯扑出。

在联赛中，马丁内斯同样善于扑救点球。上赛季英超他扑出过1个点球，并且多次猜准方向。马丁内斯的扑点技能还包括对对手的干扰，在桑切斯射点前，他向对方喊话“我要把你的点球扑出去”；面对米纳，他示意“我知道你要往这踢”;面对博尔哈,他喊道“盯着我，一直盯着我”。这样一番心理战，像极了昔日阿根廷门神蓬皮多，也继承了塞尔吉奥·罗梅罗的传统。

赛后接受采访时，埃米利亚诺·马丁内斯既低调又自信，“实话实说，我现在找不到合适的语言表达我的感受。我们封闭训练比赛了40天，这是全队70人团队共同努力的结果。扑点球就是靠运气，今天轮到我了。巴西很强大，但我们有一位伟大教练和世界最佳球员。我们会赢下决赛的！”

马丁内斯的神级发挥，也赢得了队友的赞许。点球大战结束后，梅西与他相拥庆祝。对于这位大器晚成的队友，梅西给予高度评价：“这场比赛非常艰难，但胜利是我们应得的，我们非常渴望打进决赛。我们有埃米利亚诺·马丁内斯，他的表现是现象级的，我们信任他。”

① 点球大战扑点成功，埃米利亚诺·马丁内斯跳起庆祝。

② 点球大战结束后，梅西与埃米利亚诺·马丁内斯拥抱，向这位扑点功臣表示感谢。

③ 帮助阿森纳拿到2019/2020赛季足总杯冠军后，埃米利亚诺·马丁内斯喜极而泣，与家人视频连线分享喜悦。

2021

第7战

决赛

阿根廷 1:0 巴西

2021.07.10

马拉卡纳球场

主裁判：埃斯特万·奥斯托希奇（乌拉圭）

进球

22' 1比0（迪马利亚） 德保罗后场长传，巴西左后卫洛迪未能将球破坏，迪马利亚前场右路得球后突入禁区，吊射破门。

黄牌

阿根廷		巴西	
33'	帕雷德斯	弗雷德	3'
51'	洛塞尔索	洛迪	70'
68'	德保罗	帕奎塔	72'
81'	奥塔门迪	马尔基尼奥斯	82'
89'	蒙铁尔		

技术统计

阿根廷		巴西
6(2)	射门（射正）	13(2)
0	射中门框	0
3	远射	4
41%	控球	59%
345(79%)	传球（成功率）	488(87%)
45(53%)	长传（成功率）	35(66%)
2(0%)	传中（成功率）	14(14%)
18(50%)	盘带（成功率）	33(55%)
1	角球	4
0	越位	3
26	铲抢	22
10	拦截	6
17	解围	5
19	犯规	22
5	黄牌	4
0	红牌	0

换人

阿根廷		巴西	
54'	5-帕雷德斯↓ 18-吉多·罗德里格斯↑	8-弗雷德↓ 20-菲尔米诺↑	46'
63'	20-洛塞尔索↓ 3-塔利亚菲科↑	19-埃韦顿↓ 18-维尼修斯↑	63'
79'	13-克里斯蒂安·罗梅罗↓ 6-佩泽拉↑	17-帕奎塔↓ 21-加布里埃尔·巴尔博萨↑	76'
79'	11-迪马利亚↓ 14-埃克塞基尔·帕拉西奥斯↑	16-洛迪↓ 13-埃默松·罗亚尔↑	76'
79'	22-劳塔罗·马丁内斯↓ 15-尼古拉斯·冈萨雷斯↑		

迪马利亚攻入制胜球，帮助阿根廷在决赛中 1 比 0 战胜巴西。

数说

天使制胜，梅西圆梦

1 梅西在阿根廷成年队首次收获冠军。

1 阿根廷队自2004年6月25日美洲杯决赛（两度领先巴西，点球大战告负）以来首次在大赛的决赛中比分领先，迪马利亚也成为2004年美洲杯决赛之后，首位在美洲杯决赛进球的阿根廷球员。

1 迪马利亚完成破门的这一脚，是阿根廷球员此役首次射门，也是阿根廷球员此役首次在对方禁区内触球。

1 迪马利亚自2018年6月30日对阵法国以来，首次在国家队进球。

1 迪马利亚成为首位在美洲杯决赛进球的法甲球员。

1 巴西6次主办美洲杯（1919、1922、1949、1989、2019、2021），首次无缘冠军。

2 巴西与阿根廷第4次在美洲杯决赛相遇，各2次夺冠（阿根廷1937、2021，巴西2004、2007）。

3 阿根廷在马拉卡纳球场第13次对阵巴西，拿到第3胜（3平7负），首次在这里拿到冠军。

3 梅西7次与内马尔交手，取得第3胜（包括俱乐部赛事）。

18 在迪马利亚为阿根廷队进球的19场比赛中，阿根廷队取得18胜，唯一的例外是2018年世界杯对阵法国。

34 梅西追平美洲杯出场纪录，此前这一纪录由智利人利文斯通（34场）独享。

声音

我知道，冠军最终会到来

阿根廷1比0击败巴西，时隔28年再夺大赛冠军，迪马利亚打入全场唯一进球。赛后迪马利亚在接受采访时难掩激动，“这令人难忘。梅西对我说，他感谢我。我也感谢他，他告诉我这将是属于我的决赛，这是那场我无法参加的决赛（2014年世界杯决赛）的‘重赛’，今天就是，真的变成了现实。”

“现在我不能哭出来，我的旅程还没有结束，我们的梦想还有太多，我们要为实现这一目标而努力奋斗。很多人告诉我们不要来，但我们一直在迎难而上。”

主帅斯卡洛尼也感叹成功来之不易：“这是一个伟大的冠军，尤其是对阿根廷人民而言。阿根廷球迷对国家队的爱是无条件的，我认为他们对这支永不放弃的球队感到认同。比赛都很困难，会有很多障碍，但这些不能成为借口。这是一场非常艰难的美洲杯，幸运的是，我们有夺冠的实力。这些球员每场比赛都竭尽全力。”

门将埃米利亚诺·马丁内斯表示：“几个月前我说过，我们想给世界上最好的球员一个冠军。我告诉妻子这是我的梦想。这一刻无法用言语来解释，这是我小时候的梦想，我 17 岁的时候就去了阿森纳，为了让我的家人过上更好的生活。经过了很多努力，这一刻终于到来了，就在这里，马拉卡纳球场。”

梅西在接受采访时动情地表示：“在很多年里，我距离国家队的冠军都非常近，我知道这一天总会到来。感谢上天，让我拥有这一刻，让我们在巴西战胜了巴西队。我觉得这一刻上天在保佑着我。”

“这太疯狂了，我很难表达我现在感受到的快乐。之前那么多次，我都要悲伤地离开，但我知道冠军最终会到来，没有比现在更合适的时候了。我们这支球队配得上夺冠。”

“我希望将冠军献给我的家人，我的妻子、孩子们和父母，还有我的兄弟们。他们也曾多次难过，和我一样，甚至比我更难受。我们那时候去休假，却总要在一些天里感到悲伤，因为什么都没有赢下来。但这次不一样了。”

“我很高兴阿根廷全国都能享受胜利，我们会把奖杯带到那里，大家对奖杯是如此渴望。我觉得到现在我们都难以相信我们实现的成就，我们已经夺得了冠军。这场比赛会被历史记住，我们在巴西赢下了巴西队。”

“我也希望将这个冠军分享给曾经的国家队队友们，我们很多次距离冠军非常接近，但未能夺冠，他们也配得上拥有这一刻。我知道他们为我们感到高兴，为阿根廷感到高兴，他们也为国家队做出了很多贡献。我们举起了冠军奖杯，但这是多年努力的结果。”

28年后 阿根廷终于解脱

梁宏业

阿根廷队时隔28年再次夺得大赛冠军，梅西终于收获国家队大赛冠军！阿根廷队上一次夺得大赛冠军，还是在1993年美洲杯，当时阿根廷队阵中有雷东多、鲁杰里、西蒙尼和巴蒂斯图塔等球员。等到阿根廷队再次迎来大赛冠军时，西蒙尼已经执教马竞快10年了，可想而知，那一次夺冠已经是太遥远的记忆。

又是迪马利亚在决赛中进球。2008年北京奥运会男足决赛，梅西送出助攻，迪马利亚打入制胜球，阿根廷队收获金牌。但那是阿根廷国奥队的胜利，不是阿根廷成年男子足球队的胜利。13年过后，迪马利亚接到德保罗的长传，利用巴西左后卫洛迪的失误完成破门，当时阿根廷电视台的主持人们已经高喊："让比赛结束吧，就这样吧！"这粒进球后阿根廷人继续等待了60多分钟，但基调是一样的，阿根廷队已经等了28年了，这是几代足球人的努力，怎么会没有耐心再多等一个小时。

这场阿根廷队对阵巴西队的决赛，拥有一切可以成为经典的因素，这是一场南美世纪大战，是南美足坛两大领军人物梅西和内马尔之间的对决，比赛在巴西足球圣殿马拉卡

纳进行。但这又肯定不是一场最经典的决赛，马拉卡纳球场的草皮犹如菜地，球场内只有5400名观众。而这场比赛从始至终，都是一场“踢人对决”，不是蓝白10号被踢倒，就是黄衫10号被踢倒，或者两人同时被放倒。这绝非戏言，如此场景在比赛第13分钟的确发生：梅西在对方禁区前被卡塞米罗踢倒，巴西队发动反击，内马尔立刻被俱乐部队友帕雷德斯踢倒，两位10号都痛苦倒地。

这也是一场很保守的比赛，两支球队都不愿意抢占中场，也不愿意前场紧逼，生怕被对手打反击。阿根廷队进球后就选择更加保守的打法，第一个换人就是用“新马斯切拉诺”吉多·罗德里格斯换下组织型中场帕雷德斯，甚至随后还换上塔利亚菲科，让他帮助阿库尼亚防守左路。巴西队连续换上维尼修斯和加布里埃尔·巴尔博萨，但仍然没有获得射门良机。巴西队最好的机会转化成理查利松的越位进球，此外巴尔博萨也曾射门被扑。

如果梅西在第88分钟单刀晃过门将后没有摔倒，对于梅西来说，这就是一届完美的美洲杯。但34岁的阿根廷队长已经体能不支，也或者马拉卡纳的“菜地”让他没能成功过人，迪马利亚甚至在奔跑时，把脚给崴了。但这已经不重要了，重要的是梅西身着蓝白球衫，举起了美洲杯冠军奖杯。

这个冠军，梅西等了太多年，他从2006年世界杯担任替补的那个少年，一路成长为阿根廷国家队的队长。在拿到这个冠军之前，梅西为阿根廷成年队征战了10届大赛，包括4届世界杯和6届美洲杯，其中不乏接近冠军的时刻，比如2014年世界杯打进决赛却加时憾负。梅西6次参加美洲杯，4次帮助球队打进决赛，但此前3次都没能拿到冠军。所以甚至可以说，梅西在国家队的运气其实很不好，这个美洲杯冠军这是他多年坚持后的回报，也是阿根廷队28年后的解脱。此后多年，不会再有媒体在还没开赛的时候，就计算起阿根廷队已经多少年没夺冠了。阿根廷队心理上的这块巨石，终于被搬走了。

① 阿根廷苦盼已久的大赛奖杯终于到来，梅西带着奖杯走向队友，众人欣喜迎接。

② 马拉卡纳球场内，阿根廷众将纵情庆祝（上图）。在阿根廷首都布宜诺斯艾利斯，球迷们来到方尖碑广场挥舞国旗，为夺冠而欢呼（下图）。

"情怯"无碍圆梦

洪流

10届大赛，5场决赛，梅西终于拿到了他最想要的国家队大赛冠军。在这届比赛中，梅西包揽了多项技术统计第一名，进球数和助攻数都位列榜首。略显遗憾的是，梅西在决赛中状态一般，在对手的凶狠防守下没能延续高光表现。阿根廷队主帅斯卡洛尼赛后透露，梅西在此前对阵厄瓜多尔时腿筋受伤，半决赛和决赛都是带伤出战。考虑到上一场对阵哥伦比亚的比赛场面，本场梅西的表现可以理解，而一座沉甸甸的奖杯，无疑是对他最好的回报。

梅西本场比赛依然被安排在前锋身后，在此前的比赛中，他时而半场奔袭"老夫聊发少年狂"，时而在禁区内射门，对球门构成直接威胁。但这场比赛，梅西在进攻端一直找不到什么机会，不仅没能像此前一样送出妙传，而且也很难稳稳地拿球。

巴西队当然对梅西进行了特别的盯防。梅西拿球时，卡塞米罗和弗雷德会对他进行夹击，上半场梅西就曾多次倒地，其中还有一次发生在禁区，但双方互有动作，裁判没给点球。可能是意识到自己不在最佳状态，随着比赛深入，梅西逐渐减少拿球，全身心投入到前场逼抢中。34岁的梅西带伤上场，又如此拼搏，阿根廷全队横下一条心，让巴西一度难以出球。

梅西在比赛中得到过两次好机会，可惜都没能转化为进球。第63分钟，他在前场拿到队友抢下的球，准备带球直接突破，结果被蒂亚戈·席尔瓦抢断。第88分钟，梅西组

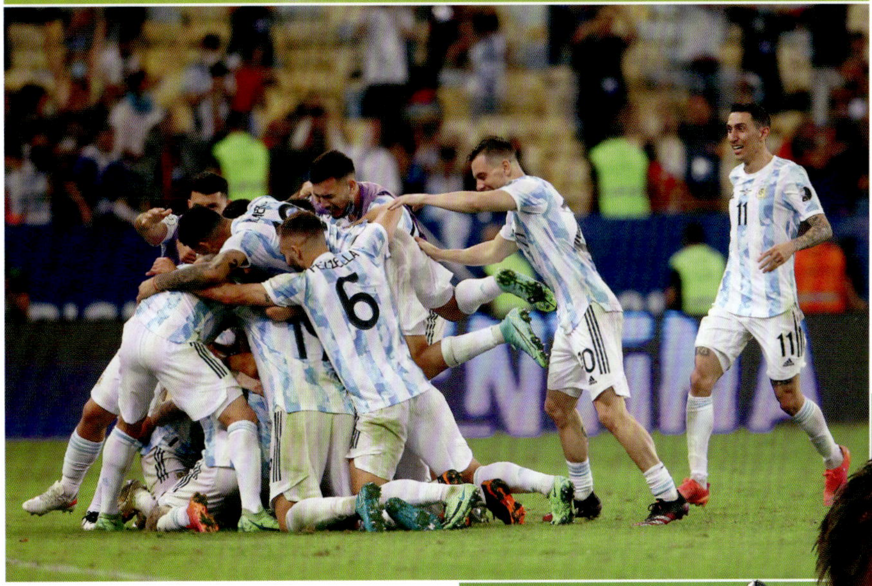

织起一次进攻机会，和德保罗配合后在禁区获得单刀良机，却在面对埃德松时起脚犹豫，最后球被巴西门将没收。是因为疲累和疼痛，还是因为糟糕的草皮？

梅西的“情怯”完全有理由。2007年美洲杯，梅西首次参加美洲杯，阿根廷杀入决赛，却被巴西3比0击败。2014年世界杯，梅西在被质疑“大赛脚软”之后证明了自己，7场打进4球，但决赛他发挥一般，队友伊瓜因更是迷失方向。2015年、2016年两届美洲杯，梅西前一届表现平平后一届有如神助，但两场决赛，阿根廷都倒在了决赛的点球点，梅西还在2016年射失点球，阿根廷连续两年错失美洲杯冠军。纵观梅西此前的职业生涯，只有在北京奥运会的男足决赛中，他助攻迪马利亚打入制胜球，成年国家队的大赛决赛似乎不是他的强项。

但这一次，梅西得到了好队友们的帮助。终场哨声响起，梅西捂住了自己的脸，显然是在抽泣。须臾之后，他含泪露出笑容，开始和队友们一起尽情庆祝。颁奖仪式上，梅西代表全队捧起奖杯，他还包揽了赛事金靴与最佳球员奖项，成为颁奖仪式上风头最劲的球员。你很难相信，打出这等数据的，居然是一位34岁的老将。

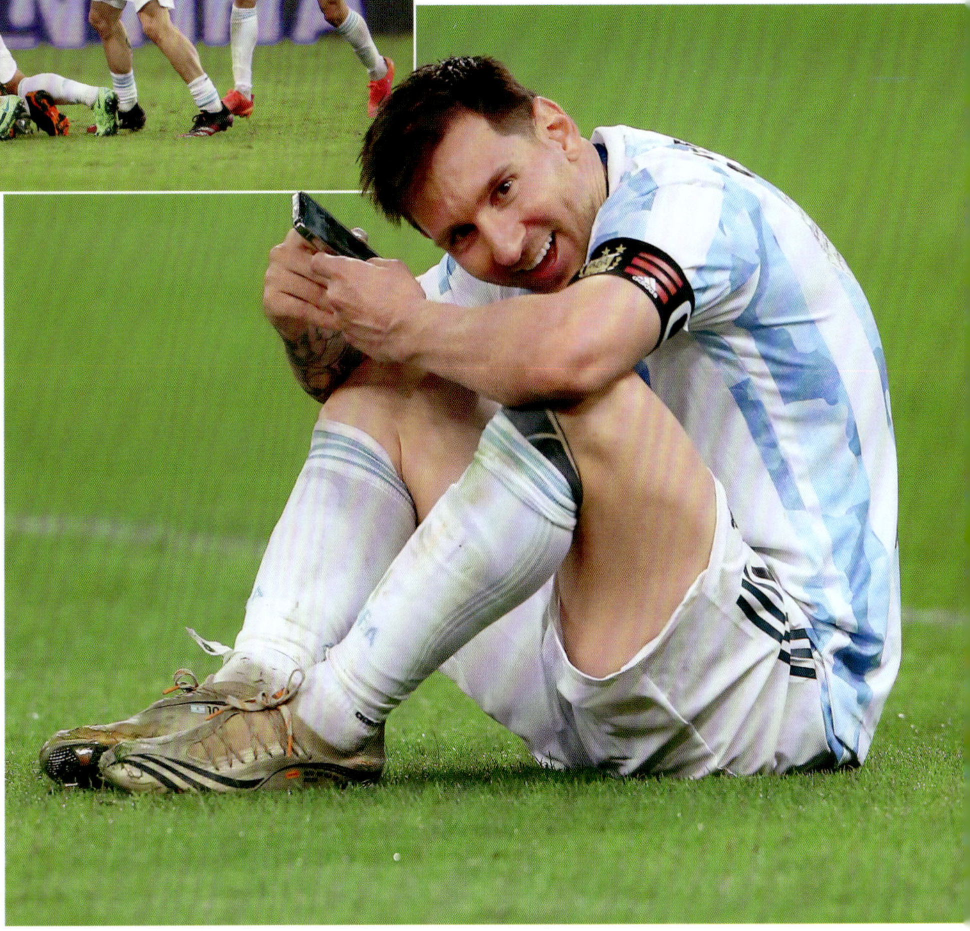

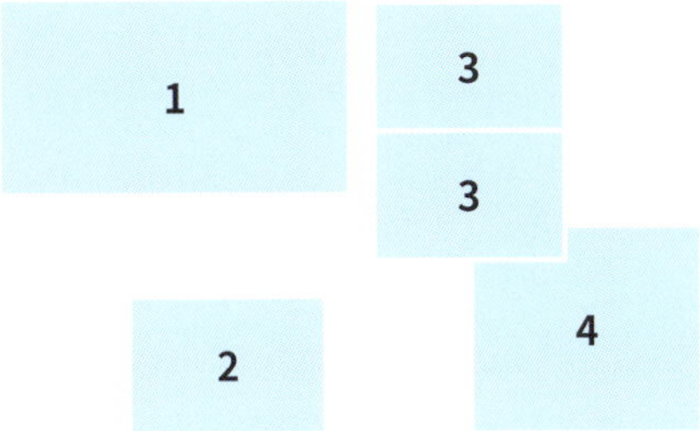

① 在队友的簇拥下，梅西深情亲吻奖杯。

② 本场比赛，梅西屡屡身陷重围。

③ 终场哨响，梅西激动落泪，队友纷纷朝他跑去。

④ 梅西赛后与家人视频连线，分享喜悦，脸上满是幸福的笑容。

实用主义的胜利

洪流

战术天才斯卡洛尼！在2021年美洲杯决赛终场哨响的一刻，有多少人会立刻想起这位低调的主帅？本届赛事贡献4球5助攻的梅西当然是外界关注的焦点，但是斯卡洛尼在战术方面的大胆尝试，也同样值得铭记。这位球员生涯并没有取得太多成就的“菜鸟”教练，在本届美洲杯上给阿根廷打造了一套坚固的防守战术。而这套战术，成了阿根廷时隔28年再次夺得大赛冠军的关键因素。

斯卡洛尼在阿根廷国家队的生涯高光，是入选2006年的世界杯大名单。那届比赛，在布尔迪索受伤后，主教练佩克尔曼将斯卡洛尼派上场，但他太过紧张，频频失误。对于1993年之后就再无大赛冠军的阿根廷来说，这样的表现很难被人接受。

时光流转，当斯卡洛尼在2018年底接过阿根廷队教鞭时，他选择从防守做起，给球员以更加务实的期待。对阵巴西的这场决赛，阿根廷队的控球率仅有41%，射门只有6次，还不到对手的一半，但射正2次，就打进了全场唯一进球。巴西队一度在比赛中牢牢掌控着局势，围攻阿根廷的时间加起来至少有20分钟，但即便如此，巴西仍然对阿根廷众志成城的防守无可奈何。

阿根廷这样的表现很了不起，这一届的巴西队在此前的比赛中相当稳健，小组赛3比0大胜委内瑞拉，4比0大胜秘鲁，进入淘汰赛又连续以1比0的比分淘汰智利和秘鲁，通往决赛之路一帆风顺。反观阿根廷，小组赛首战就与智利战平，如果不是梅西发挥最佳状态，一路带领球队前进，也许阿根廷在半路就被淘汰了。特别是半决赛面对哥伦比亚，斯卡洛尼选择主动退防，下半场被哥伦比亚追平，点球大战中德保罗还射丢点球，晋级与回家，真的只有一线之隔。

可事实证明，斯卡洛尼的战术或许就是专为对阵巴西而设置。决赛面对巴西的前场高压，阿根廷中前场球员全部参与逼抢，连梅西都位置回撤参与防守。而在反击时，阿根廷往往由两三名球员形成小组配合，用默契的传切迅速打到对手身后。决赛中，德保罗的精准传球、迪马利亚的巧妙跑动固然都必不可少，但这些都是以阿根廷此前对巴西的连续逼抢为基础。面对阿根廷的逼抢，巴西前场短暂回收肖做喘息，而就这么一次休息，就被阿根廷一击致命，斯卡洛尼针对性战术布置的威力可见一斑。

斯卡洛尼的防反战术，对于很多球迷来讲其实并不算很好接受。阿根廷球迷对于比赛场面有很高的要求，他们不仅希望球队赢，也希望球队赢得漂亮。2011年美洲杯，阿根

①斯卡洛尼被阿根廷众将高高抛起。

②“菜鸟”教头斯卡洛尼与巴西队主帅蒂特场边“斗法”。

③斯卡洛尼赛后与梅西紧紧相拥。

廷坐拥梅西、阿圭罗、伊瓜因、特维斯四大前锋，结果？阿根廷在淘汰赛首轮就出局。部分球迷对斯卡洛尼抢开局、进球后回收打反击的踢法有些不满，客气的人或许称呼一声“平民足球”，有些人则干脆直呼“反足球”。

但这并不影响斯卡洛尼带队创造出令人惊讶的连续不败战绩。在这场决赛中击败巴西之后，斯卡洛尼的球队已经连续20场不败，阿根廷队上一次输球，恰恰就是在2019年美洲杯半决赛输给巴西。这一次，斯卡洛尼带队实现复仇！同时，斯卡洛尼还创造了另一项特别纪录：他是21世纪美洲杯冠军队教练中，首位在每场比赛中都派上不同首发阵容的主帅。斯卡洛尼曾经为人诟病的轮换，现在看起来也显得有理有据。

在执教阿根廷队的过程中，斯卡洛尼面临着来自名宿的巨大压力。担任国家队技术总监的梅诺蒂，曾在1978年率领阿根廷夺得队史首个世界杯冠军，但是他对斯卡洛尼的态度随着时间推移，从支持变成反对，甚至在专栏中抨击国家队。另一位世界杯冠军教头比拉尔多，也对斯卡洛尼这支国家队有不同的看法，他虽然没有直接批评斯卡洛尼本人，但和自己的弟子、1986年世界杯冠军队成员鲁杰里有过激烈的辩论，2020年去世的老帅萨韦利亚也曾参与到这场争论中。

美洲杯决赛赛后，《奥莱报》记者马费伊撰写长文，将斯卡洛尼形容为“强硬、坚韧、深深根植于阿根廷的土地”的主帅，并认为斯卡洛尼是一位“完美主义的爱国者”。他表示：“这位曾经的神秘人，现在证明了自己的能力。对不起，卡洛斯（比拉尔多），但现在是属于斯卡洛尼的时间。”

2022世界杯

金杯之路

小组赛	阿根廷1比2沙特阿拉伯

10’（点）梅西/48’萨利赫·谢赫里、53’萨拉姆·道萨里

小组赛	阿根廷2比0墨西哥

64’梅西、87’恩佐·费尔南德斯

小组赛	波兰0比2阿根廷

46’麦卡利斯特、67’胡利安·阿尔瓦雷斯

C组第1名，3战2胜1负积6分，得失球5比2。

1/8决赛	阿根廷2比1澳大利亚

35’梅西、57’胡利安·阿尔瓦雷斯/77’（乌龙）恩佐·费尔南德斯

1/4决赛	荷兰2比2阿根廷（点球3比4）

83’90+11’韦霍斯特/35’莫利纳、73’（点）梅西

半决赛	阿根廷3比0克罗地亚

34’（点）梅西、39’69’胡利安·阿尔瓦雷斯

决赛	阿根廷3比3法国（点球4比2）

23’（点）108’梅西、36’迪马利亚/80’（点）81’118’（点）姆巴佩

2022

第1战

世界杯C组第1轮

阿根廷 1:2 沙特阿拉伯

2022.11.22

卢赛尔球场

主裁判：斯拉夫科·温契奇（斯洛文尼亚） FIFA本场最佳球员：穆罕默德·奥韦斯

换人

阿根廷		沙特阿拉伯	
59'	13-克里斯蒂安·罗梅罗↓ 25-利桑德罗·马丁内斯↑	7-萨勒曼·法拉杰↓ 18-纳瓦夫·阿比德↑	45+4'
59'	17-帕普·戈麦斯↓ 9-胡利安·阿尔瓦雷斯↑	11-萨利赫·谢赫里↓ 2-苏丹·甘纳姆↑	78'
59'	5-帕雷德斯↓ 24-恩佐·费尔南德斯↑	18-纳瓦夫·阿比德↓ 4-阿卜杜拉·阿姆里↑	89'
71'	3-塔利亚菲科↓ 8-阿库尼亚↑	9-菲拉斯·布赖坎↓ 25-海赛姆·阿西里↑	89'
		13-亚西尔·沙赫拉尼↓ 6-穆罕默德·布赖克↑	90+9'

进球

10' 1比0（梅西） 梅西开出角球，帕雷德斯禁区内被萨乌德·阿卜杜勒-哈米德抱摔，梅西点球射进左下角。

48' 1比1（萨利赫·谢赫里） 阿卜杜勒-拉赫·马勒基中圈处送出长传，菲拉斯·布赖坎向前一垫，萨利赫·谢赫里突破克里斯蒂安·罗梅罗的防守，11米外低射打进远角。

53' 1比2（萨拉姆·道萨里） 纳瓦夫·阿比德禁区内射门，奥塔门迪头球解围不远，萨拉姆·道萨里得球后转身晃开角度，禁区线上兜射进右上角。

黄牌

阿根廷		沙特阿拉伯	
		阿卜杜勒-拉赫·马勒基	67'
		阿里·布莱希	75'
		萨拉姆·道萨里	79'
		萨乌德·阿卜杜勒-哈米德	82'
		纳瓦夫·阿比德	88'
		穆罕默德·奥韦斯	90+2

技术统计

阿根廷		沙特阿拉伯
2.26	预期进球	0.15
15(6)	射门(射正)	3(2)
0	射中门框	0
4	远射	0
69%	控球	31%
596(85%)	传球(成功率)	266(68%)
37(46%)	长传(成功率)	53(30%)
23(39%)	传中(成功率)	10(20%)
12(50%)	盘带(成功率)	13(23%)
9	角球	2
10	越位	1
60	成功对抗	34
16	成功争顶	7
17	铲断	18
9	拦截	14
9	解围	27
7	犯规	21
0	黄牌	6
0	红牌	0

数说

不败金身告破

卡塔尔世界杯开赛前，阿根廷队在36场国际比赛中保持不败，此役遭遇逆转后不败金身告破。梅西点射破门，成为首位在4届世界杯完成破门的阿根廷球员。

1 阿根廷队继1990年以来，首次遭遇世界杯小组赛开门黑。

1 沙特是世界杯历史首支对阿根廷打进1+球的亚洲球队。

3 梅西连续3场世界杯比赛均有进球。

4 梅西超越马拉多纳、巴蒂斯图塔，成为首位在4届世界杯破门的阿根廷球员。

4 35岁的梅西成为第4位完成出场的世界杯“五朝元老”。

5 阿根廷在世界杯第5次面对亚洲球队，此前4次均取胜，这也是他们继1986年对韩国和1998年对日本后，第3次在世界杯揭幕战迎战亚洲对手。

7 阿根廷队上半时7次被吹越位，超过他们上半时的射门总数（5）。这也超越了他们在2018年世界杯的越位数总和（6次）。世界杯单场越位纪录保持者为荷兰队（2014年对阵哥斯达黎加，13次）。

10 阿根廷全场越位10次。

10 此役之前，托特纳姆热刺中卫克里斯蒂安·罗梅罗连续10场代表国家队出场的赛事中，阿根廷队均取得零封。

20 梅西迎来个人第20场世界杯比赛，追平马斯切拉诺，并列阿根廷队史第2位，身前就是马拉多纳的21场。

25 德国转会市场网站显示，阿根廷队总身价为6.45亿欧元，是总身价2502万欧元的沙特队的25倍。

34 阿根廷是世界杯历史首支有4名及以上首发球员年龄超过34岁的球队（梅西、奥塔门迪、迪马利亚、帕普·戈麦斯）。

36 斯卡洛尼麾下，阿根廷队在此前36场国际比赛中保持不败，距离纪录保持者——曼奇尼的意大利队的37场——仅1场差距。遗憾的是，刷新纪录的希望被沙特终结。

498 阿根廷的498分钟不丢球纪录，终结于沙特的5分钟2球。

6003 2006年6月16日，梅西对阵塞黑取得个人世界杯首球，距比赛当日已隔6003天，刷新世界杯历史同一名球员两粒进球最长时间差纪录。

声音

别无选择，继续前进！

阿根廷爆冷输球，主帅斯卡洛尼受到外界批评，舆论普遍认为斯卡洛尼太过轻敌，对于对手的高位压迫没有任何的后手与变招。斯卡洛尼本人拒绝在失败中停留，“我们知道沙特的比赛方式，备战时我们就洞悉了他们的防守策略。越位都是毫米级别。现在我们别无选择，唯有站起来继续前进，没必要过多分析。今天的失利让人难受，但我们必须昂首向前。”

至于比赛本身，阿根廷主帅评论道：“我认为上半场属于我们，但一粒进球可以改变一切，我们会更加冷静地分析他们的进球。赛前外界将我们列为夺冠热门，但在世界杯上，什么都会发生。

圆梦从磨难开始

体坛周报特约记者　吴昊宇

世界杯开赛前几天，多家媒体报道称，梅西在进行单独训练，可能是受到伤病影响，这一消息引来各方关注。在马内、本泽马等名将接连退出世界杯的情况下，如果梅西也无法亮相，产生的影响恐怕难以预计。好在最后只是虚惊一场，斯卡洛尼在赛前发布会上确认，梅西会出现在阿根廷对阵沙特的首发名单中。

英格兰名宿莱因克尔、西班牙队主帅恩里克等资深梅西拥趸，以及作为死敌的巴西足协都在世界杯前表态：如果自己的国家队被淘汰出局，就会支持阿根廷夺冠。他们希望看到梅西弥补8年前的遗憾，也期待看到属于这个时代的王者正式登基的一幕。在卡塔尔的高物价和各类限制措施的束缚下，阿根廷

声音

没想到会这样开启世界杯

阿根廷1比2负于沙特赛后，作为队长与球队头号球星，梅西在混采区一露面便被话筒包围。梅西言简意赅，反省失利之余，号召球队团结，“我们知道沙特是一支拥有出色球员的球队，他们的传球很好，防线提得很靠前。此刻没有任何借口可找。我们要比以往任何时刻都更加团结，这是一个非常强大的集体，这一点已经得到了证明。今天的失利是我们很长时间没有遭遇的情况，现在我们必须证明这是一个真正的集体。”

梅西也表示，这样的开局确实在意料之外，“这场比赛对我们所有人都是巨大的打击，我们没想到会以这种方式开启世界杯。但一切事情都有原因，我们必须为后续比赛做好准备。我们必须拿下，这取决于我们自己。”

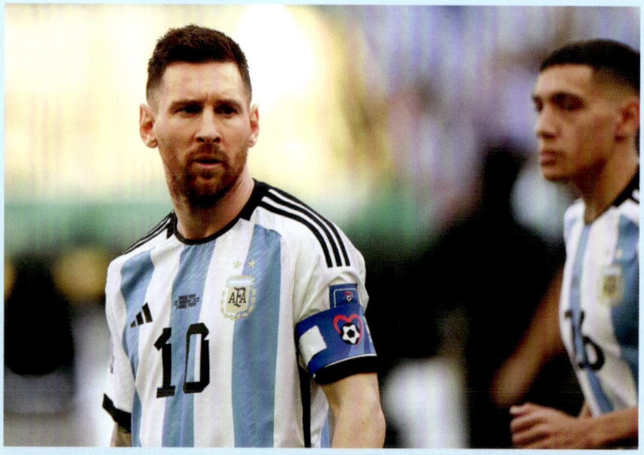

首战的门票还是早早被抢购一空，可见梅西世界杯“最后一舞”在全世界的空前影响力。

带着期待的目光，梅西率领阿根廷全队走入卢赛尔球场。他在开场阶段就接到劳塔罗·马丁内斯的做球，完成标志性射门，随后又点射命中。4年前在莫斯科面对冰岛，同样是世界杯首场比赛，罚丢点球的梅西没能帮助阿根廷拿下开门红。这一次梅西没有重蹈罚丢点球覆辙，但他大概也不会想到后来的风云突变。

下半场刚开始，阿根廷的松懈给了沙特机会，沙特连入两球完成反超。此时阿根廷全队才如梦方醒，却无法提速赶上对手节奏。作为队长的梅西仍然在试图带动全队，却多少显得有些力不从心，尽管他仍在全力为队友们输送炮弹，自己也在寻找破门机会，但在体能严重下滑的情况下，梅西出现在镜头中的时候，更多是带球被断、传球失误、因动作慢了半拍而错失关键战机的画面。阿根廷最终吃下开门黑。

此前阿根廷保持着36场国际比赛的不败金身，但也因为连战连捷掩盖了很多问题。在过去一年多都“明牌作战”的情况下，阿根廷缺少了洛塞尔索和尼古拉斯·冈萨雷斯两名关键球员，斯卡洛尼仍未找到最优替代者。

此役斯卡洛尼派上帕普·戈麦斯和迪马利亚两名老将辅佐梅西，但帕普·戈麦斯难以承担洛塞尔索在梅西身边协助组织进攻的重要作用，迪马利亚也难以贡献冈萨雷斯的积极跑动，而这是目前的梅西最为欠缺的。阿根廷之所以能在2021年的美洲杯夺冠，除了防线表现出色，全队围绕在作为核心的梅西身边积极跑动和拼抢，同样是最终夺冠的关键。

但面对沙特，阿根廷全队拼抢乏力，跑动距离也远低于对手。或许是世界杯前热身赛5比0大胜阿联酋，让阿根廷教练组想当然地认为，靠闲庭信步的打法也能顺利击败对手。对阵有备而来的沙特，阿根廷攻击线在上半场屡屡越位，下半场陷入落后需要提速时，攻击线也无法跟上沙特的积极跑动。

球队落后之际，梅西没能挺身而出拯救球队于水火。补时阶段，梅西在沙特禁区内得球，但在奥韦斯已经弃门而出，门前只有3名后卫的情况下，他甚至没能拿到起脚射门的机会。在众多球迷期待梅西能够在本届世界杯圆梦的时候，阿根廷却遭遇惨痛开局。

1

2 2

① 作为阵中头号球星与绝对核心，梅西是沙特在防守中的重点关照对象。

② 比分落后的阿根廷在梅西的带领下掀起进攻浪潮，梅西还曾尝试头球攻门，但最终未能追平比分。

数据

纪录更新日 梅西不开心

阿根廷负于沙特，爆出大冷，梅西此役点射建功，但他的进球没能帮助阿根廷取得一场胜利。这场比赛对于梅西有着特别的意义，他的多项纪录都得以更新，但在遭遇失利后，阿根廷队长显然无心庆祝。

此役过后，梅西成为首位在4届世界杯破门的阿根廷球员，并且连续3场世界杯比赛取得进球，他还成为第4位完成出场的世界杯“五朝元老”。这也是梅西的个人第20场世界杯比赛，他即将超越马拉多纳（21场），刷新阿根廷队史纪录。此外，比赛当日距离梅西取得个人世界杯首球，已隔6003天，这一数字也刷新了世界杯历史同一球员两粒进球最长时间差。

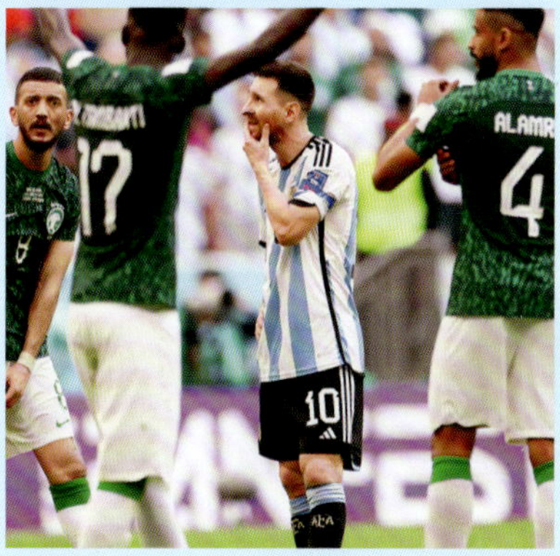

大冷有先兆

梁宏业

阿根廷在小组赛首战就输给亚洲球队沙特，这是不是一个意外？在外界看来，阿根廷是本届赛事的夺冠热门，但输给沙特似乎早有征兆。

阿根廷策略有误？

从比赛过程来看，或许很难下结论说阿根廷队主帅斯卡洛尼没做足功课。正如他赛后所说，沙特打中前场紧逼、提高防线站位，是他早就预料到的，所以他选择了打对手身后的反越位战术。但阿根廷队的确运气不好，几次进球都被吹了越位。另外一个情况是，阿根廷队自身的状态不好，而且这种状态是部分主力球员有伤造成的。

比赛一开始，阿根廷就踢得非常主动，帕普·戈麦斯替代因伤缺席世界杯的洛塞尔索，成为左中场。但实际上，阿根廷的站位非常激进，梅西并非是前腰，而是和劳塔罗·马丁内斯站位平行的前锋，帕普·戈麦斯也几乎打到了左边锋的位置。迪马利亚本身就是右边锋，球队的阵形其实更像是424，德保罗后撤与帕雷德斯打双后腰。

我们能看到阿根廷非常依赖右路迪马利亚的进攻，开场仅2分钟，迪马利亚就从右路发动了颇具威胁的攻势，梅西中路射门被扑出，这次进攻形成了不小的威胁。之后帕雷德斯禁区内被抱摔，阿根廷得到点球，梅西罚进。而在阿根廷进球之后，沙特获得了不少进攻机会，甚至在一段时间内，把阿根廷压在己方半场。

上半场中段更是出现了一个奇怪的现象：沙特中前场压迫紧逼，而阿根廷也想用同样的方式进行回应，两队几乎所有人都集中在纵深不到30米的中场区域内。阿根廷面对这种情况不知道该做什么，如果要打对手身后，

首先就需要自己后退，拉出长传的纵深，而如果是小纵深，那就适合在边路打二过一突破。但阿根廷两种方式都没有选择，而是专盯沙特防线身后，却又屡次越位。下半时，萨利赫·谢赫里“生吃”热刺主力中卫克里斯蒂安·罗梅罗，打进扳平进球，5分钟后萨拉姆·道萨里又在禁区内晃开防守，打进精彩一球。

斯卡洛尼太保守

连丢两球后，斯卡洛尼立刻选择换人，其实利桑德罗·马丁内斯、胡利安·阿尔瓦雷斯等人早已在场边热身多时，斯卡洛尼和大多数阿根廷球迷一样，也早就对球队表现不满。斯卡洛尼换下的罗梅罗、帕普·戈麦斯和帕雷德斯其实都有伤在身，罗梅罗世界杯前本就有伤，没有参加对阿联酋的友谊赛，帕普·戈麦斯本赛季一直断断续续有伤，一度被认为可能会被斯卡洛尼调整出名单，而帕雷德斯因伤表现不佳，在尤文直接变成了替补。

笔者在分析阿根廷队名单时曾指出，从世界杯开赛前的状态来看，阿根廷其实承担不起夺冠大热门的名号。第一场比赛过后，半支球队不在状态的情况，都展露在了大家面前。比如热刺中卫罗梅罗，他的确是阿根廷在2021年夺得美洲杯时的一大功臣，但有伤在身的他却被沙特前锋生吃突破，斯卡洛尼怎能不把他换下？

甚至连本赛季表现极好的梅西，也在来到卡塔尔后出现了伤病。梅西没有参加第一天的训练，第二天还在单独训练，虽然赛前面对媒体提问，他说自己已经达到100%的状态，但从本场比赛看，梅西并不在状态。尽管罚进点球，还打进了一粒越位球，但他丢失球权的次数不少，并且几乎没有突破，也没有成为致命直塞的提供者。

其实在赛前，阿根廷媒体就透露称，斯卡洛尼考虑更换部分主力，甚至不惜更换阵形。但最终，他还是选择了用4年心血打造出的这套阵容，我们甚至可以说，他的选择太过于保守。输掉首场比赛后，斯卡洛尼需要那些完全没有伤病、充满活力和动力的球员出场，哪怕这些球员并没有在阵容中经历长久磨合。

① 梅西此役罚进点球，但状态并不在最佳。阿根廷的进攻在这场比赛中遭遇沙特防线的顽强阻击。

② 沙特球员萨拉姆·道萨里打入反超进球后，空翻庆祝。

猎手自投罗网

梁宏业

作为记者，我们总是喜欢挖掘好故事；作为足球记者，我们总是要试图解释胜利和失败。阿根廷1比2输给沙特，爆了本届世界杯第一个大冷，寻求其中的解释，同样是我们想要的。

落入越位陷阱?

本场比赛中一个重要的现象，就是阿根廷队全场10次越位，上半场就有7次越位。梅西的进球因越位而取消，劳塔罗的精彩挑射也因为越位而被判无效，似乎越位是阿根廷输掉本场比赛的一大根源。阿根廷队主帅斯卡洛尼没有处理好战术细节，掉入了沙特队主帅雷纳尔的陷阱?这可能是个好故事，也是个好的解释。

赛后一位沙特记者询问雷纳尔，是否为越位陷阱战术而自豪，但雷纳尔并没有接话，而是表示，“我中场休息的时候一点都不高兴，我们的逼抢做得不好，我们没有逼抢帕雷德斯和对方出球的中卫。上半场我们的进攻也没有打出来，我无法高兴。”雷纳尔丝毫没有配合记者，讲一讲越位陷阱的故事。

随后出席赛后发布会的斯卡洛尼，也不同意越位陷阱的说法。对于阿根廷上半时多个进球因为越位被取消，斯卡洛尼说道：“我们早就知道对手的后防线会提得很高，我们追求打对手的身后，但他们的防守同样做得很好。我不认为我们整场比赛踢得糟糕，上半场比赛我们控制得很好，创造出很多机会。下半场比赛对手的进球发生在5分钟内，一切都很快。”

有一位阿根廷记者再次向斯卡洛尼提问：阿根廷是否落入了对方的战术圈套?斯卡洛尼说道：“我们上半场的确打进了第二球，越位都是在毫厘之间，我们知道沙特后卫线会在

① 劳塔罗此役曾挑射破门，但被判罚越位在先。阿根廷全场比赛共有 10 次越位。

② 受伤病影响，克里斯蒂安·罗梅罗（左图）、帕雷德斯（下图左）与帕普·戈麦斯（下图右）此役皆状态不佳。阿根廷的第一粒失球，克里斯蒂安·罗梅罗在防守中没能跟上沙特前锋萨利赫·谢赫里的步伐。

高位，我们赌的就是这个，要打他们身后。但最终我们的进球都越位了，这个是高科技的裁定，我们接受。”

所以可以看出，并非是沙特给阿根廷设计了越位圈套，导致阿根廷落入陷阱，输掉了比赛。斯卡洛尼知道对手的特点之一是中前场紧逼，需要把防线提前，所以斯卡洛尼选择让球队打对手身后，试图利用大片身后空当，但很不巧的是，所有的尝试都失败了。

球员状态成谜

阿根廷作为本届世界杯的夺冠热门，首场就输给了理论上小组最弱的沙特，这个结果似乎是难以解释的。但正如开篇所说，我们必须寻求解释。在新闻发布会上，甚至还有人问斯卡洛尼是不是轻敌了，斯卡洛尼对此回应道：“我们知道沙特的水平，我们一直很尊重对手，这条路找得不对。”还有记者认为，阿根廷输给最弱的沙特或许是个更好的选择，此后再战胜墨西哥和波兰，会让这段历程更有戏剧性，斯卡洛尼则表示：“输球从来不是件好事，我们也不可能选择什么时候输球、在哪里输球。”

那会是阿根廷的体能原因吗？“体能？我们连丢2球时，是在第48分钟和第53分钟，怎么可能是体能问题？”斯卡洛尼反问道。

从阿根廷主帅这里，我们似乎得不到答案，唯一的答案就是，“有时候世界杯上会出现这种事，我们有很多机会没进，对方在很短的一段时间内就打进了2球。”但这并不是一种解释。

谁也不能保证斯卡洛尼所说的每一句话都是实话，比如伤病对球员状态的影响。被换下的克里斯蒂安·罗梅罗、帕普·戈麦斯和帕雷德斯此前在俱乐部都有伤，而且还多次缺席训练，帕普·戈麦斯也曾被怀疑会被斯卡洛尼调整出名单。但斯卡洛尼并不承认这些球员的身体状态有异常，“我换下他们是为了追求别的东西，并非是因为他们受伤了。”

阿根廷这场比赛输球的根本原因，除了沙特踢得确实不错之外，很大一部分原因是阿根廷队内一些主力球员状态不好，甚至是有伤在身，就如前文提到的三名球员。帕雷德斯在尤文因伤踢不上主力，克里斯蒂安·罗梅罗在热刺伤缺，帕普·戈麦斯在塞维利亚膝关节受伤，而两个左后卫塔利亚菲科和阿库尼亚在来到国家队前，也都有伤病。梅西虽然首发登场，但同样是明显不在状态，莫名其妙地丢失球权，在前腰位置没有突破、没有转身、少有传球，每次冲刺到禁区接长传球，都会被很容易地断下，这或许是更为接近现实的情况。

92年，冷门启示录

文 闫羽

冷门震惊世界！献出世界杯“最后一舞”的梅西，一出场就吃到败仗，还是败给原本被普遍看衰的亚洲球队沙特，如此结果令人瞠目结舌。一方是大赛开幕前的第二号夺冠热门，另一方则是此前整个世界杯参赛史就只赢过4场的小角色。面对这样的悬殊对比，弱者沙特2比1逆转笑到了最后，不能不让人感叹世界杯就是如此神奇，孕育出的冷门也再度充分说明那句真理：足球是圆的。

德法意英都挨过闷棍

在世界杯92年的历史上，还曾有过哪些令人“猝不及防”的比赛结果？其实在2018年的俄罗斯，我们就已经见识过傲慢的欧美豪强倒在勤勉的亚洲球队脚下。2比0，赛前已经出线无望的韩国人用死战到底的精神教育了2014年冠军德国，用补时阶段的两次破门送对方回家。当然，那一届的德国在较早之前就已经露出过败象，小组赛首轮即不敌墨西哥。

像阿根廷这样，大热门一亮相就被“足球第三世界国家”敲一大闷棍的，最近的例子应该要追溯到2002年。韩日世界杯揭幕战，拥有亨利、特雷泽盖、德约卡夫和德塞利等一代传奇的世界杯冠军法国出师不利，被首次参加世界杯的特兰加雄狮塞内加尔1比0击败，也就此走上了折戟小组赛之路。同是2002年世界杯，韩国在16强战中2比1击败意大利，也堪称是世界杯史上最让人印象深刻的冷门之一。只不过，它“名垂青史”更多是因为厄瓜多尔籍主裁莫雷诺的拙劣判罚。

作为4届世界杯冠军和2届亚军，意大利毫无疑问是足坛的最重要力量之一，但已然错过本届大赛的他们，阴沟翻船的历史还真有不少。除了2002年对韩国，1966年败给朝鲜也是举世闻名的冷门之一。当年苏联、朝鲜、意大利和智利同在一组。朝鲜前两轮惨败苏联战平智利，而意大利则是小负苏联对智利完胜。结果两队末轮相遇，蓝衣军团被朴斗翼的进球送走，朝鲜则小组出线，历史性杀进8强。

除了亚非球队，来自北美的美国亦曾在世界杯赛场创造过“最早的超级冷门”。1950年巴西世界杯，“现代足球鼻祖”英国终于决定参加这项世界大赛，而击败其余同胞球队的英格兰则是他们出现在南美的代表。小组赛首轮，英格兰2比0轻取智利，但第2场却0比1倒在了美国队脚下。据称当时美国获胜的赔率是1赔500，足见战前英格兰人的轻视。而在赛后，也曾有过一桩爆笑事件：由于不相信自己的球队会在地球另一边输给微不足道的对手，不少英国人都以为是报纸印错了，实际比分应该是10比1而不是0比1。

那场败北之后，自以为是“足球祖师爷”的英格兰也没能继续前进，末轮他们又输给西班牙，最终无缘晋级。不过需要指出的是，并不是所有被以弱胜强、意外丢脸的强队到后来都一无所成。举个例子，1982年世界杯小组赛首轮，拥有鲁梅尼格的西德队一上来就1比2输给了首次参加世界杯的北非之狐阿尔及利亚，但后来西德还是小组出线，并一路杀进决赛拿到亚军。

声音

逼抢梅西，你还能合影！

沙特阿拉伯2比1逆转战胜阿根廷，爆出卡塔尔世界杯开赛后的第一个大冷门。上半场结束时，沙特还0比1落后，但他们在下半时开始后立即状态爆发，连入两球。

中场休息时，沙特更衣室发生了什么？根据之后披露的一段视频，主帅雷纳尔的激情喊话，点醒了沙特众将，“你们就是这么逼抢的吗？你们还想不想和梅西合影？梅西要球，然后你们就站着不动。尊重一下球迷吧，你们必须要去逼抢他，要去给他施压！”

低开高走，有迹可循

到了1990年世界杯，阿根廷也有过一回低开高走，小组赛开局0比1败给了喀麦隆。需要说明的是，当年的非洲雄狮还没有像现在这样的世界杯常客地位，意大利之夏只是他们自1982年开始后的第2届世界杯。而从赛前的夺冠赔率来看，喀麦隆也只是1赔500的“小虾米”，阿根廷则是1986年冠军，拥有马拉多纳这位足球之神。

那一年，喀麦隆杀进8强，向世界杯展示了非洲力量的崛起，而只拿到小组第3的阿根廷却也一路磕磕绊绊走到了决赛，最后只是输给了西德。就这一点来看，被爆冷也不是末日，如何从败局中找出改进办法和积极要素，才是阿根廷最该考虑的问题。

其实若从结果来倒推，12年前还有一个积极的案例——2008年的欧洲杯冠军西班牙以输球开局，在南非世界杯首战就上演了“攻坚不足被对方反杀”的戏码，0比1输给档次明显低于己方的瑞士。然而随后的走势却令人诧异，由名帅希斯菲尔德指导的“十字军”小组没出线，斗牛士们却在博斯克的引领下首夺大力神杯。

当然除了以弱胜强，世界杯的冷门也还有别的形式，包括强强对话也可能出现一边倒的情况，就像2014年的德国对巴西7比1，还有小组赛荷兰5比1逆转西班牙。这些都是足球史上的经典战例，也是世界杯大舞台的魅力展现。

1

2

① 萨利赫·谢赫里打入扳平进球，为沙特打开了胜利之门。

② 沙特门将穆罕默德·奥韦斯此役发挥神勇，多次做出精彩扑救，他在赛后当选全场最佳球员。

2022

第2战

世界杯C组第2轮

阿根廷 2:0 墨西哥

2022.11.26
卢赛尔球场

主裁判：达尼埃莱·奥尔萨托（意大利）　FIFA本场最佳球员：梅西

换人

阿根廷		墨西哥	
57′	18-吉多·罗德里格斯↓ 24-恩佐·费尔南德斯↑	18-瓜尔达多↓ 14-埃里克·古铁雷斯↑	42′
63′	4-蒙铁尔↓ 26-纳韦尔·莫利纳↑	26-凯文·阿尔瓦雷斯↓ 9-劳尔·希门尼斯↑	66′
63′	22-劳塔罗·马丁内斯↓ 9-胡利安·阿尔瓦雷斯↑	10-亚历克西斯·贝加↓ 21-安图纳↑	66′
69′	11-迪马利亚↓ 13-克里斯蒂安·罗梅罗↑	22-伊尔温·洛萨诺↓ 25-罗伯托·阿尔瓦拉多↑	73′
69′	20-麦卡利斯特↓ 14-帕拉西奥斯↑		

进球

64′ 1比0（梅西） 迪马利亚右路传中，梅西弧顶前沿左脚低射钻进右下角。

87′ 2比0（恩佐·费尔南德斯） 阿根廷左侧开战术角球，梅西左侧边线回敲，恩佐·费尔南德斯切入禁区斜射挂远角。

黄牌

阿根廷		墨西哥	
43′	蒙铁尔	内斯托尔·阿劳霍	22′
		埃里克·古铁雷斯	50′
		埃克托尔·埃雷拉	66′
		罗伯托·阿尔瓦拉多	89′

技术统计

阿根廷		墨西哥
0.32	预期进球	0.27
5(2)	射门（射正）	4(1)
0	射中门框	0
3	远射	3
59%	控球	41%
528(84%)	传球（成功率）	370(77%)
32 (28%)	长传（成功率）	47 (36%)
13 (15%)	传中（成功率）	15 (20%)
19 (53%)	盘带（成功率）	8 (25%)
4	角球	2
2	越位	4
57	成功对抗	48
15	成功争顶	14
14	铲断	18
7	拦截	13
16	解围	16
15	犯规	19
1	黄牌	4
0	红牌	0

数说

无止境，最年轻升级最年长

一球一助的梅西，犹如天神降临，助深渊中的阿根廷队取得对墨西哥队生死战的关键胜利。35岁155天的梅西，由昔日世界杯单场传射的最年轻球员，升级为如今的最年长领袖。时间的参照物是什么，接梅西助攻的恩佐·费尔南德斯或许可以给出答案，他由此成为2006年的梅西以来，取得世界杯进球的最年轻阿根廷球员。

1 梅西是1966年以来单场世界杯进球且助攻的最年轻球员（2006年对塞黑，18岁357天）和最年长球员（2022年对墨西哥，35岁155天）。

2 梅西连续2场世界杯破门，在阿根廷球员中仅次于自己上届连续3场破门，此外还有马拉多纳、肯佩斯、卡尼吉亚、巴蒂斯图塔、阿蒂梅、科尔瓦塔连续2场破门。

4 上半场总共4次射门（阿根廷1次，墨西哥3次），这是2014年荷兰对阿根廷（3次）以来射门次数最低的世界杯上半场，那场比赛进入了点球大战。

4 2006年首秀以来，梅西世界杯禁区外4球，同期排名首位。福兰和大卫·比利亚3球并列次席。世界杯禁区外进球总排行榜：里维利诺5球；马特乌斯/梅西/福兰4球。

5 双方队长梅西和瓜尔达多都参加了5届世界杯，史上共有6人做到，其中3人来自墨西哥（安东尼奥·卡瓦哈尔、马克斯、瓜尔达多），除此以外还有马特乌斯和C罗。

5 梅西成为首位5届世界杯皆有助攻的球员。世界杯助攻榜：马拉多纳8助；利特巴尔斯基/施魏因斯泰格/拉托7助；梅西6助。

5 梅西参与了阿根廷最近5个世界杯进球（2球3助）。

6 梅西第2次代表阿根廷连续6场破门，上次是2011年11月到2012年9月。

7 阿根廷近7场世界杯，有3场上半时0射正，相当于该队此前59场世界杯上半时0射正的总场次。

8 阿根廷球员世界杯进球榜：巴蒂斯图塔10球；斯塔比莱/马拉多纳/梅西8球；肯佩斯6球。

10 恩佐·费尔南德斯成为第10位世界杯进球的本菲卡队员，也是其中第2位外籍球员（首位是2010年乌拉圭队马克西·佩雷拉）。

11 2004年美洲杯0比1告负后，阿根廷对墨西哥连续11场不败（8胜3平）。

17 梅西2022年9场国家队比赛参与17球（13球4助），打破个人国家队年度进球纪录（2012年12球）。

19 梅西本赛季俱乐部和国家队19球，国家队进球增至93粒，职业生涯成年队进球增至788粒。

21 梅西21场世界杯，超过马斯切拉诺（20场），追平马拉多纳保持的阿根廷球员纪录，在所有球员中仅次于马尔蒂尼（23场）、克洛泽（24场）、马特乌斯（25场）。

21 恩佐·费尔南德斯成为2006年梅西（对塞黑，18岁357天）以来世界杯进球的最年轻阿根廷球员（21岁313天）。

34 是役34次犯规，超过波兰对沙特、葡萄牙对加纳（均为33次），创下本届世界杯纪录。

35 梅西在国家队攻破35支球队的大门，追平克洛泽和大卫·比利亚，仅次于亨利（37）、罗比·基恩（37）和C罗（46）。

58 梅西2022年国家队和俱乐部46场比赛参与58球（30球28助）。

112 此役之前，梅西世界杯过人成功112次，1966年有该项数据统计以来，只有他和马拉多纳（105次）突破百次大关。

88966 是役88966人现场观战，创下28年前美国世界杯决赛（9.4万人）以来世界杯单场上座纪录。

梅西复活阿根廷

梁宏业

梅西的一脚冷射就像从天而降，没有缘由。也正是凭借梅西的这脚射门，阿根廷队得以终于打破僵局，在爆冷负于沙特阿拉伯后获得了重生。最终，替补出场的恩佐·费尔南德斯打进第二球锁定胜局。纵观全场，很难说众志成城的阿根廷队踢得有多好，但他们再次证明了自己是一支有竞争力的球队，以自己的方式，保留着冲击大力神杯的希望。

经过大换血，反而不会踢?

首战失利后的阿根廷队，不会进行大换血的传闻已经得到证伪。赛前最后一堂训练中，斯卡洛尼对主力阵容进行了大幅度调整，更换人数足有5名，几乎等于半支球队，而此役首发也是如此。后防线上，奥塔门迪以外的莫利纳、克里斯蒂安·罗梅罗和塔利亚菲科都被拿下，取而代之的是蒙铁尔、利桑德罗和阿库尼亚。中场同样做出了大幅度调整，除了德保罗，帕普·戈麦斯和后腰帕雷德斯两名中场被麦卡利斯特和吉多·罗德里格斯取代。

阿根廷队和墨西哥队的较量，不管在技战术还是实力对抗上，都难以被称为世界杯的重头戏。但在球迷数量的角力上，则是例外中的例外，因为两队球迷都有极高的热情，卢赛尔现场除了小部分座位被当地球迷和第三方球迷占据，整个球场都沉浸在蓝白色和绿色的海洋中。笔者也终于在此时明白，为什么主办方会尽量把阿根廷队和巴西队的比赛安排在卢赛尔球场，因为这是本届世界杯最大的承办球场，可容纳球迷数量是除海湾球场外其他球场的两倍。而本场比赛的入场球迷达到88966人，虽然墨西哥队支持者不在少数，但阿根廷球迷更加训练有素，他们合唱曲目众多，口号整齐划一，容易形成压制性共鸣，于是比赛在阿根廷的“伪主场”氛围中拉开战幕。

然而斯卡洛尼的“大手术”，让场上的阿根廷队球员从哨响之后便感到无所适从。特别是墨西哥队实行了类似沙特队的前场紧逼打法。阿根廷中场德保罗成为重灾区，开场

1 2

① 2022年11月26日，梅西进球后向看台送出深情飞吻。

② 2022年11月26日，梅西在墨西哥禁区前跃起停球。

后就不断被抢断，他的传球也因对手人员密集而多次被断。德保罗虽然看上去是最差的，实际却是阿根廷队表现最好的中场，被扶正打主力的后腰吉多·罗德里格斯和左前卫麦卡利斯特几乎消失，只有深度回撤的梅西能帮上德保罗的忙。

吉多·罗德里格斯非常惧怕在有人逼抢的情况下背身接后卫传球，最终他选择回到奥塔门迪和利马之间作为出球点，奉献不多的作用，这等于让阿根廷队的三中场变为两中场，而且麦卡利斯特没有阅读比赛，不懂得在形势紧急时回撤帮忙。直到第23分钟，斯卡洛尼把蒙铁尔叫到身边，让他传话给麦卡利斯特回来接球，才缓和一些后场被抢断的窘境。梅西此后两次指示吉多要敢于直接把球往前送，不要只是向两侧送安全球，但吉多还是无法按照队长的要求行事。

整个上半场，阿根廷队看似拥有控球，实则很难制造出哪怕一次威胁攻门，直到第40分钟，才由劳塔罗完成了一次勉强的头球攻门，还打高了。但一个好的迹象是，上半时阿根廷队最后一次进攻打出了久违的连续一脚进攻，这是因为麦卡利斯特和德保罗、梅西共同产生了配合。

投名状进球，恩佐上位战

中场休息时，阿根廷队所有替补球员都进行了热身，球队急待改变中场的不流畅。然而，斯卡洛尼在下半时开始并未着急换人，场上的局势也并未发生太大变化，只是墨西哥队的进攻同样毫无灵感，也没有对阿根廷队制造太多威胁。但着急的是后者，如果拿不下墨西哥队，把命运寄托在最后一轮上太过凶险。

终于，第57分钟，斯卡洛尼换下了更像中卫而非后腰的吉多，让本菲卡后腰恩佐·费尔南德斯出场。中场多了一名能够出球的球

声音

利昂内尔，请留下

恩佐·费尔南德斯替补登场，接梅西助攻为阿根廷队锁定胜局。与偶像梅西并肩作战，一直是恩佐的心愿。而在2016年6月，阿根廷折戟美洲杯、洲际大赛连续3次居亚后，梅西对国家队心生去意时，15岁的恩佐曾在社媒发文，言辞恳切地为梅西辩护，并深情请求后者留下。

“我们要如何说服你？我们就像是失了魂一样。我们要如何说服你，你的肩上压力那么大，我们的压力只有你的1%。你早上醒来看着镜子，你知道有4000多万人要求你做到尽善尽美，把这种压力强加给你。”

“我们要如何说服你。我们总是无法理解，你其实也是人，一位拥有无与伦比天赋的人，一位这个星球上最棒的球员，但归根结底你也是一个普通人。我们总是一刻也不停歇，却才注意到你不应承受失利带来的愤怒，而这些情绪很多时候源自我们自己的失望。”

“我们看看镜子里的自己，然后自问，我们对于自己的要求，有没有达到对梅西的要求的1%，然而我们在生活中都并不认识这个人。我们要如何说服你。很难看到大家称赞你，你在假期里本可以去海滩度假，但你却在这里身着国家队球衣奔跑，但我们的注意力却只关注你是不是在球场上跑动，有没有唱国歌。”

“利昂内尔，去做你想做的事情吧，但请考虑一下留在国家队。我希望你能够享受地留在这里，人们剥夺了你享受的权利。在这个充满荒谬压力的世界里，你还是能展现出了高超的能力。你肯定梦想着代表自己的国家出战，享受比赛。看到你身着国家队战袍比赛，是无上的骄傲，请享受比赛吧，你不知道，你给我们带来了多大的快乐。感谢你，对不起。”

① 2022年11月26日，梅西破门后跳到迪马利亚身上激情庆祝进球。

② 2022年11月26日，恩佐·费尔南德斯再下一城后以怒吼宣泄情绪，队友与他拥抱庆祝。

员后，阿根廷队的整体控制更上一层楼，已经可以把战线推到对方禁区前，但此时球队还是很难撕开对手摆大巴的密集防守。随后，斯卡洛尼进行了2个对位换人，让曼城前锋阿尔瓦雷斯换下了本场缺乏灵感的劳塔罗，让更具助攻能力的莫利纳换下了蒙铁尔。

就在第二次换人后，梅西从天而降的进球来了。这个进球毫无预兆，此前梅西也只有一次任意球打门打高，因为深度回撤帮助中场，很难在禁区前发挥作用，似乎大家都已经忘记了梅西能做到什么。也正是在此时，阿根廷队右路突然传中到禁区前，梅西一脚冷射便洞穿球门，这还是阿根廷的全场第一次射正，1比0。

阿根廷队的进球让关于梅西的歌声响彻卢赛尔上空，看台也像地震一般抖动起来，因为阿根廷的支持者们在边唱边跳。但墨西哥队主帅马蒂诺行动相当迅速，立刻派了2名中锋出场，试图以简单的冲吊冲击对手防线。而斯卡洛尼也没有被这个进球冲昏头脑，立刻跟上马蒂诺的动作，用高中卫克里斯蒂安·罗梅罗换下迪马利亚，变阵三中卫保护禁区，同时全队改打防守反击。这个换人和整体战术的方向性调整之快，还是让人惊叹，斯卡洛尼当时非常着急换人，但因为助理裁判没有准备好换人牌而被主裁要求先开始比赛，斯卡洛尼还和第四官员吵了一架，险些吃牌。

阿根廷队在最后时刻打出了两三次反击，反击时的配合多少带有一些球队曾经流畅配合的影子。而让大家都没想到的，是本不以进攻见长的恩佐，在插入禁区晃过一人后打远角取得球队第二球，杀死了比赛，确保球队拿到3分。

回顾整场比赛，阿根廷队踢得并不算好，在斯卡洛尼被迫大幅更换主力后，球队在很多方面展现出不协调的地方。但也展现出了改革方向，比如恩佐取代吉多，上位蓝白军团主力，并在随后的冲冠进程中，多次为球迷奉上惊喜演出。

阿根廷注定不走寻常路

梁宏业

尽管2比0战胜墨西哥队，但这场比赛，阿根廷队踢得并不好，而是凭借梅西的神奇进球完成了续命，这都是铁一般的事实。然而，这并非出自阿根廷队的本意，他们从来都不是不学无术、平时不做功课的“坏学生”，甚至是位很努力的“优等生”，他们为卡塔尔世界杯准备了4年、培养了一班稳固的主力阵容，在美洲杯和世界杯预选赛上都交出了完美的答卷。但就在世界杯揭幕前，他们辛苦搭建的积木被毁了一半。主帅斯卡洛尼怎么办，听天由命吗？还是去和命运抗争？

废墟之上紧急重建

阿根廷队主力阵容中，其实只有洛塞尔索一人受伤。但阿根廷队不是人才济济的法国队，即便坎特、博格巴、本泽马、金彭贝、卢卡斯·埃尔南德斯连续受伤，都能有强人递补，丝毫不受影响。斯卡洛尼深耕4年，为本届世界杯量身定制了一套稳定的主力阵容，没想到除了洛塞尔索外，还有不少主力球员带着小伤或者丝毫不在状态，他完全有理由仰天长叹：老天，你为什么这样对我！

然而抱怨又能解决什么问题？尽管球队的状态一团糟，他只能怀着最大的耐心尝试改变，甚至是在极短的时间内，在废墟上重新建造一支阿根廷队。对墨西哥队的比赛就是推翻、重建的第一步，他进行了大手术，调换了5名球员。任何球队在经历如此巨大的调整后都很难立即有好的表现，但斯卡洛尼有什么办法？他只能优先让身体健康的球员出场。

我们可以看到，本场首发的阿根廷队和2021年夏天的美洲杯夺冠球队相比，在表现出的足球水平上没有任何关系。这其中有太多第一次征战世界杯的球员，取代帕雷德斯出任主力后腰的吉多·罗德里格斯甚至不敢背身接球，哪怕站在中卫的位置都胆怯于向前直接送球，梅西再三指导和督促还是没用，除了怯场，还因为他知道自己的能力不够。而站在洛塞尔索位置首发的麦卡利斯特，宁愿将自己隐藏起来选择消失，也不愿意去帮助梅西和德保罗穿插传接把球传倒出来，他比吉多要好的一面，是在被斯卡洛尼提醒后，增加了和梅西、德保罗的主动配合，让大家看到他还是个可造之才，只是需要一些时间。

斯卡洛尼在想办法帮助球队，一下调换5人的大手术肯定谈不上成功。但他在下半时没换人的情况下，干脆让高个子吉多去打中卫，从而让球队更接近三中卫打法，让利桑德罗·马丁内斯去往左侧，提供更多的组织和出球能力，同时可以把阿库尼亚的位置提得更靠上，这起到了一定效果。而最终引发质变的是恩佐·费尔南德斯的出场，本菲卡中场不但有向前传球能力，而且不怯场，甚至敢于展示自己，

声音

阿根廷在沙漠中找到水源

阿根廷记者塞尔帕在其TyC体育的专栏中盛赞斯卡洛尼顶住重压、为阿根廷队找到解药：“这场胜利意义重大，有几个场景令我印象深刻。首先是斯卡洛尼的眼泪，这是解脱的眼泪，同时又蕴含着饱满的情绪。还有恩佐·费尔南德斯的笑容，他实现了梦想，梅西跳到了他身上庆祝进球。这样的庆祝，要如何衡量价值？梅西的眼中闪烁着光芒，他在赛后走向看台，寻找着每一个球迷的目光，与球迷一同高唱。梅西首先是一名阿根廷球迷，与大家一样。”

“阿根廷在卡塔尔的沙漠中找到了水源。阿根廷渴求用胜利来翻身却耗光储备，又在这时找到了水源，通向成功绿洲的道路险些关闭。”

“阿根廷找回了自我，斯卡洛尼的球队回到了我们熟悉的样子。这是在对阵沙特时我们本应看到的阿根廷，如今终于在对阵墨西哥时出现了。整支球队的灵魂仍在这里，这是最好的消息。我们的老将还站立在这里，而我们的新鲜血液也已经流动了起来。在沙漠中找到水源不易，但阿根廷做到了。”

奉献了一脚精彩的挂角射门得分。

阿根廷队的经历切实说明了：什么是世界杯。对于世界杯，你当然可以提早做好准备，比如恩里克的西班牙队，就是2020欧洲杯那支西班牙队的继续延伸和优化。但世界杯也完全可能打乱你的计划部署，就像个任性淘气的孩子，比如阿根廷队开赛伊始的遭遇，世界杯把斯卡洛尼准备好的牌全换了，临时让他再想怎么打。

强大精神属性并非玄学

对墨西哥队的比赛，阿根廷拿到3分，此役也试出了球队前进的方向。利桑德罗·马丁内斯通过考验，完全可以与克里斯蒂安·罗梅罗竞争主力中卫，阿库尼亚在左后卫位置也比塔利亚菲科更能打，右后卫蒙铁尔虽然经常前插但效果不好，斯卡洛尼需要换回纳韦尔·莫利纳继续试验。而在后腰位置，斯卡洛尼完全可以信任恩佐，吉多已经被证明无法胜任。对于洛塞尔索留下的左前卫位置，麦卡利斯特的表现将将及格，有变得更好、和全队配合更和谐的可能，但斯卡洛尼也需要继续试验帕拉西奥斯的选择会否更好。

尽管人员调配不是通过一场比赛便能完成的工作，但阿根廷队、包括阿根廷队球迷身上都有一点是毋庸置疑的，那就是所有人对这支球队的信心，还有阿根廷人与生俱来的强竞争能力和个性，以及团结一致的精神。我们可以说，上半场的德保罗像是在露怯，不停被断，传球丢球，但你何时看到他消沉？他甚至把灵魂留在了场上，直到最后时刻还在满场飞奔，跑回后卫线解围，还能冲到前场组织进攻。

当然还有梅西，在球队最需要他的时候，他如天神下凡，尽管他的加速突破已经很难直接造成威胁。当斯卡洛尼用最后一次换人，以罗梅罗换下迪马利亚后，你能明显感到众志成城的拼命防守，而看不到墨西哥队有任何决心和信心能打破这样的防守。你甚至能感到球迷已经和球队融为一体，阿根廷球迷在为被换下的迪马利亚叫好，高呼他“面条”的绰号，而每次罗梅罗成功解围都能听到球迷们叫他“库蒂”的名字。

笔者并不想过分强调阿根廷球员身上的“个性”，好像是在说一本天书、说一种玄学。但在关键时刻，他们身上的确会迸发出这样一道光。当然，成绩最终还是需要阿根廷队拿出好的表现，这是斯卡洛尼的理性需要做到的。

1

2

① 2022年11月26日，阿根廷队主帅斯卡洛尼在场边焦急指挥。

② 2022年11月26日，阿根廷球迷纵情高歌，有序步入卢赛尔球场，预备为球队加油打气。

斯卡洛尼的中庸之道

梁宏业

阿根廷队以英雄般的方式拿下了对墨西哥队的比赛，梅西的进球、重生的喜悦似乎把阿根廷球迷的热情完全点燃。然而，阿根廷队主帅斯卡洛尼却在赛后显得非常冷静，他甚至不能赞同足球的激情可以高于一切的想法。

阿根廷队可能并非全世界最好的球队，但阿根廷的球迷肯定是每届世界杯最好的球迷。这不是一个很富裕的国家，而且正在经历经济危机，但球迷总能随国家队转战世界任何一处地方。卡塔尔多哈的夜晚并不算冷，但也远没有白天那般炎热，而在主裁判奥尔萨托吹响对墨西哥一役的终场哨时，卢赛尔球场无数男性阿根廷球迷脱下了身上蓝白色球衣，他们赤裸上身，把球衣拿在手上摇摆，就像当年马拉多纳做的那样。当晚到来的墨西哥球迷同样不少，但他们的花样没有阿根廷人那么多，喊得最多的就是“墨西哥、墨西哥”，而阿根廷球迷显然有更多助威的方式，他们不断摇着手中的球衣，唱着跳着。

足球对阿根廷人和巴西人太重要了，以至于这两支球队已经成为世界杯赛场无法或缺的存在。而对于卡塔尔世界杯，因为欧洲媒体极力将卡塔尔渲染为一个各方面都不那么让人舒服的国家，作为“足球母体”的欧洲球迷反而来得很少，这让阿根廷和巴西球迷显得更为重要。所以能容纳近9万人的最大球场卢赛尔，最多频次地提供给这两支球队的比赛。

但足球真的有这么重要吗？世界杯前，阿根廷的劳动部部长凯利甚至说：“我们希望阿根廷队夺得冠军。我们的通货膨胀太高，我的工作应该是研究怎么降低通货膨胀？但降低通货膨胀是件需要长期面对的工作，在一个月内不会有什么太多改变，但在下个月里，我们期望阿根廷队可以为我们夺得世界杯冠军。”拿下世界冠军并不会让阿根廷一年100%的通货膨胀率降低，不会改变大家在一个月内领到的工资减少了几乎10%购买力的事实，也就是说即便阿根廷夺冠，该国民众还是会比一个月前更穷。但也许冠军会让大家感觉比上个月过得更好了，尽管这是个错觉。

斯卡洛尼似乎不是个典型的阿根廷人，他并没有那么多阿根廷式的激情，输给沙特阿拉伯队后他没有那么多失望，而在战胜墨西哥队后也没有那么多狂喜。斯卡洛尼说道：“我们应该有些共情感，我兄弟跟我说他一

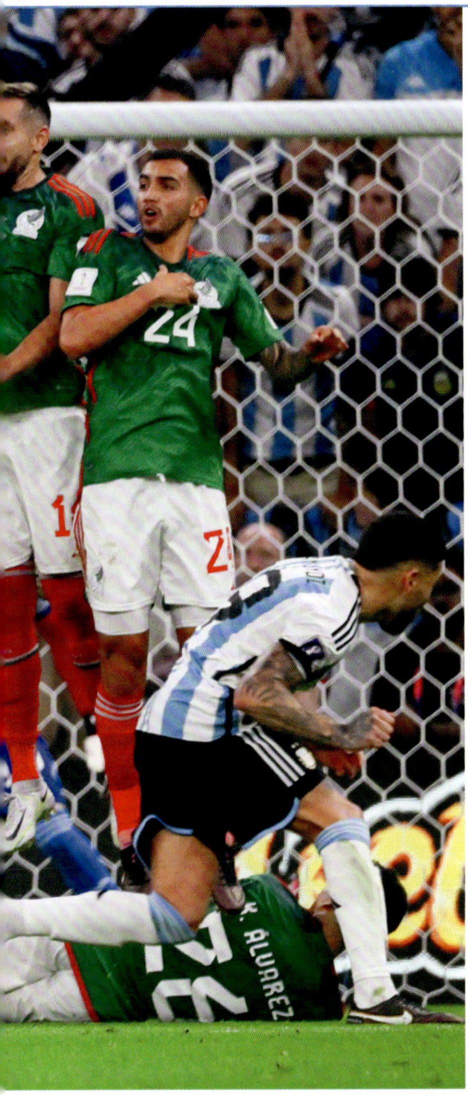

声音

外人不能理解的苦难

阿根廷队顶住重压，以胜利回应“开门黑”。斯卡洛尼赛后极力平息炽热舆论，并为国内的民众发声。对于球队是否希望证明梅西是世界最佳，斯卡洛尼否认：“不，如果我们要发出这个信息，我们已经有很多年了。正如我在世界杯开始前说的那样，重要的是他喜欢这样，甚至墨西哥人也喜欢看他的比赛。尽管他进了球，但没有发出任何信息，因为我们还没有完成任何事情，我们必须再踢1轮，昂首挺胸，以谦逊的态度。”

谈比赛感受，斯卡洛尼表示：“看他们比赛很激动，任何对这支球队没有认同感的人，都不是真正热爱阿根廷国家队。不管踢得好还是不好。他们抛开一切，代表国家队的球衣，真是不可思议。让我们明白，穿着这件球衣比赛和其他国家队的比赛是不一样的。如果我分析每个球员，我会给他们打最高分，因为他们踢了一场困难的比赛，而且如果不顺利的话，会有那么大的影响。我为他们所做的感到骄傲和兴奋。

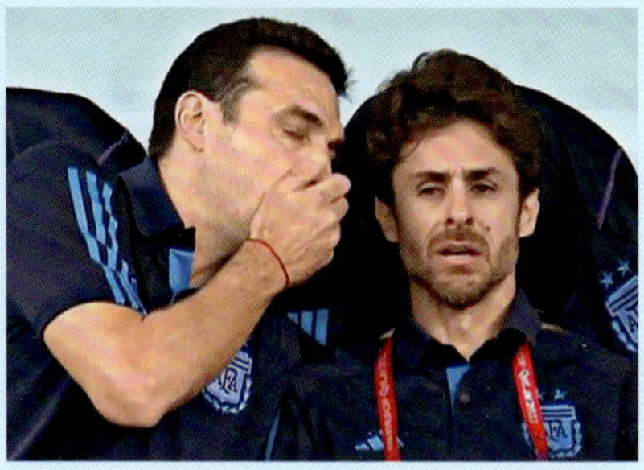

“这是你无法解释的比赛。因为朋友受苦，家人受苦，与其他文化相比，很难理解。不幸的是，对我们来说，情况是不同的，如果不是这样，我们的球员就会成为外星人。我们在这一周里像往常一样受苦，我说，我们必须振作起来，让他们放心。”

直在哭……把足球比赛描绘成超越比赛的东西，我无法赞同。球员们上场时也是这种感觉，我们应该纠正这一点，应该回到这只是一场足球比赛的范围内。但正相反的是，无论是世界杯还是预选赛，还是其他赛事，我们都是带着这种情绪在比赛，球员们感觉快窒息了。你很难让阿根廷国内理解，足球比赛无论输赢，第二天太阳都会升起，我们需要将事情做到最好，这也是我们现在正在做的事。”

有记者随即问斯卡洛尼：“你说我们阿根廷人领会错了足球的理念，那你赛后是什么感受？”斯卡洛尼回答说：“我没有说这是错误的，如果这么说，肯定会出现大标题……我们胜利了，我很高兴，说起来有些人可能把我当疯子，但我们在更衣室进行了庆祝，我也参与了庆祝，但也仅此而已。我们明天起床后还要准备下一场比赛，我们夺得美洲杯后也要很快准备下一项赛事，欢乐总是很短暂的。另外我们也要掌握无论是失利还是赢球后的平衡点。”

而对于被称为是当场最重要的决定是换上恩佐·费尔南德斯，斯卡洛尼也没有为他能做出这个改变战局的选择而骄傲，“这也不是什么重要的决定或者不重要的决定，教练就是要做决定的，做出的决定有的时候有用，有的时候没用。我们知道恩佐有向前传球的能力，有组织进攻的能力，他上场后发挥出来了。吉多也发挥得很好，但我们后来追求另一种东西。”

也许人们在第一场输给沙特队后，会对斯卡洛尼的行为产生强烈的文过饰非的感觉，但在第二场战胜墨西哥队后，斯卡洛尼仍是这个调调，他并没有因为比赛结果改变而改变，保持理智甚至是中庸是他的性格特质之一。

1

2

① 2022年11月26日，梅西对墨西哥队人墙主罚任意球。

② 2022年11月26日，阿根廷队球迷在卢赛尔球场看台举着印有马拉多纳照片的鼓。

梅西迷弟的上位之战

吴昊宇

“和梅西一起踢球是我的梦想，我的梦想实现了，我非常开心。”2022年9月，阿根廷队在友谊赛以3比0的比分击败洪都拉斯之后，作为梅西“迷弟”的恩佐·费尔南德斯笑着接受采访。能够和偶像同场竞技，恩佐已经实现了儿时梦想，而当儿时偶像在世界杯这样的舞台上，为自己的阿根廷国家队处子球送出助攻，此时年轻的恩佐心潮会是何等汹涌澎湃，或许没有人能够感同身受。

对阵洪都拉斯的比赛，是恩佐第一次为阿根廷成年国家队出战，而赛后梅西在采访中谈到恩佐时表示，恩佐是一名非常聪明的球员，自己此前就对他有所了解。2022年夏窗从河床登陆欧洲、加盟施密特挂帅的本菲卡之后，恩佐始终有着非常出色的发挥，作为一名中场球员，恩佐的进攻才华展现得淋漓尽致，在2022-23欧冠小组赛上，恩佐面对尤文图斯和巴黎圣日耳曼这样的强敌时表现非常惊艳，风头直接盖过了国家队老大哥帕雷德斯。恩佐的出色表现，也让包括巴萨、曼联、曼城在内的多家欧洲豪门在世界杯开赛前便对他持续投以关注。

阿根廷队在世界杯前折损了中场大将洛塞尔索，不少声音认为恩佐可以成为洛塞尔索的最佳替代者，比起麦卡利斯特和帕普·戈麦斯等人，恩佐在中场更具活力，而且他参与进攻的能力不输几位老大哥。本赛季在本菲卡多数时间作为后腰出场的情况下，恩佐已经贡献3球4助攻的数据。但在卡塔尔世界杯前对阿联酋的热身赛中，主帅斯卡洛尼还是选择了麦卡利斯特作为首发中场与帕雷德斯和德保罗搭档，到了对阵沙特阿拉伯时又换成了帕普·戈麦斯。两场比赛中恩佐均曾替补出场，也都展现了不俗的活力，但对墨西哥的“生死之战”，斯卡洛尼还是不敢冒险将小将直接放入首发阵容。

在球队难以打破墨西哥人的密集防守，急需一个进球来打开僵局的时候，斯卡洛尼首先想到了进攻能力更强的恩佐，他用恩佐换下了吉多·罗德里格斯，而在梅西的远射终于帮阿根廷破僵后，恩佐也抓住“一球成名”的机会，他接到偶像梅西的传球，打出一记精彩兜射，帮助阿根廷队锁定胜局。在世界杯的战场上打入国家队处子球，对于这名未来不可限量的小将而言，无疑是最完美的开端。本场破门的恩佐还与偶像进行了一次传承，成为继2006年对塞黑破门的梅西以来，阿根廷最年轻的世界杯进球者。

恩佐在赛后采访时动情表示：“我小时候始终梦想着穿上这身球衣出战世界杯，今天我在世界杯上进球的梦想实现了。”继与梅西同场竞技之后，恩佐又解锁了一个儿时梦想。在这场比赛惊艳世人之后，恩佐就此打动斯卡洛尼的教练组并进入首发，成为偶像梅西身边那个最可靠的帮手之一。

1

2

① 2022年11月26日，恩佐·费尔南德斯打入国家队处子球后，深情亲吻阿根廷队队徽。

② 2022年11月26日，恩佐·费尔南德斯（前左）和埃克托尔·莫雷诺（前右）在比赛中争顶。

声音

向前，向前，再向前

换上恩佐·费尔南德斯，被认为是阿根廷艰难啃下墨西哥一役中，主帅斯卡洛尼最重要的一处临场调兵策略。斯卡洛尼本人并未对此太过自得，只在点评本场比赛哪些方面是最优之处时，不着痕迹地称赞了恩佐出场所施加的正面影响：“下半场我们踢得不同，更有侵略性，对方后防有5个人，4个中场，几乎没有前锋，用两名边锋扮演前锋，他们踢得很好，逼抢很紧。我们在中场休息时做了些事情，看到了吉多在场上的改进，还有（此后换下他的）恩佐·费尔南德斯，我们寻找向前的传球，穿透对方一两条线，找到梅西、迪马利亚、麦卡利斯特，否则总是横向传球，我们无法取得进展。”

2022

第3战

换人

波兰	阿根廷
46′ 16-希维德尔斯基↓ 26-斯库拉希↑	11-迪马利亚↓ 5-帕雷德斯↑ 59′
46′ 24-弗兰科夫斯基↓ 13-卡明斯基↑	8-阿库尼亚↓ 3-塔利亚菲科↑ 59′
62′ 6-别利克↓ 8-希曼斯基↑	9-胡利安·阿尔瓦雷斯↓ 22-劳塔罗·马丁内斯↑ 79′
72′ 18-贝雷申斯基↓ 3-延杰伊奇克↑	24-恩佐·费尔南德斯↓ 6-赫尔曼·佩泽拉↑ 79′
83′ 10-克雷霍维亚克↓ 23-皮亚特克↑	20-麦卡利斯特↓ 16-阿尔马达↑ 84′

进球

46′ 0比1（麦卡利斯特） 迪马利亚右路直传，莫利纳传中，麦卡利斯特12米处推进远角。

67′ 0比2（胡利安·阿尔瓦雷斯） 恩佐·费尔南德斯左肋直传，胡利安·阿尔瓦雷斯12米处打进右上角。

黄牌

波兰	阿根廷
78′ 克雷霍维亚克	阿库尼亚 49′

技术统计

波兰		阿根廷
0.32	预期进球	3.69
4(0)	射门（射正）	23(12)
0	射中门框	0
2	远射	3
27%	控球	73%
317 (77%)	传球（成功率）	868(92%)
65 (48%)	长传（成功率）	32 (69%)
5 (40%)	传中（成功率）	18 (22%)
5 (0%)	盘带（成功率）	13 (46%)
1	角球	9
0	越位	1
35	成功对抗	37
8	成功争顶	13
17	铲断	13
7	拦截	5
28	解围	8
6	犯规	11
1	黄牌	1
0	红牌	0

数说

不再只是梅西身后的男人

梅西在世界杯出场数超越永恒神话马拉多纳的里程碑之战中，遭遇点球射失的懊恼时刻。虽然梅西此役并无斩获，但其后辈挺身而出，麦卡利斯特和胡利安·阿尔瓦雷斯分别以处子球帮助阿根廷队拿下小组头名之战，亦令人看到蓝白军团欣欣向荣的未来前程。

1 麦卡利斯特本场比赛的破僵进球，为其10场国家队比赛的处子球。

2 梅西成为继阿萨莫阿·吉安（4罚2失）之后，第2位世界杯射失2个点球的球员（3罚2失）（注：不含点球大战）。

2 1966年有相关统计以来，梅西是单场世界杯创造5+次得分机会且完成5+次过人的第2年长球员（35岁159天），仅次于1994年阿根廷对尼日利亚的马拉多纳。

3 世界杯实行3分制以来，首战告负后以小组头名出线的球队分别是：2010年西班牙；2018年哥伦比亚；2022年阿根廷。阿根廷4次世界杯首战告负后小组出线（1974、1982、1990、2022）。

3.69 阿根廷是役预期进球值高达3.69，创下有该项数据以来本队单场世界杯纪录。

5 梅西国家队主罚26个点球，21中5失。

7 截至此役，梅西是卡塔尔世界杯至今唯一7+次射正、7+次成功过人、7+次关键传球的球员。

12 近12届世界杯，阿根廷仅2002年没能小组出线。

12.2 阿根廷是役每次得到球权平均12.2次传球，本届世界杯仅次于西班牙对哥斯达黎加（12.9次）。

21 恩佐·费尔南德斯成为2006年的梅西（对荷兰，18岁362天）以来，世界杯首发的最年轻阿根廷球员（21岁317天）。同样也是继2006年的梅西（对塞黑，18岁357天）以来，在世界杯上贡献助攻的最年轻阿根廷球员（21岁317天）。

22 梅西超过马拉多纳，成为世界杯出场最多的阿根廷球员：梅西22场；马拉多纳21场，马斯切拉诺20场；肯佩斯18场；鲁杰里16场，迪马利亚16场。世界杯出场排行榜：马特乌斯25场，克洛泽24场；马尔蒂尼23场，梅西22场。

30 梅西职业生涯俱乐部和国家队136次主罚点球，罚进105个，罚失30个，转化为助攻1个。

60+ 麦卡利斯特和胡利安·阿尔瓦雷斯分别成为世界杯上进球的第61位和第62位阿根廷球员。阿根廷进球人数超过意大利（60人），仅次于巴西（83人）和德国（77人）。

100% 胡利安·阿尔瓦雷斯在南美解放者杯、英超、欧冠、世界杯预选赛、世界杯决赛圈上的首次首发均有进球。

137 德保罗是役145脚传球137次成功，准确率94.5%，创下1966年世界杯有相关统计以来，阿根廷球员单场世界杯传球成功次数纪录。

梅西之失，阿根廷之获

闫羽

诸神黄昏，真神却未必一定会决定胜负。当“世一锋”莱万多夫斯基要感谢顽强的沙特人拖住墨西哥时，上一场还曾天神下凡拯救阿根廷队的梅西，在小组赛末轮的生死战中也经历一番饶有趣味的“尴尬旅程”：意外得点，主罚被扑，这位全世界的焦点以一种并不特别风光的样子再度成为“主角”。但这又怎么样呢？阿根廷已经走出了首轮被爆冷的泥潭，以小组第一的身份昂首挺进卡塔尔世界杯16强。所以梅西稍微歇歇也无妨，更何况，他只是没有破门，并非真的悄无声息。

做个假设，如果梅西罚进了点球，他会不会再度收获山呼海啸般的称颂？就像他对墨西哥一脚神出鬼没的低射，为困顿中的阿根廷拨云见日之时一样？也许，但更有可能引来不少质疑的声音。事实上当点球哨响，阴谋论便甚嚣尘上：“这分明是保送梅西！”即便是那些中立球迷，肯定也很难理解VAR为什么要追罚门将什琴斯尼的高球出击。

不过点球毕竟没进，就让它成为过眼云烟随风而去，虽然梅西也因此背上了一条不太友好的纪录：不算点球大战，他是世界杯史上第二个罚失了两次点球的（3罚1中）的球员，与曾经4罚2中的加纳人吉安并列。或许是有些不甘心，在波兰人祝贺他们的门将之后，阿根廷之王一度连续带球突破，试图只身杀入禁区，就好像他想马上找到进球为自己雪耻。

但或许，这也只是一种错觉。如果你从头开始回顾本场比赛，不难发现梅西其实就是最早为本队吹响进攻号角之人。开场不过5分钟，阿根廷10号就已经有过2次射门，虽然不算特别绝对的机会，但也足够什琴斯尼表现一番。另外再说一次那粒有争议的点球，如果没有梅西在后点的奋力冲顶，VAR就是想介入不也没有机会？

35岁的梅西冲得很猛，根据whoscored网站统计，他总计有6次尝试带球过人4成功，同时还有7次射门4次命中门框范围，4项数据都是全场最高。不过与此同时，这位老将也依然很清楚要如何“储存”自己的能量。除了那几次爆发式的突击之外，梅西大部分时间其实都会回撤到中场。名为中锋，实则调度全队，阿根廷队对波兰队的全面压制，全场触球98次的组织者梅西也是功不可没。

不可否认的是，此役梅西的队友们更为出色，即便没有队长的直接“恩赐”，后辈麦卡利斯特和阿尔瓦雷斯也完成了对波兰的致命打击。相较之下，上一场还一射一传的梅西则变得两项皆无，他最接近制造进球的一刻，应该是下半场妙传直塞给胡利安·阿尔瓦雷斯，可惜后者只是射中了边网而已。

但就算有遗憾，那也只会是很小的一点点，反倒是如此晋级的方式，应该让梅西更觉

得欣慰。赛前英格兰名宿里奥·费迪南德一度感叹：阿根廷太依赖梅西，不信你看他过去6场国家队比赛就破门了12次。而现在连续进球的纪录虽然戛然而止，压力却也被身边的伙伴分走，这是好事。正如梅西赛后所言："这就是我们团队的力量。轮到你了，你就会做出反应。"

在这场2比0的胜利中，梅西没有轮到必须发威，他只是带来了一些领袖气质和一些轻松时刻，比如与莱万"对峙"展示盘带花式。在这个时候，梅西已经超越马拉多纳，成为阿根廷世界杯出场次数最多的阿根廷球员。但很显然，他的纪录不会停留在22场。而在"低迷"了一场之后，攒着劲的梅西更加让对手感到畏惧。

① 2022年11月30日，梅西射失点球后懊恼掩面倒地。

② 2022年11月30日，莱万中场逼抢时撞开梅西，二人赛后拥抱达成和解。

1

2 2

声音

马拉多纳会为我高兴

22场。又一个数字，又一项纪录，又一次超越。梅西的个人世界杯出场次数超过21场的马拉多纳，而他对此的感受，仿佛传奇前辈从未走远，"迭戈会很高兴，他总是为发生在国家队的好事而高兴，对我个人也是如此。他总是很亲近，富有感情。他会为这一时刻感到高兴，为进入16强以及球场上发生的一切感到高兴，这是每个人的幸福。"

全场补时阶段，莱万多夫斯基中场逼抢撞开梅西后被判犯规，波兰头牌中锋拍了拍梅西以示歉意，二人也在终场哨响后拥抱交流，具体说了什么？梅西透露："没什么，我被教导说，球场上发生的一切都会留在球场上，就像在更衣室里一样。我们私下彼此的对话永远不会从我嘴里说出来。"

重拾自我的和气胜利

梁宏业

说好的又一场决赛并没有出现。阿根廷队全场占尽优势，2比0轻松完胜波兰队，以2胜1负积6分的成绩作为C组头名出线，从而成功避开法国队，在1/8决赛中对阵澳大利亚。而波兰队虽然完败于阿根廷队脚下，积分与墨西哥队相同，但以多1个净胜球也随同阿根廷队出线，并在1/8决赛面对法国队。

梅西争议点球不进

赛前，斯卡洛尼本场的排兵布阵一直在被媒体猜测，但斯卡洛尼这次没有选择在赛前一天把谁打主力谁打替补的消息告公之于众，导致媒体无法拿到准确的球队出场阵容。但从斯卡洛尼的训练中，记者们还是察觉到一些端倪，比如克里斯蒂安·罗梅罗回归主力阵容、替换利桑德罗·马丁内斯的可能性很大，因为罗梅罗身材高大，可以用来看防莱万多夫斯基，又比如恩佐·费尔南德斯取代吉多·罗德里格斯的可能性也很大。但直到第二天上午，阿根廷媒体才进一步得知，斯卡洛尼一直对两个位置还抱有疑虑，一个就是中锋劳塔罗·马丁内斯的位置，再一个则是帕雷德斯是否重回主力，取代麦卡利斯特。最终，斯卡洛尼做出的决定，是胡利安·阿尔瓦雷斯取代劳塔罗，麦卡利斯特则被保留在阵容中。阿根廷队的首发阵容更换了一名中卫和一名右后卫（纳韦尔·莫利纳取代蒙铁尔），一名中场和一名中锋，一共4名球员。

波兰队开场后甚至一度对阿根廷队实行紧逼。首次在国家队首发的恩佐·费尔南德斯在比赛伊始有些失误，但很快波兰队就落入了全面被动。很难说波兰队是在死守，因为他们的比赛强度并不高，也没有完全落位在禁区内，阿根廷队还是有进攻所需要的空间。

梅西在上一场拯救球队后，本场比赛的状态更胜一筹。在恩佐能够撑起后场的情况下，梅西不用回撤接应，可以活动在自己擅长的前腰位置。而梅西也在这个位置多次发起进攻，包括他第7分钟就完成的球队第一次射门。另一方面，梅西也习惯找左边插上的阿库尼亚，同样经常插上的右后卫莫利纳就没有阿库尼亚这么幸运了，因为他的活动经常被迪马利亚和德保罗忽视。尽管如此，他还是不惜体能地继续出现在右边路的最前方，为队友们提供传球选择。

第36分钟，麦卡利斯特为胡利安·阿尔瓦雷斯送出了单刀球，但阿尔瓦雷斯的射门被挡出，而视频助理裁判却因为门将什琴斯尼解围时碰到梅西而判了一个点球。但梅西并未能继续自己在卡塔尔首战的点球运，罚出的点球被什琴斯尼单手扑出。在梅西点球被扑后，现场的阿根廷球迷为了鼓励梅西立刻发出了“梅西、梅西”的喊声。本场比赛就是阿根廷队的绝对主场，全场4万多人大多数都是阿根廷球迷，波兰球迷屈指可数。

上半场比赛，阿根廷队是球场上绝对的主人。球队前两场的窘境完全消失，不仅能控制比赛，还能创造出射门机会，而且还有点球机会，只不过都未被抓住利用。

两粒处子球成就第一名

上半场阿根廷队获得众多机会却未能进球，会不会是一场球队运气不佳比赛的预兆？但这种猜测顷刻间烟消云散，因为阿根廷队下半时闪电破门，第46分钟，上半时不断插上却从未得到回报的莫利纳，在下半时第一次插上时就得到输送，莫利纳底线传球，中路的麦卡利斯特轻松帮助球队取得领先，1比0。

阿根廷队在进球后并没有立刻换人，而是通过更多耐心的传球调动欲将波兰队调动出半场，利用后者急于追平而进行反击的机会。但阿根廷队的这种策略并未奏效，波兰队依旧不出洞，因为此时另一场墨西哥队和沙特队的比赛还是0比0，墨西哥队至少要打进3球才能在同积4分的情况下挤掉波兰队出线，所以波兰队依然不慌不忙，似乎并不想拼搏追回比分。

比赛的节奏逐渐变慢。斯卡洛尼也怕出现事故，用帕雷德斯换下迪马利亚，多上了一名后腰。等到第61分钟，梅西、塔利亚菲科和麦卡利斯特打出一串配合，但后者的射门被扑出，此时数据统计显示波兰队还没有过射正，而阿根廷队已经完成了11次射正，其中包括梅西的3次。最终，胡利安·阿尔瓦雷斯接到恩佐·费尔南德斯的直线短传，背身倚住对手后卫打进了一粒纯中锋式的进球，2比0。

但在阿根廷队打进第2球后，波兰队还是没有反应。尽管当时另外一边的墨西哥队已经2比0领先沙特队，这导致墨西哥队和波兰队的积分、进球数、净胜球数和相互间关系全部相同，但因为墨西哥队在公平竞赛积分方面

KIWIOR
14
2
AFA

2022年11月30日，胡利安·阿尔瓦雷斯击穿波兰防线定格比分。

落后，所以当时处于出线状态的还是波兰队。

波兰队的消极实际上非常危险，因为阿根廷队在比赛最后20分钟至少获得了4次绝佳的得分机会，只不过梅西的射门被什琴斯尼用脚挡出，而阿尔瓦雷斯、劳塔罗等人的单刀也没打进。“万幸”最终沙特队还扳回1球，这导致输球的波兰队依然以小组第二的身份出线。

在阿根廷队打出一场精彩比赛后，有记者询问斯卡洛尼：球队是不是又成了夺冠的热门？斯卡洛尼断然否认：“我们不是任何热门，也不是什么冠军候选。我们所有的比赛都很困难。我到现在还记得沙特战胜了我们的比赛。澳大利亚队怎么样？我们差不多看全了澳大利亚队的比赛，但每场比赛都是不同的，我们从明天开始还要一点点准备。”

声音

我赌100欧元不判点球

波兰门将什琴斯尼因在出击扑救后，手触梅西面门，后者倒地引发阿根廷队申诉，主裁判马克利到场边查看VAR。在此过程中，什琴斯尼和梅西有过交流，对话内容被什琴斯尼在赛后披露：“我跟梅西打赌，我赌100欧元裁判不会判点球。所以，我在跟梅西的打赌当中输了。我不知道这种行为是不是被允许，我是否会被处罚。不过我不打算掏钱，梅西已经很有钱了。”什琴斯尼最终扑出了梅西主罚的点球，而他也成为继1986年对阵巴西队的法国门将巴茨之后，第二位在世界杯上自行送点又亲自扑出的守门员。

旧体系不灭，新大陆何来？

梁熙明

2018年俄罗斯世界杯，前两场都输掉的波兰队铁定遭到淘汰，最后一轮对日本队，1比0到最后5分钟，此时对面一场哥伦比亚1比0塞内加尔的比分传来，维持这个结果，日本出线。于是，两队就心照不宣地在场上开始不争不抢，你一脚我一脚地把时间耗完。波兰反正无所谓，日本需要出线，正如2002年世界杯，意大利队与墨西哥队的最后5分钟。

而最讽刺的是，这样做，日本队与塞内加尔对积分净胜球进球数全部相等，比吃牌，日本3场4黄，塞内加尔6黄，日本靠"公平竞赛"出的线。通常，这样做是要被报应的。意大利在韩国人那里，也算是对墨西哥那5分钟的报应。而日本在罗斯托夫被比利时绝杀，把失守的14秒拍成纪录片"反思"了整年，唯独忘了自己是怎么出的线。

作为"施恩者"，波兰在本场比赛成了受益者。对阿根廷队最后几分钟，波兰已经完全没有抗争的勇气，虽然没有"无耻"到2018年日本的地步，但也用继续龟缩不出的姿态，向阿根廷发出明确的信号：求高抬贵手。

其实阿根廷并不领情，替补登场的劳塔罗·马丁内斯等人还想立功，米赫涅维奇只能跪谢劳塔罗过于心切，不然赛前形势最好的波兰，就真的把自己的出线作没了。

在那一刻，波兰就是希望与墨西哥同分同净胜球同进球，黄牌少而"公平竞赛"出线。最后如愿以偿，沙特阿拉伯最后多进个球，又帮了一把，才使得从一开始就没有任何进攻意愿，最后把自己落到乞求阿根廷开恩，也祈求沙特拼命的波兰，以这样一种屈辱的姿态，爬出了线。

当然，比赛最大的反高潮，无疑是梅西成为世界杯点球两次被扑第一人（是被扑而非"射失"，加纳队吉安2006年对捷克中柱，2010年对乌拉圭中梁）。

出线的斯卡洛尼，可是暂时喘口气，不过，麦卡利斯特与胡利安·阿尔瓦雷斯的闪光，应该让他很清楚，过去3年的套路——即劳塔罗搭档梅西，已经完全推翻了，前两场首发的劳塔罗，此战降为替补，并以替补身份伴随了球队在卡塔尔此后的征程。

劳塔罗是2019年美洲杯（季军战梅西吃红牌的那届）突然冒起的，之前所有阿根廷教练最苦恼的，就是为梅西找个僚机，他必须懂梅西，甘愿为梅西跑，又能自己闪光，这样的人，不好找。劳塔罗的出现，是斯卡洛尼这3年来的最大成就。他能自我牺牲，为梅西跑动，为梅西分担，扛开后卫，衔接中场，回防逼抢，而将真正的星光留给梅西。

正因为梅西的搭档有了，劳塔罗身价暴涨，也引来当时巴萨的垂涎——巴萨也迫切需要一个梅西的搭档，内马尔回购太贵太麻烦，

① 2022年11月30日，劳塔罗·马丁内斯（左）在希曼斯基的拦截之下错失破门机会。

② 2022年11月30日，麦卡利斯特（中）打破僵局后，接受迪马利亚（左）和纳韦尔·莫利纳的祝贺。

1

2

苏亚雷斯垂垂老矣，小毛孩登贝莱自律太差，劳塔罗天造地设。

当时甚至出现这样的情形：欧冠最后一轮，巴萨已经出线，而国际米兰正好最后一轮打巴萨，还需要取胜。当地电视节目上，名宿豪尔赫·达历桑德罗毫无顾忌地公开向国际米兰喊话：你答应卖劳塔罗给巴萨，我们就放你3分！

但是现在，劳塔罗方案只能束之高阁。之后，就指望两名新人——1990年世界杯，比拉尔多正是在首战折给喀麦隆后，即放弃原先搭马拉多纳的主力巴尔博，改用卡尼吉亚，最终一路挺到决赛的。

声音

我们有26人！

总结对波兰队的胜利，主帅斯卡洛尼并未只将功劳局限于进球者：“我们以正确的方式进行比赛，从未停止努力，最终得到了回报。我们知道，随着迪马利亚和莫利纳在右路的双重冲击，最终会打破波兰的防守。波兰的反击很好，但我们没有让他们得到机会，奥塔门迪和罗梅罗逼得很紧，这是我们的功劳。中场休息时，我告诉球员，我们做得很好，我们必须尝试更多的进球方式，因为我们在前场有人数优势。结果（下半场开场）1分钟内就发生了，这让我们平静下来。”

斯卡洛尼对于是否放弃劳塔罗·马丁内斯等资深功勋球员，并未给出正面回应：“我们有26人可以出场，但总有变化，总有伤病，必须每场决定谁能出场，谁会是最好的，没有水晶球。有时效果很好，比如这场比赛，但我们总是考虑到集体。我爱他们所有人，他们使这支国家队更加强大，每个人都有自己的特点。”

成长就是一战更比一战强

梁宏业

阿根廷队虽然在小组赛首轮爆冷翻车，但通过其后的两连胜还是拿下了C组的头名，避开法国队进入1/8决赛。阿根廷队在小组赛3场的表现极具成长性，如果把首场爆冷负于沙特队和与对波兰队的胜利相比，你很难相信这是同一支球队相隔一周多时间的表现。

从被沙特队爆冷到完胜波兰队，为何会有如此天壤之别？首先从阿根廷队的角度看，主帅斯卡洛尼的调试至关重要。阿根廷队在世界杯开赛前成为大热的一个重要原因，是球队在2021年战胜巴西队拿下美洲杯冠军，也是阿根廷队近28年收获的首个洲际冠军。而且，阿根廷队还在2022年夏天的欧洲南美冠军杯上3比0大胜欧洲杯冠军意大利队，似乎球队的水平和状态不容置疑。

但斯卡洛尼的球员却在2022/2023赛季上半程集体遭遇了伤病和状态下降。如果按照以往的世界杯组织形式，每支球队有一个月的准备期，那这些伤病本不应成为问题，但卡塔尔的冬季世界杯只有一周的准备时间，这让斯卡洛尼不知道该如何是好。最初，斯卡洛尼选择了刻舟求剑式的策略，即依旧最大程度上相信美洲杯的夺冠阵容，最终这种思路招致败给沙特队的恶果，斯卡洛尼于是开始求变。

预则立，不预则废。斯卡洛尼备战卡塔尔的态度不可谓不严肃，他用了4年时间磨剑，更换了大多数球员，并且经历了两届美洲杯和一届世界杯预选赛的练兵，终于打造出一支能战的球队。然而一切却在开赛前被打乱，第一副攻手洛塞尔索因伤无缘世界杯，还出现了大量处于受伤和不受伤之间的球员，愤怒的斯卡洛尼不得不在来到多哈后更换了大名单中的两名球员。首战过后，所有人都知道阿根廷队不在状态，斯卡洛尼准备了4年的计划被打乱了。

既然这次早起的鸟儿没虫吃，那么这位年轻的阿根廷主帅就要随机应变，就像他经历过的两届美洲杯一样，本已成型的球队重回调试阶段。对墨西哥队，斯卡洛尼一下调整了5名首发，相当于半支球队，在对手的紧逼下，阿根廷队上半时踢得并不好，虽然最终凭借梅西从天而降的远射打破僵局并艰难取胜，但没有人相信阿根廷队还是夺冠热门，墨西哥媒体得出的一致结论是：墨西哥队是踢得差，但赢球的阿根廷队也绝对拿不了冠军。

墨西哥人的评论同样是刻舟求剑式的，他们没有看到一支强队只要被给予生存的机会，便能在一届大赛中持续变强，这就是强队的成长性。卡卡就说道：“我认为巴西队、法国队和西班牙队是明显的夺冠热门球队，但不要忘记德国队和阿根廷队，这两支球队在小组赛踢得不好，但只要他们能晋级，永远不要低估他们，强队往往会在大赛中打出成长性。”两个具体例子就是，西班牙队在2010年南非世界杯夺冠时也是在首轮输给了瑞士队，而葡萄牙队在2016年法国夺得欧洲杯同样险些没能小组出线。

1

2

① 2022年11月30日，场边急切督战的斯卡洛尼与气定神闲的梅西。

② 2022年11月30日，克里斯蒂安•罗梅罗(右)和莱万多夫斯基在比赛中对抗。

果然，阿根廷队在对波兰队的比赛中打出了压倒性的优势，胜利并非出于偶然，甚至2比0的比分远远无法体现阿根廷队的场上优势，阿根廷队传球成功率达到92%，成功传球超过800次，而波兰队只有261次，阿根廷队全场有25次射门，波兰队只有3次，阿根廷队有13次射正，波兰队1次都没有。当然，波兰队的消极态度是比赛一边倒的原因，另一方面，不能否认阿根廷队正在恢复往日的状态。

从洛塞尔索到已有1球1助的麦卡利斯特，从不在状态的帕雷德斯到本届世界杯前从未出战过国家队正式比赛但同样已经完成1球1助的恩佐・费尔南德斯，从在2019年美洲杯崛起的劳塔罗到目前已有1球入账的胡利安•阿尔瓦雷斯，足以显示阿根廷队并非伤了老人后就无人可用，斯卡洛尼选择的新人们表现十分出众。

然而在一场杰出的比赛后，斯卡洛尼却坚决否认阿根廷队是夺冠热门：“我们不是任何夺冠热门。我早都说了，现在所有的球队都很强，我还记得输给沙特队后，我向所有人保证过球队会尽全力，但到现在，输给沙特队的方式还让我很痛苦，因为4分钟内丢2球不应该是这支球队能踢得出来的足球。所以不能因为我们踢出了一场很好的比赛，就说我们可以夺冠了，这是不相配的。”因心脏病被迫结束足球生涯的阿圭罗，同样表达了对夺冠热门标签的厌恶：“我们球员永远不想说自己是夺冠热门，我们一般爱说别人是夺冠热门，比如巴西队，他们永远是热门。”说着，阿圭罗还坏笑了一下。

足球世界和我们所在的这个世界一样，一直处于变化之中，特别是在短暂的世界杯中，似乎一切变化来得更快。有些球队能展现出强烈的成长性，有些球队则会在开门红后越踢越差，我们也应当以变化的眼光来看待每支球队的发展。

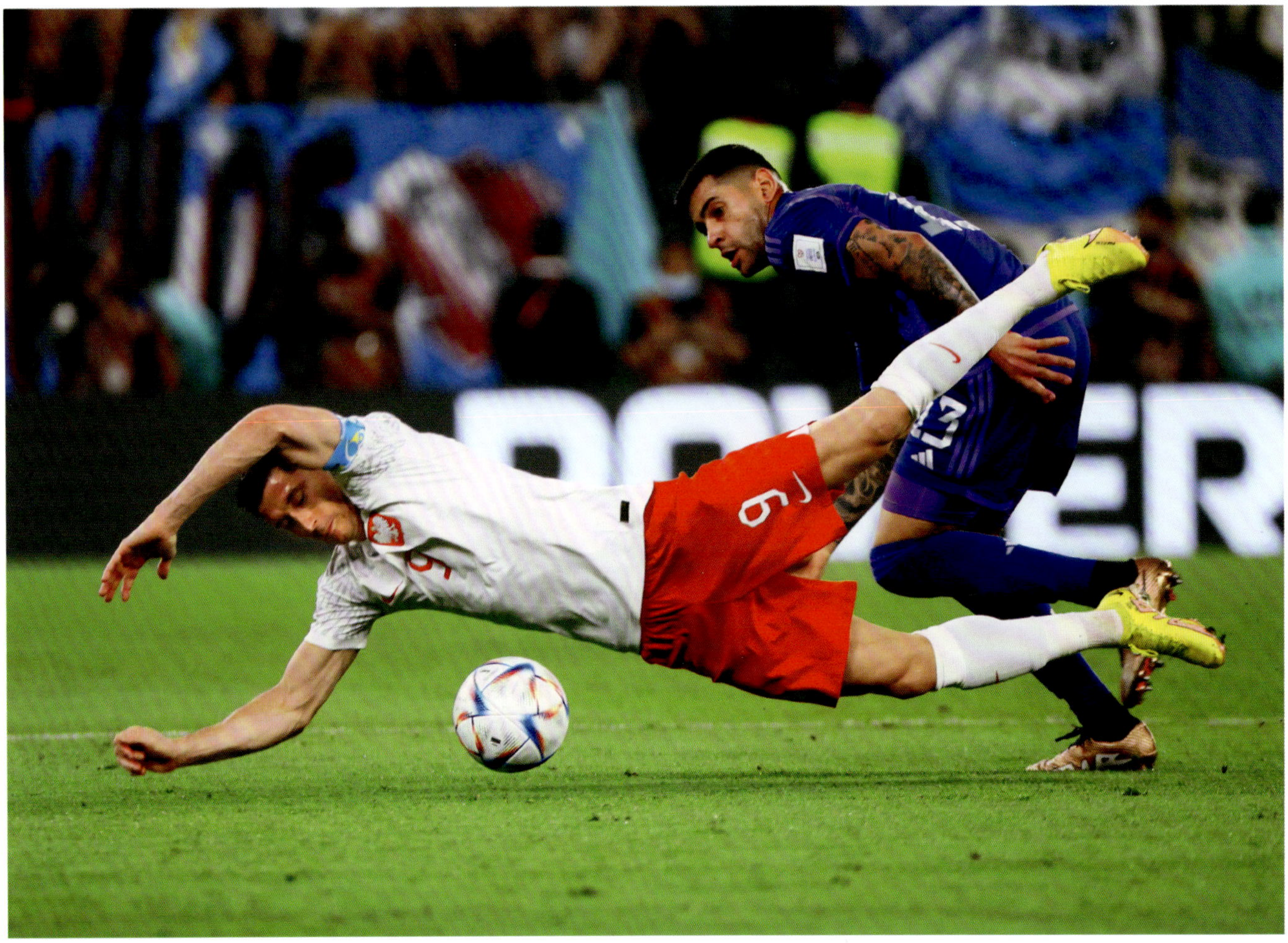

2022

第4战

世界杯 1/8 决赛

阿根廷 2:1 澳大利亚

2022.12.3

艾哈迈德·本·阿里球场

主裁判：希蒙·马齐尼亚克（波兰）　FIFA本场最佳球员：梅西

换人

阿根廷		澳大利亚	
50′	17-帕普·戈麦斯↓ 25-利桑德罗·马丁内斯↑	14-麦格里↓ 23-古德温↑	58′
71′	9-胡利安·阿尔瓦雷斯↓ 22-劳塔罗·马丁内斯↑	26-巴克斯↓ 10-赫鲁斯蒂奇↑	58′
71′	8-阿库尼亚↓ 3-塔利亚菲科↑	7-莱基↓ 21-加朗·库奥尔↑	71′
80′	20-麦卡利斯特↓ 14-帕拉西奥斯↑	15-米切尔·杜克↓ 9-杰米·麦克拉伦↑	71′
80′	26-纳韦尔·莫利纳↓ 4-蒙铁尔↑	2-德格内克↓ 5-卡拉契奇↑	71′

进球

35′　1比0（梅西） 贝希奇对戈麦斯犯规，梅西右路任意球传中被破坏，阿根廷再度得球分右路，梅西传中，麦卡利斯特直塞，奥塔门迪回做，梅西14米外左脚推射穿过苏塔裆下钻进左下角。

57′　2比0（胡利安·阿尔瓦雷斯） 瑞安手掷球给德保罗右路紧逼造成对方连续回传，瑞安面对德保罗趟球太大，阿尔瓦雷斯断球9米处斜射入远角。

77′　2比1（恩佐·费尔南德斯乌龙） 贝希奇左路传中，奥塔门迪禁区内伸脚解围，古德温18米迎球左脚怒射蹭恩佐·费尔南德斯变线入远角。

黄牌

阿根廷	澳大利亚	
	杰克逊·欧文	15′
	德格内克	38′

技术统计

阿根廷		澳大利亚
1.69	预期进球	0.59
14(5)	射门（射正）	5(1)
0	射中门框	0
3	远射	2
61%	控球	39%
695(88%)	传球（成功率）	435(83%)
42 (38%)	长传（成功率）	63 (57%)
5 (20%)	传中（成功率）	16 (13%)
8 (38%)	盘带（成功率）	11 (36%)
1	角球	3
3	越位	0
45	成功对抗	36
13	成功争顶	14
15	铲断	11
7	拦截	8
18	解围	10
8	犯规	15
0	黄牌	2
0	红牌	0

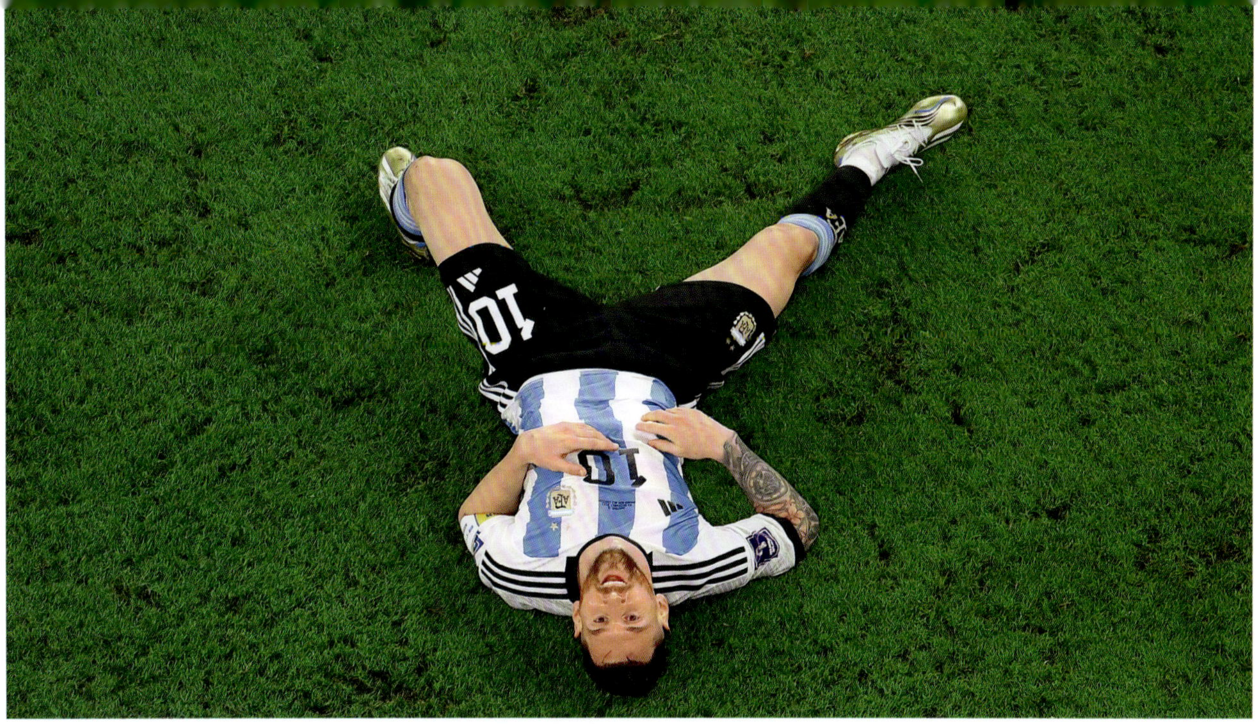

数说

梅西的千场战，梅西的第一次

职业生涯第1000场成年队比赛，梅西重拾射门靴，助阿根廷队力克澳大利亚，挺进卡塔尔世界杯八强。这是35岁的梅西在卡塔尔的第3粒进球，也是他在世界杯淘汰赛阶段的首粒进球。在粉碎纪录的道路上，梅西仿佛永远没有尽头。

1 梅西取得个人世界杯第9球，也是他9场世界杯淘汰赛791分钟24脚射门后的首球。

1 梅西是本届世界杯参与进球最多（3球1助）、射正次数最多（10）、创造进球机会最多（13）的球员。

2 1966年有相关统计以来，梅西追平马拉多纳保持的世界杯创造进球机会纪录（均为67次）和运动战创造进球机会纪录（均为48次）。

2 胡利安·阿尔瓦雷斯成为第6位代表阿根廷前2次世界杯首发均有进球的球员，也是2006年克雷斯波以来首位。

3 梅西成为继巴蒂斯图塔（1994、1998）之后，第2位2届世界杯3+球的阿根廷球员（2014、2022）。

3 劳塔罗·马丁内斯本届世界杯已错过3次必进机会，在没有进球的球员中仅次于卢卡库（4次）。

5 世界杯淘汰赛进球的最年轻阿根廷球员排行：1934年加拉泰奥21岁84天；1930年佩乌塞莱21岁316天；1930年斯科佩利22岁75天；2010年伊瓜因22岁199天；2022年胡利安·阿尔瓦雷斯22岁306天。

5 胡利安·阿尔瓦雷斯代表阿根廷16场比赛5球，超过梅西前16场国家队比赛进球数（4）。

6 梅西并列世界杯历史上首开纪录次数最多的球员（6次）。

7 梅西连续7个世界杯进球都是帮助阿根廷从平局变为领先，上一粒非此类进球要追溯到2014年对波黑（1比0变为2比0）。

8 梅西获得此役全场最佳球员奖项，成为获得世界杯当场最佳次数最多的球员（8）。

8 阿根廷队自2014年半决赛对荷兰队以来，首次取得世界杯3连胜。

9 阿根廷球员世界杯进球排行榜：巴蒂斯图塔12场10球，梅西23场9球，马拉多纳21场8球，斯塔比莱4场8球。

16 梅西世界杯直接参与进球数达16球（9球7助），追平马拉多纳（8球8助）和托马斯·穆勒（10球6助），仅次于席勒（参与17球，9球8助）、拉托（参与17球，10球7助）、贝利（参与19球，12球7助）、盖德·穆勒（参与19球，14球5助）、罗纳尔多（参与19球，15球4助）、克洛泽（参与19球，16球3助）。

18 梅西2022年10场国家队比赛直接参与18球（14球4助），再度改写个人单年度国家队进球纪录，进球第2多是2012年（12球）。

28 梅西在阿根廷队比赛中28次首开纪录，33次打进阿根廷一方首球。

21 恩佐·费尔南德斯成为1994年奥特加（对阵罗马尼亚，20岁121天）以来，世界杯淘汰赛首发的最年轻阿根廷球员（21岁320天）。

23 梅西个人第23场世界杯比赛，追平马尔蒂尼，仅次于克洛泽（24）和马特乌斯（25）。

36 梅西2022/2023赛季26场比赛参与36球（20球16助）。梅西2022年48场比赛参与59球（31球28助）。

45 梅西大赛（世界杯/美洲杯）直接参与45球（22球23助），大赛进球数追平C罗（22球）。

94 梅西再度改写南美球员国家队进球纪录（94球，其中23场世界杯9球，60场世界杯预选赛28球，34场美洲杯13球，其他比赛51场44球），在所有球员中仅次于代伊（109球）和C罗（118球）。

100 梅西作为阿根廷队长出场100次，参与100球（67球33助）。

120 梅西是役仅2次过人，1次成功，将他保持的世界杯过人成功纪录改写为120次，马拉多纳106次排名次席（仅限1966年以来的统计数据）。

789 球员正式比赛进球排行榜：C罗819球；梅西789球；贝利757球。

1000 梅西迎来职业生涯第1000场成年队比赛（巴塞罗那778场；巴黎53场；阿根廷169场），此前共打进788球，348次助攻。

1137 梅西职业生涯1000场比赛直接参与1137球（789球348助）。

谁话人无千日好?

吴昊宇

对阵澳大利亚队的这一夜,对于梅西而言,是一个真正意义上的纪录之夜,他迎来了个人职业生涯第1000场正式比赛,同时是他第23次代表阿根廷队在世界杯出场。上半场的比赛让人梦回他巴萨生涯的经典之作,也让梅西的世界杯进球数达到9个,超过了马拉多纳的世界杯进球数字。截至此战,世界杯进球数排在梅西身前的阿根廷人,只剩下打入10球的“战神”巴蒂斯图塔。

淘汰赛首球,终于来了

在对阵澳大利亚的里程碑之战,梅西在开场哨响阶段仍然扮演中场组织者的角色。他的位置后撤很深,也屡次将炮弹送到澳大利亚的禁区前沿,但在需要他一锤定音的时刻,梅西也从来不会手软。奥塔门迪失误的停球,反倒无心插柳,给了梅西最舒适的起脚位置,阿根廷队长轻松将球送入网底,就像他在巴萨生涯中屡次做到的那样。梅西终于完成了在世界杯淘汰赛的首个进球,2006年夏天,还是小将的梅西在阿根廷队对决墨西哥队的1/8决赛中打入一球,可惜被误判为越位。如果当时存在视频助理裁判,梅西的世界杯淘汰赛首球,不至于等到这一天才出现。

“梅西的存在让比赛变得更加简单,即使年龄大了,他也可以用自己的方式去影响比赛。”小组赛末轮面对波兰队,担任现场评论员的英格兰名宿费迪南德和阿兰·希勒都对梅西赞不绝口,同样在世界杯期间客串足球评论员的阿根廷名帅波切蒂诺亦赞不绝口:“梅西可以让一切变得很简单。”在阿根廷队击败波兰队后,波兰主帅米赫涅维奇的艳羡无以复加:“如果我们有梅西,莱万说不定可以一场比赛进5个球。”那场比赛当选最佳的麦卡利斯特,甚至“自责”抢了球队领袖的风头:“我拿到了全场最佳,但我觉得这个奖项更应该给梅西,他的存在让一切都变得如此简单。”

用进球了却夙愿后,梅西再度开始以自己的方式影响着比赛,他一次次为队友制造着近在咫尺的射门机会。梅西本场比赛共计制造了4次绝佳机会,下半场他的几次精彩突破,也让人依稀看到了他在巴萨巅峰时期的影子,可惜替补出场的劳塔罗·马丁内斯屡次浪费梅西的“美意”,梅西也颇有些遗憾地,错失了在千场之战中完成传射的机会。

最后时刻的阿根廷队，经历了一段过山车剧情，也让梅西的纪录之夜变得提心吊胆，但利桑德罗·马丁内斯和埃米利亚诺·马丁内斯的两次关键救险，最终让他们有惊无险挺进八强。虽然圆满过关，但梅西谈到最后的惊魂时刻时，仍然心有余悸，他表示，没有早早杀死比赛让阿根廷队差点付出代价，而这还要感谢防线队友的努力。

这一次，梅西告别孤单

“梅西在自己的千场里程碑之战中取得进球，但这对他而言远远不够，他还有着更加远大的梦想。”阿根廷媒体TyC体育在评价梅西本场比赛中的表现时如此说道。而那个更加远大的梦想是什么，不言而喻。

梅西和阿根廷在世界杯已经经历了太多遗憾时刻：2006年梅西坐在替补席上目送阿根廷点球不敌东道主德国；2010年阿根廷在1/4决赛中被德国4比0淘汰出局，梅西在马拉多纳怀中落泪的一幕令人唏嘘不已；2014年的决赛更是遭遇千古遗恨，梅西目视大力神杯的瞬间仿佛最遥远距离的具象实体；2018年对阵法国，送出两次助攻的梅西已经尽力，奈何面对姆巴佩领衔的高效攻击线，阿根廷糟糕的防线根本无从抵挡，再度宣告早早出局。

卡塔尔首秀输给沙特，对此时的阿根廷来说，再也不是坏事。经过几次调整，主帅斯卡洛尼找到了当前最适合梅西发挥的主力阵容，恩佐·费尔南德斯和胡利安·阿尔瓦雷斯等人的上位也增强了这支阿根廷的活力。对波兰罚丢点球后，梅西坦言：“罚丢点球我当然不高兴，但在我犯错之后，球队反而更加强大了。”梅西已经无须像此前几届世界杯那样，将阿根廷队的全部压力都压在肩头，身旁有一群在关键时刻能够挺身而出的生力军，这对于梅西和阿根廷而言，无疑是最幸运的事情。

1

2

① 2022年12月3日，梅西跃入胡利安·阿尔瓦雷斯怀中，庆祝后者的进球。

② 2022年12月3日，阿根廷队为胜利的延续载歌载舞，作为队长的梅西在背后温柔守护并注视着一干后辈。

声音

千场当日才知千场

在休息时间不到72小时的情况下，阿根廷还是拿下了澳大利亚，作为制胜功臣，梅西丝毫不感到疲累：“每3天踢1场，这对我们来说似乎很疯狂。但与此同时，我们想留在这里，因为世界杯的感觉，接下来将是最困难的阶段。”

“我们知道比赛会如此艰难。我们没有休息，因而很担心，事实上比赛非常激烈，我们发现能够取得领先，然后又是一个进球，并且控制了比赛。尽管我们最终让比赛变得复杂，并且丢球了，但世界杯就是这样的。”

谈到千场里程碑，梅西甚至有些惊讶：“老实说，我没想到这点，今天才发现，起初我以为还有几场（才能达到），我活在当下，享受我们经历的一切，我很高兴能再迈出一步，闯入1/4决赛。非常高兴又进了球，也向目标迈进了一步。”

赛后在混合区看到家人庆祝的视频，梅西露出笑容，他描述当时的心情：“我的家人一直都在，特别是孩子们，因为他们已经长大了，能够看到他们如何理解一切，如何享受和受苦，这很特别。其他家人都去过世界杯和美洲杯了，但孩子们还没有。”

场场生死战，场场出生天

梁宏业

经历了一天的休假，阿根廷队球员被允许与亲友相聚后，又重新进入了训练状态。然而迪马利亚仍未加入合练，依旧在健身房训练和做理疗，对淘汰赛阶段的阿根廷队，造成了相当程度的打击。

迪马利亚历来都是阿根廷队最重要的球员之一，也是梅西最信任的伙伴之一，甚至迪马利亚还是蓝白军团最大的福将。阿根廷最近2次夺得冠军，都是由迪马利亚攻入决赛里的唯一进球：第一次就是2008年奥运会决赛，迪马利亚在鸟巢接到梅西的长传破门，阿根廷国青1比0战胜尼日利亚夺冠；第二次则是2021年美洲杯，迪马利亚在马拉卡纳的进球帮助球队客场战胜巴西队，时隔28年后再次夺冠。甚至2014年世界杯，阿根廷队的决赛饮恨，有相当部分评论认为，如果不是迪马利亚因伤缺战，他们将更有机会战胜德国队。然而，历史没有如果。

淘汰澳大利亚队的1/8决赛，迪马利亚就因大腿肌肉伤势未能出场，阿根廷队则暴露出缺乏边锋的难题。事实上，阿根廷队唯一的边锋就是迪马利亚，斯卡洛尼选择让帕普•戈麦斯客串，完全不是边锋的味道。在迪马利亚缺战的情况下，阿根廷队打不出深度，是球队在比赛大部分时间内遭遇的难题。而这一困扰，也延续到了1/4决赛对荷兰队的常规时间。

对澳大利亚的艰难胜利，让阿根廷再次遭到舆论质疑，“绝非夺冠大热”的声音再次出现。前西班牙后腰阿尔贝尔达认为：“阿根廷队的表现还是暴露很多疑问的，这和大家对他的预期并不相符。”巴萨的评论员埃米利奥则表示：“阿根廷队就是天天期待梅西一个人创造奇迹。你看到了吗? 比赛最后时刻，他给劳塔罗・马丁内斯送了两个那么容易的球，都进不了。”埃米利奥的搭档评论员帕科补充道：“我认为梅西正在把足球运动变为个人运动，马拉多纳还有卡尼吉亚、巴尔达诺、布鲁查加这些队友陪伴他，然而梅西太可怜了，他身边似乎没有人，只有迪马利亚一个人，还受伤了。”

南美版ESPN的评论员阿莱克斯对迪马利亚的思念，可能更胜梅西本人：“阿根廷队没有迪马利亚在，打不出进攻的深度，完全在靠梅西的灵感踢球，梅西的进球来自一次奥塔门迪的停球失误，我们甚至不知道这能不能算作奥塔门迪的助攻。德保罗的确很努力，跑了几公里去迫使门将出现失误，阿尔瓦雷斯最终把球打进，但这就是阿根廷队的全部了。斯卡洛尼在2球领先后换打三中卫，试图打对手的反击，但还没打出来，对手扳回一球最后还险些扳平，而梅西送出的助攻都被劳塔罗浪费了。”

在洛塞尔索因伤错过世界杯，其余核心球员状态太差的情况下，梅西的作用的确更加突出。阿根廷队首场输给沙特队后，梅西在此后所有关键时刻扛起了球队，比如在对墨西哥队破僵时的神来一脚，比如在对澳大利亚队时，掌握住一个不构成机会的机会拔得头筹。但这同样暴露出，截至此刻的阿根廷队，除梅西以外，几乎一无所有。评论员马尔迪尼担忧道：“梅西就是阿根廷队的全部，问题是这对于梅西和阿根廷队来说也不是很健康。”

越多赞美投向梅西，越能显现斯卡洛尼及其球队在这一刻面临的困境。比如路透社评论，“阿根廷可能不想考虑场上没有梅西会发生什么，他们前进中的几乎所有精彩都是这位10号创造的。在即将到来的比赛中，阿根廷肯定需要从中场和边路获得更强的穿透力。澳大利亚密集中路迫使阿根廷向边路寻找空间，但由于边锋迪马利亚小腿受伤，没人为梅西分担进攻负荷。阿根廷放慢了比赛节奏，本应跟随节奏变化的猛烈打击很少出现，除非梅西在接球时，他几乎总是背身拿球。然而，梅西早就习惯了为国家背负重担。在卡塔尔4场3球表明，他可能正在接近最佳状态，可能会让阿根廷在世界杯上越走越远，他的目标是最终将世界杯添加到已经闪闪发光的奖杯收藏中，只有勇敢的人才会打赌他无法做到。”

无论如何，大家还是希望阿根廷队能走得更远，球队身上也能找到一些未来可能绽放的吉兆。前西班牙国门卡尼萨雷斯对梅西及其伙伴充满信心：“大家要小心，巴西队可是谁都不怕只怕阿根廷队，阿根廷队2021年在马拉卡纳战胜了巴西队，这是一个奇迹。另外1990年的那支阿根廷队比当时的巴西队差很多，但最后还是战胜了巴西队，当时阿根廷有马拉多纳，现在他们有梅西。”另外，阿根廷队还是一支拥有打出竞争力传统的球队，从第2场对墨西哥开始，潘帕斯雄鹰场场遭遇生死战，场场生的都是他们。

1

2

① 2022年12月3日，梅西行步如风。

② 2022年12月3日，梅西与帕普·戈麦斯揽肩并行，沉浸于胜利喜悦中，但客串边锋的后者在球场的作用上，无法弥补因伤缺席的迪马利亚所留下的巨大空缺。

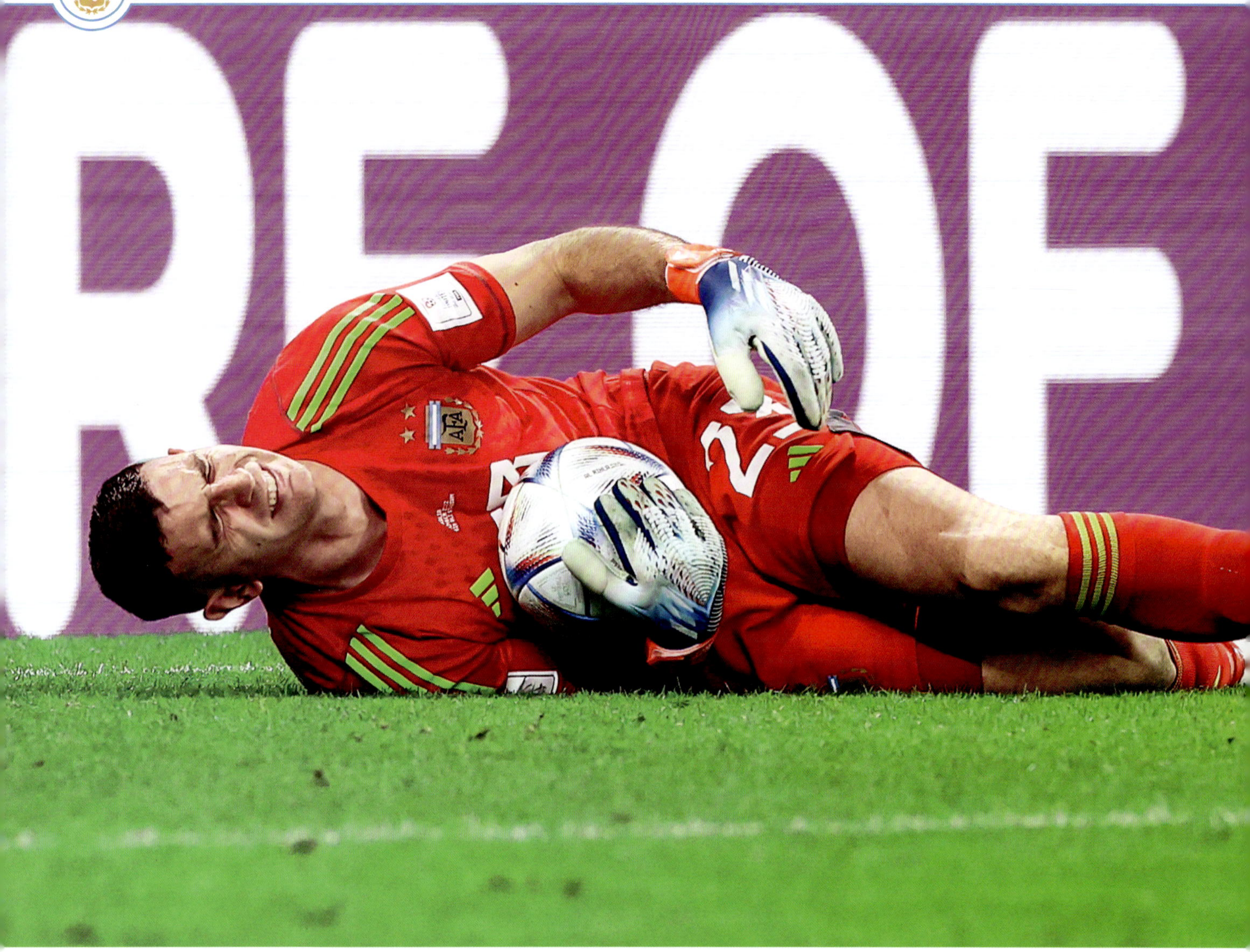

神之一手铺天盖地

吴昊宇

对阵澳大利亚一战的伤停补时阶段，阿根廷队还以2比1领先，此时澳大利亚替补出场不久的18岁小将库奥尔，在后点接到古德温的左路传中，转身打出一脚距离极近的射门，阿根廷门将埃米利亚诺·马丁内斯及时出击延缓球速，将皮球准确封堵。

错失良机的库奥尔一脸惘然，而塔利亚菲科和恩佐·费尔南德斯等人立即上前与马丁内斯紧紧拥抱。关键时刻，大马丁的扑救拯救了蓝白军团。队长梅西也在赛后表示，需要感谢马丁内斯的关键扑救，不然结果很可能会不一样。德保罗也夸赞了马丁内斯的表现，他表示，如果阿根廷想要取得成就，那么必须仰仗一位伟大的门将。

从阿森纳的万年替补到阿根廷的绝对主力，马丁内斯在最近2年的上升轨迹堪称传奇。虽然2020年夏天，阿森纳最终选择了莱诺，一度让马丁内斯对枪手心生怨恨，但在加盟阿斯顿维拉之后，马丁内斯始终都是绝对主力，他不必继续在酋长球场的板凳上蹉跎岁月，也得以在卡塔尔作为阿根廷的一号门将出战。

阿根廷以1比2负于沙特的惊天冷门，开启了本届世界杯之旅，而那场比赛马丁内斯也成了最失意的人。沙特全场只有两次射门命中门框范围内，但都转化成了得分。世界杯首秀赶上如此剧情，即使是职业生涯经历过再多起伏，马丁内斯也遇到了心理上的问题。他在对阵墨西哥一战赛后坦言，被沙特打入两球对于他的打击很大，那场比赛过后他也和心理医生聊了很多。

卸下心理包袱的马丁内斯，表现逐步恢复正常，他在对阵墨西哥时，面对贝加罚出的刁钻任意球，直接腾空揽月将球摘下。小组赛两连胜，马丁内斯都保持了球门的清白。本场比赛除了最后的神扑以外，面对落后时奋力一搏的澳大利亚，马丁内斯毫无惧色，他数次将高空球稳稳拿下。而比赛中阿根廷唯一的丢球，则是门将根本无法控制的折射进球。

之前一年的美洲杯赛场，埃米利亚诺·马丁内斯就为阿根廷的最终夺冠立下汗马功劳。对阵哥伦比亚的半决赛，马丁内斯在点球大战中3次将哥伦比亚罚出的点球拒之门外，力助蓝白军团杀入决赛，并在决赛零封东道主巴

1 2 3

① 2022年12月3日，埃米利亚诺·马丁内斯此役屡次化解澳大利亚队制造的险情，堪称球队胜利的护身符。

② 2022年12月3日，埃米利亚诺·马丁内斯在最后关头以肉身做盾牌，化解库奥尔的致命一射。

③ 2022年12月3日，在躲过库奥尔一劫后，奥塔门迪和恩佐·费尔南德斯仿若劫后余生，伏地紧紧抱住将皮球护在身下的马丁内斯。

西，蓝白军团亦得以终结长达28年的成年队冠军荒。在美洲杯之前，马丁内斯的阿根廷一门位置并不稳固，但在美洲杯的完美发挥，令他彻底挤掉了阿尔马尼、马尔切辛这一干对手，彻底坐稳了蓝白军团的一门位置。

正如德保罗的恳切评价，一位伟大的门将是阿根廷队寻求荣誉的最大保障。阿根廷在历史上有过如1990年临危受命的戈耶切亚，一己之力保障球队杀入决赛的传奇门将故事。但也有过如上一届俄罗斯世界杯，已经在俱乐部沦为替补的卡瓦列罗成为首发门将的案例。

卡瓦列罗在俄罗斯对阵克罗地亚时的拙劣表现，直接导致阿根廷队吞下惨败，虽然最终成功出线，但不得不在1/8决赛就提前面对法国，导致早早出局。后来继位首发门将的阿尔马尼同样不算靠谱，直到马丁内斯正式上位，阿根廷队才有了最优秀的守护神。对澳大利亚，马丁内斯用关键扑救拯救了阿根廷队，而阿根廷的圆梦之路，表现愈发出色的马丁内斯堪称门前最大的保障。

实力谱写功劳 实力让出主力

小五

“劳塔罗在过去拯救了我们很多次，仅凭一个晚上的表现，就对他给予批评是不对的。”斯卡洛尼在对澳大利亚赛后为劳塔罗·马丁内斯说情。不知情的人可能会以为他是个35岁以上、日薄西山的名将，实际上，这年的劳塔罗正值25岁“芳龄”。

一个无可争议的事实是，劳塔罗·马丁内斯在此刻的世界足坛，并没有拥有太多姓名。卡塔尔的这支阿根廷队有3个马丁内斯：利桑德罗·马丁内斯、埃米利亚诺·马丁内斯和劳塔罗·马丁内斯。人们提起前面两位，历来是名姓不分家。而劳塔罗似乎已经抛弃了“马丁内斯”，他的背号印的是劳塔罗，除了是他的个人习惯以外，也显示出他无意为马丁内斯这个大众姓氏增加些许知名度，而是更热衷于带着劳塔罗这个并不特别普遍的名字开疆拓土。

按斯卡洛尼话中的意思，劳塔罗·马丁内斯确实劳苦功高。卡塔尔世界杯预选赛7球的贡献，还有2021年夺冠的美洲杯3球，劳塔罗用表现赢得了自己的位置，但在最重要的赛事世界杯，他又凭借实力葬送了这个依靠实力赢得的位置。那这支阿根廷队还需不需要劳塔罗？斯卡洛尼肯定会说需要，球迷肯定会说不需要，有了阿尔瓦雷斯这个更年轻更有活力更有灵气的前锋，谁会怀念这个“老将”呢？

和梅西生在同一时代的同国前锋都是幸运的。劳塔罗第88分钟那脚经典错失良机的过程中，梅西在反击中拿球，澳大利亚4名防守者注意力全都集中在后者的身上。一般来说，防守球员喜欢下意识跟着球走，对梅西，他们既要跟着球走，也要跟着人走。在梅西分球的一刹那，似乎4名防守球员才意识到，原来梅西身边仍然存在其他进攻球员，劳塔罗只需要做到一个前锋最基础的事情：脚弓摆正，远角推射。但，劳塔罗打飞了。

可惜的是，这种进攻方式并不是劳塔罗最擅长的，斯卡洛尼在世预赛曾经为劳塔罗的表现几近疯狂，他激动跳起，手舞足蹈，冲进场地。回放一看，原来皮球是玻利维亚后卫解围到了劳塔罗的脚上弹进去的，劳塔罗和梅西都特别喜欢把不是机会的机会创造成机会，只不

1

2

① 2022年12月3日，劳塔罗·马丁内斯（右）回首望向梅西，此役他挥霍了梅西送上的绝佳机会。

② 2022年12月3日，劳塔罗（右）射门击穿卡拉契奇防守，却击不穿澳大利亚球网，信心也随着一次又一次的错失机会而被碾压粉碎。

过后者用的是才华，劳塔罗靠的是不惜力的拼抢。就像化身成蓝领的德保罗对澳大利亚一战中所做的一样，“抢劫”了门将，让阿尔瓦雷斯轻松完成破门。

这是劳塔罗未能成为顶尖前锋的主要原因之一。其实这些年来，他已经逐渐摆脱了“怼锋”的帽子，踢球更靠脑子，进攻范围也在变大，视野和大局观同样增长了不少。但这并不是阿根廷队在世界杯上紧缺的特质，他们更需要一个能把“简单推射”变成进球的前锋，一个能够在弱侧强势输出的角色。劳塔罗是在第3场对波兰时丢掉首发的，不进球的人自然要让位会进球的人，阿尔瓦雷斯取代他后已经两场打进两球。

情绪化是劳塔罗的另一个瓶颈。上赛季和本赛季中，劳塔罗在国际米兰都陷入过一段时间的进球荒，他经常会堕入一种情绪当中，越是着急就越是不进，这是与冷静射手正相反的一种特质，倒是与他的绰号“公牛”特别契合。球迷喜欢他的激情，喜欢他的上头，最终也只能接受他的球荒。

从世界杯看到俱乐部，国际米兰已经改名叫失意者联盟，卢卡库的荒诞剧情由劳塔罗继承，甚至连小兄弟华金·科雷亚也因伤临时退出了阿根廷队的世界杯大名单，劳塔罗曾在世预赛为后者送出过两个精彩助攻。蓝黑4大前锋里有3人状态都不及格，更让人们对压根没有世界杯任务的哲科心生器重。

2022

第5战

世界杯 1/4 决赛

荷兰 2:2 阿根廷

（点球 3 比 4）

2022.12.9 卢赛尔球场

主裁判：安东尼奥·马特乌·拉奥斯（西班牙）　FIFA本场最佳球员：梅西

换人

荷兰		阿根廷	
46'	7-贝尔温↓ 11-贝尔黑斯↑	7-德保罗↓ 5-帕雷德斯↑	67'
46'	15-德罗恩↓ 20-科普迈纳斯↑	8-阿库尼亚↓ 3-塔利亚菲科↑	78'
64'	17-戴利·布林德↓ 9-吕克·德容↑	13-克里斯蒂安·罗梅罗↓ 6-赫尔曼·佩泽拉↑	78'
78'	10-孟菲斯·德佩↓ 19-韦霍斯特↑	9-胡利安·阿尔瓦雷斯↓ 22-劳塔罗·马丁内斯↑	82'
113'	8-哈克波↓ 12-诺阿·朗↑	26-莫利纳↓ 4-蒙铁尔↑	106'
		25-利桑德罗·马丁内斯↓ 11-迪马利亚↑	112'

进球

35' 0 比 1（莫利纳） 莫利纳右路突进后传给梅西，前插等待接应，梅西带球向中路内切送出直塞，莫利纳点球点附近低射进左下角。

73' 0 比 2（梅西） 阿库尼亚左路下底突入禁区被邓弗里斯放倒，梅西点球射进球门右侧。

83' 1 比 2(韦霍斯特) 贝尔黑斯右路斜传，韦霍斯特 13 米外甩头攻门，球弹地入网。

90+11' 2 比 2（韦霍斯特） 佩泽拉对韦霍斯特犯规，荷兰获得任意球。科普迈纳斯主罚低平球传向中路，韦霍斯特小禁区前右脚停球，左脚低射破门。

点球决胜

荷兰		阿根廷	
×	范戴克	梅西	√
×	贝尔黑斯	帕雷德斯	√
√	科普迈纳斯	蒙铁尔	√
√	韦霍斯特	恩佐·费尔南德斯	×
√	吕克·德容	劳塔罗·马丁内斯	√

红牌

荷兰		阿根廷	
120+9'	邓弗里斯		

黄牌

荷兰		阿根廷	
43'	廷伯	阿库尼亚	43'
45+2'	韦霍斯特	克里斯蒂安·罗梅罗	45'
76'	孟菲斯·德佩	利桑德罗·马丁内斯	76'
88'	贝尔黑斯	帕雷德斯	89'
91'	贝尔温	梅西	90+10'
120+8'	邓弗里斯	奥塔门迪	90+12'
120+9'	邓弗里斯	蒙铁尔	109'
120+9'	诺阿·朗	赫尔曼·佩泽拉	112'

技术统计

荷兰		阿根廷
0.55	预期进球	1.92
6(2)	射门（射正）	14(5)
0	射中门框	1
2	远射	9
52%	控球	48%
634(83%)	传球（成功率）	602(83%)
68(57%)	长传（成功率）	52(33%)
25(24%)	传中（成功率）	12(17%)
13(15%)	盘带（成功率）	10(70%)
2	角球	8
1	越位	2
55	成功对抗	68
19	成功争顶	13
18	铲断	19
15	拦截	6
14	解围	19
30	犯规	18
8	黄牌	8
1	红牌	0

数说

梅西迫近传奇纪录

梅西此役为莫利纳送出绝妙助攻，并命中点球。传射建功的梅西继续刷新多项数据，其世界杯参赛场次也已迫近马特乌斯保持的纪录。

4 莫利纳成为继卡米内罗（1994年西班牙）、迭戈·福兰（2010年乌拉圭）、格列兹曼（2018年法国）之后，第4位在世界杯1/4决赛及之后阶段进球的马竞队员。

4 梅西追平世界杯点球主罚次数纪录（尤西比奥/伦森布林克/巴蒂斯图塔/C罗/阿萨莫阿·吉安，4球）。

4+ 梅西成为首位年满35岁之后，在4+场世界杯比赛中进球的球员。

5 梅西超过贝利（4次助攻），成为1966年有相关统计以来，世界杯淘汰赛助攻数最多的球员（5次助攻）。

6 梅西本届世界杯已参与6球（4球2助攻），超过布鲁诺·费尔南德斯（2球3助），仅次于姆巴佩（5球2助）。

7 梅西7次世界杯助攻分别传给了7位不同的队友：克雷斯波（2006年）、特维斯（2010年）、迪马利亚（2014年）、阿圭罗和梅尔卡多（2018年）、恩佐·费尔南德斯和莫利纳（2022年）。

10 梅西追平巴蒂斯图塔的阿根廷球员世界杯进球纪录（10球），在南美球员中仅次于贝利（12）和罗纳尔多（15）。

17 梅西第17次作为队长出战世界杯，追平拉斐尔·马克斯（墨西哥）保持的纪录。

24 这是梅西参加的第24场世界杯比赛，在世界杯参赛场次上追平克洛泽（24），仅次于马特乌斯（25）。

25 莫利纳国家队25场首球，也是他本赛季各项赛事首球。

35岁168天 梅西成为单场世界杯完成传射的最年长球员（35岁168天），世界杯单场传射最年轻纪录也属于梅西（2006年对塞黑，18岁357天）。

47 梅西在大赛（世界杯/美洲杯）中已参与47球（23球24助攻），大赛进球超过C罗（22球）。

52 梅西收获在国家队的第52次助攻，2022年在国家队和俱乐部已送出29次助攻，职业生涯成年队已收获349次助攻。

95 梅西再度改写南美球员国家队进球纪录（170场95球，其中24场世界杯10球，60场世界杯预选赛28球，34场美洲杯13球，其他比赛51场44球），在所有球员中仅次于阿里·代伊（109球）和C罗（118球）。

790 球员正式比赛进球排行：C罗819球，梅西790球，贝利757球。

声音

点球大战 无人退缩

荷阿大战点球决胜，阿根廷人笑到了最后。斯卡洛尼透露，他在安排点球人选时没有遇到任何难题，“有时候这种情况会很难做出安排，有的球员可能会退缩。然而，队内有太多主动请缨的球员，我们只需要决定点球手的顺序。的确，我们本应避免点球大战，但我们仍然战斗到了最后。下半场非常奇怪，一切都由我们控制，当你认为一切都结束的时候，现实会让你感到惊讶。我们这支球队有经验，有自豪感，也有年轻球员，这是关键，我们想去战斗。”

谈到双方的摩擦，斯卡洛尼认为：“这些事情都发生在场上，也就留在场上吧。我们并未在失去球权的时候少打1人，我们是11个人在踢球。梅西在这场比赛里一直带着情绪，他证明了他是有史以来最好的球员，我们很高兴能拥有他。”

梅西，阿根廷的太阳！

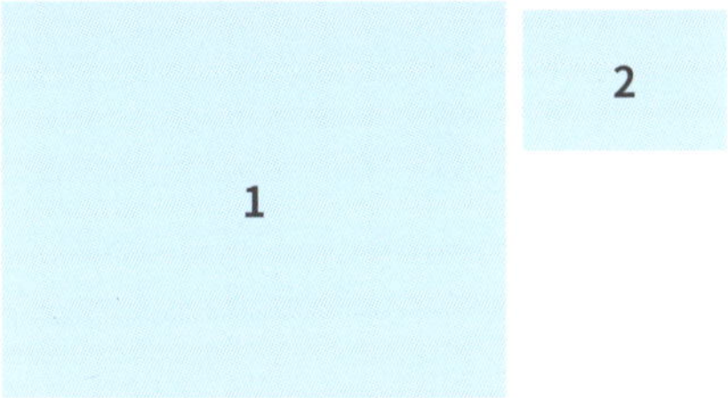

① 范加尔没有派人专盯梅西，但梅西还是免不了被荷兰球员围堵。

② 阿根廷点球战胜荷兰后，梅西率领阿根廷众将一同庆祝胜利。

梁宏业

阿根廷点球战胜荷兰，挺进半决赛，梅西再次扮演了太阳的角色，就像阿根廷蓝白相间国旗中那个五月的太阳，象征着自由与黎明。梅西在比赛中一传一射，参与了本队的全部两粒进球，而在点球大战中，梅西以队长身份第一个出场命中，最终帮助球队淘汰荷兰。

冤家路窄，火药味浓

荷兰队主帅范加尔在赛前，表现出了对梅西的轻视，这也是比赛结束后梅西和范加尔出现争吵的原因。范加尔在新闻发布会上被一名记者问到如何防守梅西，荷兰老帅在斥责了问题愚蠢后，说道："这也没什么难的，只要切断给他的传球路线就行了。"更过分的是，范加尔在接受荷兰电视台采访时还说道："梅西在场，阿根廷队就少了一个人，因为他不参与防守。"

范加尔历来都不认同南美足球的哲学，也不认同马拉多纳、梅西式的个人英雄主义。当年范加尔执教巴萨时，巴萨签下里克尔梅，希望让阿根廷中场成为针对性新援——皇马在之前签下了齐达内。但范加尔却要求里克尔梅不能多带球，要像个欧洲中场一样踢球，结果半个赛季过去，范加尔就把曾经的博卡10号给用废了。里克尔梅此后辗转到比利亚雷亚尔，才在欧洲赛场证明了自己的水平。

也许范加尔只是不想让队内的年轻人惧怕梅西，但他真的激怒了梅西。从战术上看，范加尔的确没有派专人盯防梅西，也没有做出特别的部署，这可能是他本场比赛犯下的第一个错误。如果阿根廷依旧打四后卫阵形，那么弗伦基·德容可以和梅西对位。然而阿根廷也换阵为五后卫，梅西实际上是两名前锋之一，所以应该和荷兰的一名中卫相对，但梅西又经常活跃在前腰位置，这就是和弗伦基·德容位置相对。

比赛刚开始时，弗伦基·德容在防守梅西，但在第5分钟，就出现了阿根廷前场断球后直接给梅西的情况，此时梅西已经把弗伦基·德容跨过。而且弗伦基·德容很忙，更多精力放在组织荷兰中场进攻上，也不可能一直盯着梅西，这时候荷兰的麻烦就来了。

结果就是，荷兰真的按照范加尔的思路防守梅西，弗伦基·德容难以抽身时，更多是阿克在盯防梅西，这意味着荷兰队要抽调一名中卫前压。梅西在第35分钟助攻莫利纳破门，恰恰就是利用自己的盘带吸引阿克上抢，而阿克扑出后的空当被莫利纳前插利用，最终马竞右后卫接梅西直塞妙传，帮助球队打进了第一球。

也许范加尔不相信35岁的梅西还是那么无所不能，甚至其他人也很难相信梅西还有如此好的状态，但阿根廷相信，阿根廷的球迷们相信，梅西自己也相信。梅西在上半场就曾和贝尔温缠斗，在一次禁区内背身拿球时，还晃开了不敢下脚的阿克，完成射门。下半时阿根廷缺乏反击点，但梅西也还是曾顶住阿克的贴身防守，将高球用胸部卸下，帮助恩佐完成了突破对手的反击。梅西甚至还在第61分钟把布林德给晃倒，阿根廷球迷把掌声、欢呼声献给梅西，并把嘘声送给了布林德。3分钟后，布林德直接被范加尔换下。

在梅西罚中点球，帮助球队2球领先后，阿根廷队长还不忘在范加尔面前做庆祝动作，他跑回到教练席附近对着范加尔，双手撑起耳

声音

迭戈在天上看着我们

点球大战淘汰荷兰，阿根廷有惊无险地晋级。梅西赛后表示，已经故去的马拉多纳，是支撑阿根廷继续前进的精神力量："迭戈在天上看着我们，他在推动着我们前进，我真的希望这能保持到最后。当劳塔罗进球，我们晋级时，我非常高兴，终于卸下了心中的重担。我们不应该进入加时赛，更不应该进入点球大战。我们承受了太多折磨，结果就是这样，但这是好事。这是世界杯1/4决赛，晋级是最美好的事。我们配得上晋级。很多人想在我们输掉首战后，把我们打倒。"

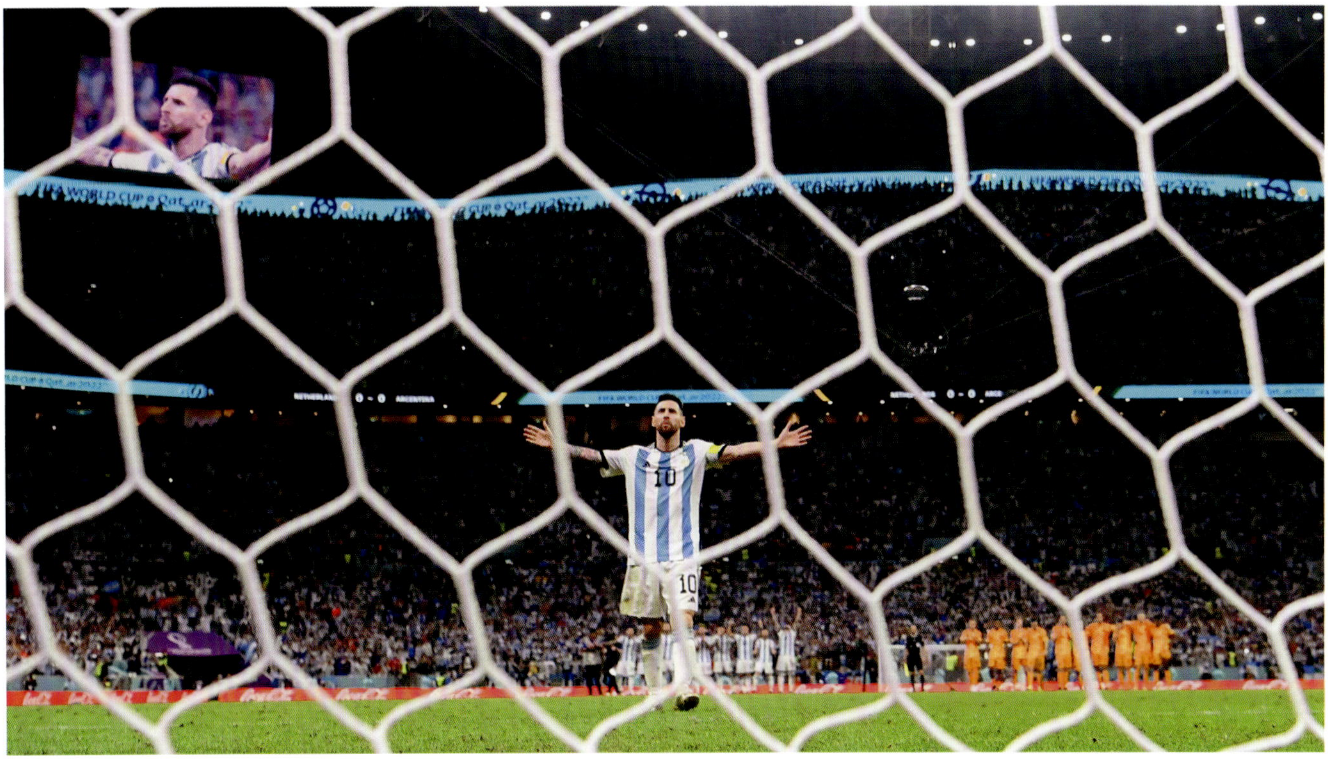

朵做了个听欢呼声的动作。这可是当年里克尔梅的庆祝动作，梅西是在讽刺范加尔永远不懂阿根廷球员吗?

梅西生气了，后果很严重

点球大战中，两队队长范戴克和梅西都选择第一个出场，范戴克的点球被扑出。荷兰门将诺佩特已经在比赛中吃了梅西一记点球，这次他还是选择向自己的左手侧去扑，因为这正是比赛中梅西主罚的方向。但这一次梅西选择打向相反的方向，踢中了第一个点球。

赛后梅西还没有消气，而且明确针对范加尔，“范加尔说荷兰队踢得很好，但他只会堆高点，开大脚。我不喜欢有人在赛前说太多话，这不是足球的一部分。我很尊重其他人，但我也希望别人能尊重我，范加尔对我们一点也不尊重。”大马丁赛后也为梅西说话，“现在荷兰人可以闭嘴了。”阿根廷主帅斯卡洛尼则表达得比较斯文，“梅西证明了，他在场上，我们也是11个人在战斗。梅西感情上受到了伤害，他想展现出他是历史第一人。你要让梅西生着气踢球，那问题就严重了，他踢球的方式让人激动。”

而对于阿根廷队打进四强，梅西说道:“这支球队懂得在比赛不同的时刻怎么踢，当我们需要进攻的时候，我们能做到，当我们需要防守的时候也一样。阿根廷队能成为世界上最好的四支球队之一，那是因为我们每一场比赛都带着同样的竞争意识和紧凑感在踢球。”

梅西毫无疑问再次成为比赛最佳。在球队首场输给沙特后，梅西一直都是阿根廷队表现最好的球员，从对墨西哥时的无征兆冷射打破僵局，到对波兰时连续给劳塔罗送出绝佳机会，到上一场对澳大利亚利用上半时唯一机会破门，再到本场献上致命直塞帮助队友首开纪录。阿根廷球迷一直在唱着梅西的歌，也相信梅西可以创造神迹。本届世界杯，梅西一直维持着关于自己的神话，从没有让身着蓝白间条衫的球迷失望过。

1

2

① 范加尔赛前的表态激怒了梅西。第73分钟射入点球后，梅西朝着场下的范加尔，做出了里克尔梅的招牌庆祝动作。

② 点球大战中，梅西是阿根廷第一个出场的球员，他稳稳命中。

声音

这样的传球，我们只有鼓掌

这场荷阿大战，荷兰名宿巴斯滕和范德法特在电视台担任点评嘉宾。中场休息时，两人聊到梅西助攻莫利纳的进球，范德法特说：“梅西这记传球不属于这个世界，简直难以置信。他是这个世界上唯一能传出这种球的球员。”巴斯滕则说：“对于这样的传球，我们只有鼓掌。”

赛前一天巴斯滕曾表示：“梅西不参与防守，实际上我们是11打10，我们只需要注意不让他拿球就行。既然多打一人，那就应该派人90分钟盯着他，意大利人也是这么对付马拉多纳的。没了梅西，阿根廷就差很多。”

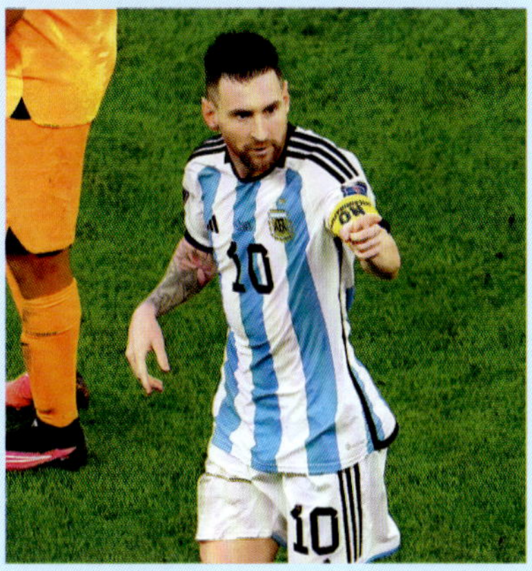

替前辈出气！

吴昊宇

阿根廷与荷兰的大战，堪称是一场充满了恩怨和清算的比赛，加上当值主裁判拉奥斯的火上浇油，两队全体球员的情绪都被调动起来。埃米利亚诺·马丁内斯和帕雷德斯等人的挑衅，荷兰球员的疯狂回应，以及赛后梅西等人的反应，都注定让这场比赛载入世界杯经典史册。

其中最经典的一个镜头，莫过于梅西罚中点球助阿根廷队两球领先之后，对着范加尔做出里克尔梅经典庆祝动作的一幕。当初在巴萨，范加尔对于里克尔梅的排挤，让这位阿根廷中场大师无比郁闷地离队，而这或许也在年轻的梅西心中留下了深刻烙印。此番旧愁新恨一起清算，梅西自然不会客气。虽然这一幕也让荷兰迸发出了能量，但笑到最后的，是梅西和他的阿根廷队。

中场大师迷失在诺坎普

在2002年加盟巴萨之前，里克尔梅是博卡青年的明星球员，也一度被认为是马拉多纳之后阿根廷最优秀的10号位球员。为博卡踢球时，里克尔梅曾带领球队在洲际杯上战胜过皇马，也让自己的名字和那支博卡青年一起享誉世界。就在里克尔梅加盟巴萨一年前，作为巴萨死敌的皇马以打破转会费纪录的价格签下了齐达内，这让巴萨高层坐不住了，他们希望也签下一名巨星，与弗洛伦蒂诺领航的皇马分庭抗礼，而里克尔梅正是他们眼中的那个人。

2002年夏天，里克尔梅来到诺坎普，1300万美元的转会费和为期5年的长约，代表着巴萨对于他的厚望，时任主席加斯帕特希望里克尔梅能够成为巴萨的齐达内。不过，当时担任巴萨主帅的范加尔并不喜欢里克尔梅，在里克尔梅刚刚加盟时，范加尔与他有过一次谈话，荷兰教头直接告知里克尔梅："当你控球的时候，你是世界上最好的球员之一，但当你脚下没有球的时候，我们就相当于少了一名球员。"范加尔甚至告知里克尔梅，他并没有要求巴萨高层签下他。此外范加尔还曾公开说过，比起里克尔梅，他更喜欢球风相

① 命中点球后，梅西做出了里克尔梅的经典庆祝动作，为前辈出头。

② 范加尔要求里克尔梅改变位置和踢法，这让里克尔梅难以发挥特长。

③ 2008 年北京奥运会男足比赛，阿根廷小组赛首战 2 比 1 战胜科特迪瓦，梅西与里克尔梅相拥庆祝。两人共同帮助阿根廷夺得男足金牌。

对强硬的另一名阿根廷球员基利·冈萨雷斯。

这番谈话，似乎也预示着里克尔梅的巴萨生涯注定不会成功，他必须服从范加尔的安排出任左中场，经常性参与防守。在范加尔手下，里克尔梅通常会在半场比赛过后就被替换下场，全然没有博卡青年时期作为全队绝对核心的出彩发挥。

2003年1月，范加尔因为成绩不佳遭到解雇，安蒂奇接过巴萨教鞭。在安蒂奇手下，里克尔梅的处境并没有太多转变，他在安蒂奇带领巴萨出战的24场比赛中只有10次首发出场。2003年夏天，巴萨高层进行了换届，拉波尔塔第一次登上巴萨主席位置，他开始对“前朝遗毒”进行清理。

罗纳尔迪尼奥成为巴萨新任主席带给会员们的“见面礼”，里克尔梅在那个夏天甚至无法进入巴萨热身赛名单。失去了高层支持，意味着他必须要离开。西班牙媒体还曾报道称，里克尔梅与巴萨队内多名荷兰籍球员关系恶劣，甚至已经到了科库、德波尔、克鲁伊维特、奥维马斯等“荷兰帮”成员联名上书，要求送走里克尔梅的地步。

新仇旧怨，一起算清

里克尔梅以租借身份加盟比利亚雷亚尔，后来的故事大家也都知道了，里克尔梅与迭戈·福兰、塞纳等人在“智利工程师”佩莱格里尼的带领之下，在2005/2006赛季的欧冠赛场上奏响了最浪漫的“情歌”，他们一举杀入欧冠半决赛，距离决赛也不过一步之遥。后来在接受媒体采访回顾巴萨生涯时，里克尔梅否认自己与当时的巴萨球员关系不佳：“我与哈维、伊涅斯塔都建立了很好的关系，克鲁伊维特也一直和我保持着联系。”

可以说，范加尔与里克尔梅的那次交谈，

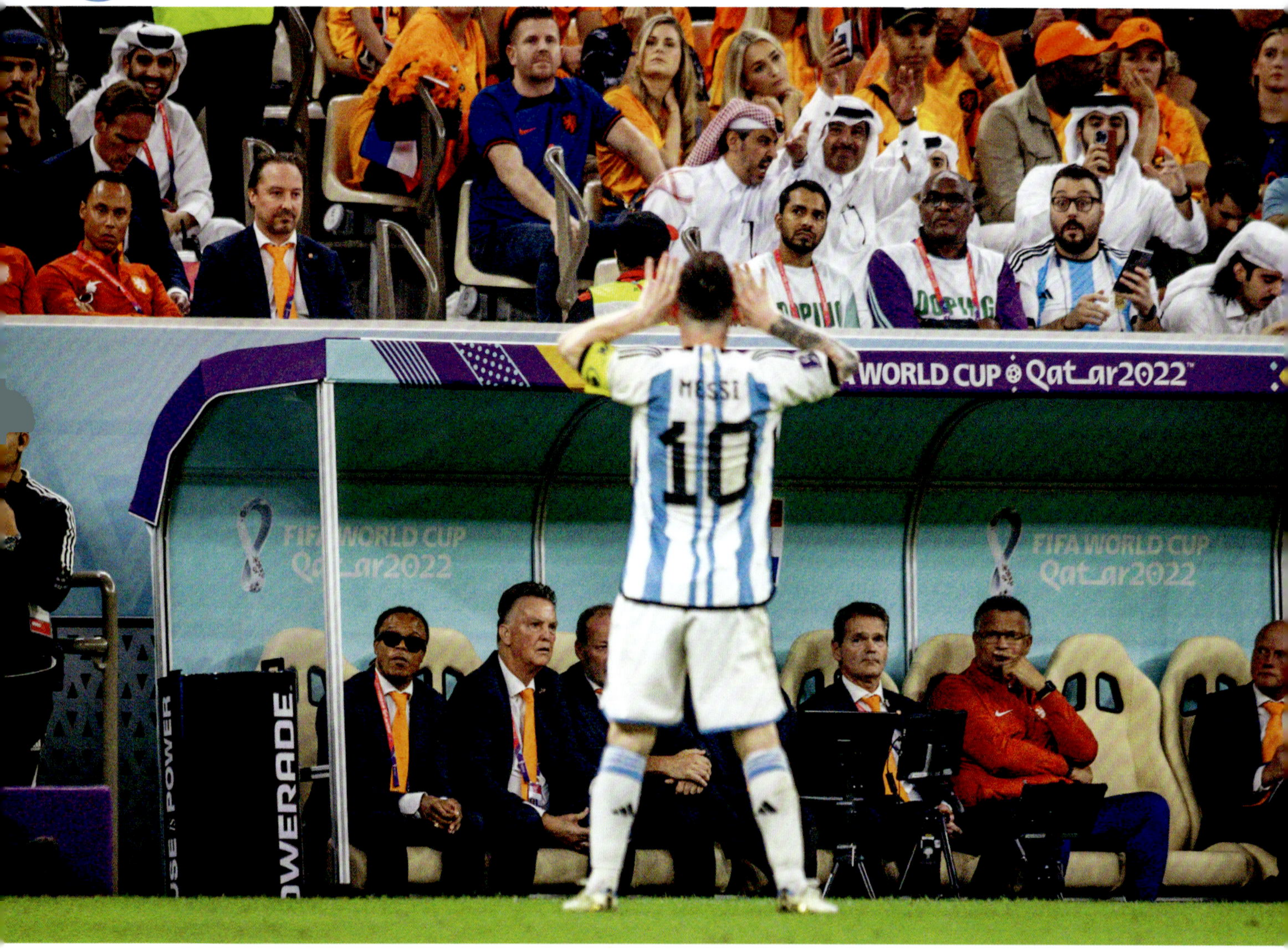

和他对于里克尔梅的使用方式，是这位古典中场大师巴萨生涯遭遇失败的根源。当时在拉马西亚成长的梅西，必定记得这一段陈年恩怨，在比赛中做出里克尔梅的经典庆祝动作，无疑是梅西对范加尔最好的回应。

虽然后来有阿根廷媒体表示，梅西与里克尔梅在国家队也有过一些摩擦，但近年来，里克尔梅在接受采访时不止一次强调，自己与梅西从来没有矛盾，他多次表示梅西是世界最佳球员。这一次，梅西在世界杯赛场上为自己昔日的老大哥出了头，新仇旧怨在这一刻得到了结。

① 面对梅西的庆祝，不知范加尔有何感想？

② 比赛结束后梅西找到范加尔，打出手势：你话太多了！

1

2

“你看什么呢？蠢货！”

曹知远

阿根廷对阵荷兰的1/4决赛，梅西先是助攻莫利纳破门，而后又命中点球，帮助阿根廷取得2球领先。替补登场的荷兰中锋韦霍斯特则梅开二度，助荷兰扳平比分，将比赛拖入加时。

这两位为各自球队立功的球员，在赛后发生了冲突，两人之间的火药味成为媒体关注的一大焦点。外界对此事的聚焦，来源于一条视频片段——赛后接受阿根廷媒体TyC体育采访前，梅西冲着镜头外的一个人喊道，“你看什么呢？蠢货，你看什么呢？蠢货！一边待着去吧，蠢货，一边待着去吧。”

梅西在冲着谁喊？正是韦霍斯特。在韦霍斯特打入此役个人第一粒进球后，阿根廷队中圈开球，荷兰高中锋随后直奔梅西，并用手击打到了梅西前胸，两人的冲突或许由此而起。

对于冲突的一些细节，记者里卡多·罗塞蒂透露，“韦霍斯特希望与梅西交换球衣，并且希望握手，但梅西不肯接受。荷兰人对此也很不满。”韦霍斯特自己则在接受采访时表示，“赛后我想与梅西握手，但他没接受，还说了一些难听的话，我不太懂西班牙语。我很失望。”

不过，韦霍斯特激怒梅西的原因，或许不止于场上的一次对抗。赛后梅西在受访时表示，“对方的19号（韦霍斯特）自打一上场，就开始挑衅我们，冲撞我们，一直在跟我们说些什么。我认为这不应该是足球的一部分。我一直都尊重所有人，我也希望大家尊重我。”

梅西怒怼韦霍斯特之前，韦霍斯特做了什么？或许是对梅西拒绝交换球衣并拒绝握手感到不满，韦霍斯特在球员通道内，希望与梅西对话。此役与阿根廷全队一同庆祝的阿圭罗，给出了这部分的细节，“荷兰的那个19号，他开始喊，‘哎，梅西，哎，梅西。’他对梅西说，‘你到这里来。’我这时过来对他说，‘到此为止吧，你也知道现在大家情绪都是这样，你还说什么呢？闭嘴吧。’他让我不要跟他说闭嘴，我让他不要跟梅西说话。”

1 韦霍斯特注视着梅西，两人之间的火药味从场上延续到了场下。

2 梅西赛后表示，韦霍斯特（右二）登场后一直在挑衅。

声音

“给你俩窝窝！”

梅西怒怼韦霍斯特的一幕，成为本届世界杯的一大“名场面”。比赛中，梅西与韦霍斯特就曾出现摩擦，而韦霍斯特不停地挑衅则进一步激怒了梅西。赛后韦霍斯特希望与梅西握手并交换球衣，但他的提议遭到拒绝，希望与梅西对话的他等来的是梅西的怒斥，“你看什么呢？蠢货！”

梅西所说的“你看什么呢？蠢货！（Que miras, bobo）”这句话，则被中国球迷“空耳”成了“给你俩窝窝！”这句话迅速在中文网络媒体上流行开来，成了新晋的怼人用语。在国外社交媒体上，这句话同样热度十足，有商家做出了印有这一“名人名言”的周边产品，还有啤酒商将这句话放进了广告当中。相关的“二创”视频也层出不穷，天下球迷一同玩梗，不亦乐乎。

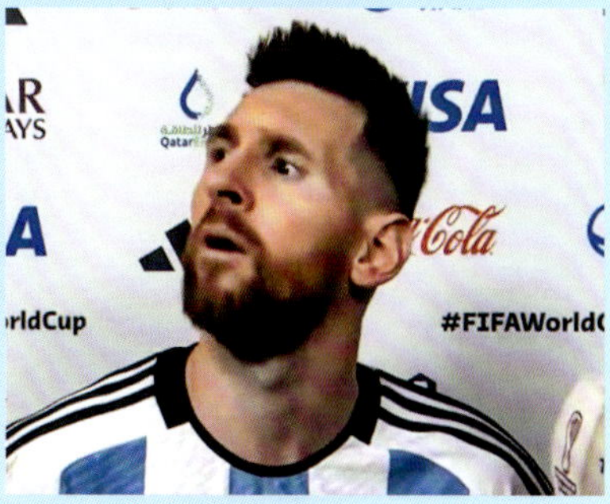

主动“降温”拒崩盘

梁宏业

这是一场只属于世界杯的比赛，也是一场只属于阿根廷的比赛。阿根廷在2比0领先的情况下，被荷兰在补时最后一刻扳平。但阿根廷队没有垮掉，最终在点球大战中4比3战胜对手，晋级半决赛。

斯卡洛尼变阵收获奇效

这场比赛前，夺冠最大热门巴西被克罗地亚淘汰出局，已经展现出世界杯的残酷与艰难。阿根廷知道自己的机会来了，因为上半区最大对手巴西已经离开，但阿根廷更要知道的是，没有一个对手是容易对付的。

斯卡洛尼在本场比赛中，突然改变了一直沿用的四后卫体系，改打三中卫，迪马利亚直到加时赛才替补登场，利桑德罗·马丁内斯和奥塔门迪、克里斯蒂安·罗梅罗担任3名首发中卫，莫利纳和阿库尼亚则司职两翼。斯卡洛尼其实是用了四个半后卫阵形，当球队在进攻时，右翼卫莫利纳冲在边锋的位置，专打布林德身后，罗梅罗在这种情况下补位，出现在右后卫位置。所以在进攻时，阿根廷的站位是4312，只有在防守的时候，莫利纳才会收回到防线。

阿根廷的变阵，在最大程度上抑制了盯人不牢的漏洞，双方防线都是三中卫和两个边翼卫，所有球员一一对应，谁都找不到窍门，谁都要老老实实比拼实力。最终的结果是，斯卡洛尼的变招起到了奇效，第一次断球反击就是由右翼卫莫利纳发动，布林德这一侧的攻防能力弱于邓弗里斯这一侧，斯卡洛尼看准了这一点，希望通过梅西、德保罗和莫利纳

① 莫利纳为阿根廷首开纪录后，抱起梅西庆祝，这粒进球源自梅西送出的绝妙助攻。

② 利桑德罗·马丁内斯（上图中）、奥塔门迪（上图右）与克里斯蒂安·罗梅罗（下图）此役组成三中卫，斯卡洛尼的变阵收获了不错的成效。

的配合，频繁打布林德身后。

而在梅西和弗伦基·德容的对决中，因为变阵的缘故，梅西的位置实际上从前腰变为了前锋，无法和弗伦基·德容完全对位。弗伦基·德容的攻防任务太重，所以左中卫阿克不得不跟出来盯防梅西。第35分钟，梅西也正是利用阿克出禁区盯防自己的时机，突然送出直塞妙传，一直在不停插上的莫利纳打进了单刀球，1比0。

荷兰在比赛中并非拿不到控球权，阿根廷没有在中前场猛扑荷兰，荷兰在中场总是可以舒服地控球。只不过，哈克波再次出现在他不适应的前腰位置，范加尔的这一安排，效果并不好。哈克波极其需要空间，他在荷甲联赛大红大紫，也更多是因为荷甲联赛的开放性，给前锋的空间非常大。在对阵阿根廷的这场极其讲究战术的高水平比赛中，一拿球就被贴身的哈克波，根本无法适应。

比赛进入下半时，场面依旧胶着，阿根廷领先后更愿意在本方半场捍卫胜利果实，因此将进攻优先权送给荷兰队。尽管中场休息后，贝尔黑斯换下了贝尔温，哈克波被顶到锋线，但荷兰还是无法通过渗透打穿阿根廷后防。而阿根廷的问题是，球队虽然防守稳固，能断下球，并在梅西的主导下撕破对手第一层防守发动反击，但由于缺乏迪马利亚这样的反击快马，阿根廷的反击机会都因为速度不够或前锋把握机会能力差而被浪费掉。直到第73分钟，阿库尼亚突入禁区被邓弗里斯放倒，梅西主罚点球，将比分改写为2比0。

荷兰借势反超？阿根廷"冷处理"

正当大家都以为阿根廷将稳稳拿下这场胜利时，荷兰队主帅范加尔先后换上了高中锋吕克·德容和韦霍斯特，此时斯卡洛尼的对策值得商榷。他选择用高中卫佩泽拉换下了另一位防空能力不错的罗梅罗，而没有换下最矮的中卫利桑德罗·马丁内斯。中场位置的换人中，也是用帕雷德斯取代了此前有伤的德保罗，而没有使用高空对抗能力更强的吉多·罗德里格斯。

范加尔的足球变得简单粗暴，既然无法利用孟菲斯·德佩、贝尔温和哈克波这样的灵巧技术型前锋撕破阿根廷防线，那干脆一不做二不休，就玩点不是那么高级的老土传中冲吊战术。果然，简单就是美，第83分钟，韦霍斯特就头球扳回一城。

在这里必须要提一下本场比赛的西班牙主裁拉奥斯，这是梅西在西甲的老相识，穆里尼奥曾称赞他是西甲最好的裁判，因为他的判罚尺度相对宽松，在爱判犯规的西甲属

① 替补登场的高中锋韦霍斯特(中)连入两球，为荷兰扳平比分，阿根廷被拖入加时赛。

② 赫尔曼·佩泽拉高难度解围，加时赛中，阿根廷没有让荷兰借势反超。

于异类。很明显，阿根廷知道他的特点，所以本场比赛阿根廷打出了极强的侵略性，几乎每个动作都要和对手贴身，哪怕对手已经把球踢出，都要有身体接触才能作罢，这让荷兰人踢得非常费力。

但再好的裁判也难以逃脱找平衡的坏毛病。在果断判罚给阿根廷点球后，拉奥斯就开始把东风吹给荷兰——荷兰几乎不再被判罚犯规，而阿根廷却屡次在禁区前危险地带被吹犯规。在超长补时的最后一刻，荷兰再次获得禁区前任意球机会，他们利用这次机会打出了漂亮的战术任意球，藏在人丛中的韦霍斯特得球后转身打反角，奇迹般地扳平了比分。

从2比0领先到2比2被追平，到了考验阿根廷心智和精神的时刻了。是一直懊恼抱怨裁判，还是稳住阵脚从头再来？阿根廷选择了后者，这也正是阿根廷一直是历史传统强队的原因。阿根廷在加时赛前20分钟都在冷却比赛，不让荷兰人借着补时扳平的士气开启狂轰滥炸。而在加时赛最后阶段，阿根廷突然发力，7分钟内完成了7次射门，其中包括恩佐·费尔南德斯射中门柱的打门，可惜的是，球队并未改写比分，点球大战到来。

阿根廷门将大马丁成为点球大战中的英雄，他将荷兰前两个出场的范戴克和贝尔黑斯的点球都扑了出去。此后科普迈纳斯、韦霍斯特和吕克·德容都将点球踢进，阿根廷队只有恩佐一人踢丢点球，梅西、帕雷德斯、蒙铁尔和劳塔罗都稳稳命中。第五个出场的劳塔罗将点球射入，阿根廷全队沸腾了，球场内的阿根廷球迷沸腾了。阿根廷在面临巨大不利的情况下没有垮掉，他们在点球决战中站稳，而荷兰则又一次倒在了点球大战。

他放的火，他双掌扑灭

吴昊宇

当荷兰队长范戴克气定神闲走向点球点，不少人或许会想到此前联赛杯决赛上的一幕：当时范戴克面对切尔西门将凯帕，后者故意站在略微靠近球门一侧的位置，而范戴克偏偏将球打向了凯帕站立的一侧，皮球势大力沉，直挂球门死角，也让凯帕颜面无光。

这一次面对阿根廷门将埃米利亚诺·马丁内斯，范戴克打出的点球仍然力道十足，但马丁内斯准确判断了点球方向，将球拒之门外。随后面对贝尔黑斯的点球，马丁内斯再度准确将球扑出。虽然随后经历了一些波折，但马丁内斯的精彩两连扑还是帮助阿根廷有惊无险地过了荷兰这一关。在2021年美洲杯三度扑出哥伦比亚点球，力助阿根廷杀入决赛之后，马丁内斯此番又帮助阿根廷赢下了点球大战。

点球大战中立下奇功，也算是马丁内斯完成自我救赎。他对吕克·德容的击打激怒了荷兰全队，随后橙衣军团的攻势一浪高过一浪。虽然马丁内斯几次关键出击拦截下荷兰的传中球，但对于两个失球，他也是无能为力。

而马丁内斯对吕克·德容的挑衅，展现出了他作为南美球员的特点：擅长使用小动作激怒对手。但这往往是双刃剑，当陷入绝境的荷兰被马丁内斯的小动作激怒时，他们险些上演翻盘奇迹。幸好在点球大战中，马丁内斯最终用自己最擅长的方式立功。在常规时间和加时赛中没能拿出最佳表现的马丁内斯，还是在点球大战中成为阿根廷的英雄。比赛过后，马丁内斯激动落泪，而在采访中，他除了表达出自己的激动情绪，也对主裁判拉奥斯“开炮”，称这位西班牙籍裁判狂妄自大，是世界杯赛场上最差的裁判。

这便是埃米利亚诺·马丁内斯，他在情绪激动时毫无顾忌，时常想去激怒对手。2021年美洲杯半决赛的点球决战中，马丁内斯在门线上“起舞”，让哥伦比亚球员三次失手。在哥伦比亚后卫米纳主罚点球前，马丁内斯对他说：“我已经猜透你了，我知道你会往哪里踢。”随后他果然将米纳的点球准确封出。而本场比赛准确扑出“大场面先生”范戴克的点球，同样证明了马丁内斯的浑不吝：势大力沉的点球又如何？我只要猜准了，一样可以扑出去！

世界杯开赛以来，马丁内斯的状态一场好过一场，从首战被沙特两次射正便丢掉两球，到小组赛次战和末战接连零封对手，到1/8决赛扑出澳大利亚本可能将比赛拖入加时的射门，再到本场在点球大战立下奇功。曾经颠沛流离、屡次被阿森纳租借在外的马丁内斯，已经作为一号门将，跟随阿根廷站到了世界杯半决赛的舞台。在之后的点球决战中，马丁内斯仍将是阿根廷最大的保障。

1

2

2

① 比赛结束后，埃米利亚诺·马丁内斯激情庆祝。

② 点球大战中，荷兰队范戴克与贝尔黑斯踢出的点球，都被埃米利亚诺·马丁内斯扑出。

声音

他是世界杯最差裁判

点球大战完成两连扑，埃米利亚诺·马丁内斯成为阿根廷的英雄，赛后他在接受采访时说："我太激动了，我们为4500万人踢球，大家在经济方面并不顺利，能给他们带来一些快乐总是很好的。"

谈起主裁拉奥斯的判罚，马丁内斯表达了不满，"我不知道裁判为了这个任意球（韦霍斯特利用这次机会打入绝平进球）做了什么，他给了10分钟补时，希望我们能被扳平。这是本届世界杯最糟糕的裁判。我无法在90分钟内帮助队友们，我们很累，但幸运的是我能够在点球大战中做到，并且扑出两个，我本可以再多扑出一些。我们赢了，因为我们有激情，因为我们为4500万阿根廷人而战，我们和他们一样兴奋。"

梅西的一千零一夜

王勤伯

就像第一次看世界杯。好希望这就是我第一次看世界杯。

从未有过这样心肌紧绷的经历，短短几小时内见证巴西和阿根廷以如此近似的方式走到悬崖边，一个掉了下去，一个活了下来。

这个晚上也是梅西球员生涯的一千零一夜，地点竟然就在阿拉伯国家。

他从罗萨里奥一路走来，曲折又精彩的故事可以在点球大战的每一个回合走向终结。在劳塔罗射进第5粒点球的那一刻，我们终于知道梅西的一千零一夜避免了以悲伤形式结尾，他和队友们会留在卡塔尔，甚至可能一直留在卢赛尔球场，一千零二夜，一千零三夜。

我们到底又该如何记住梅西的一千零一夜？他又进球了，他又助攻了，他再一次勇于担当，他再一次无惧压力，他受到过挑衅，他赛后仍然有怒气。

所有这些白描的词句之外，还能写下什么？

梅西造成的失语是普遍的。看，多少名宿、战术分析师坦言，他们无法评析梅西助攻莫利纳的传球线路！意大利国家电视台的解说员说：“所有观众都被梅西骗了。”

那是一个专属于天才和精灵的时刻！平庸的球员只能看到所有人在看台上和电视机前都能看到的空间，优秀的球员能够看到观众暂时看不到但回头立即能够看明白的空间，天才不需要看到空间，他在没有空间的地方把空间创造出来！

伟大的足球不仅是无中生有的才华和快乐，它更是一种启示。你所面对的现实敌人强大而且准备严密，你唯一有效的武器是在不懈努力中总是试图创造空间，出其不意。突破和胜利不一定来自惨烈的硬碰硬较量，它更可能取决于你是否有能力实现销魂一击。

猫是世界上最擅长销魂一击的动物。

你几乎找不到一种可以让猫失去动作协调的情形，猫甚至升华了自己的猎物，让惨烈的结局也显得像是一场游戏。

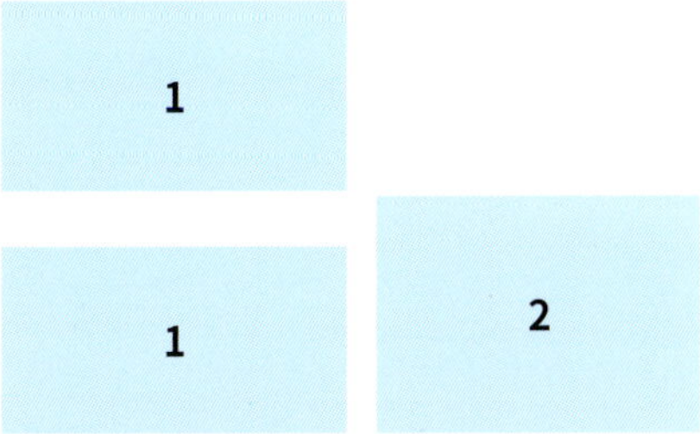

① 梅西的传球穿过了阿克的裆下，也穿越了整条荷兰防线。

② 埃米利亚诺·马丁内斯扑救点球时身姿舒展，与伸展的猫姿十分相像。

巴西人非常清楚猫和足球的关系。巴西环球电视台每周日著名的《奇妙世界》节目足球部分，会把巴甲联赛中门将的神奇扑救（尤其是扑点球）配上猫的叫声。

但在卡塔尔，被猫附身的是克罗地亚门将利瓦科维奇，是阿根廷门将埃米利亚诺·马丁内斯。尤其是马丁内斯，好几张扑救点球的图片里，他的肢体在完全舒展的状态中扭曲翻转，像极了空中的猫姿。

阿利松没有猫姿？他在英超拥有极高的扑点效率。这不是问题，也不会关系到他是否提前研究过克罗地亚球员的点球方向，问题仅仅是猫在那一刻没有选择对他附身。

赛前新闻发布会上，巴西新闻官把跳上桌子的流浪猫提着后颈皮和背皮扔下地，这个动作在当时就已经让部分巴西人产生了心理阴影。

你不能对一种拥有九条命的动物缺乏敬意。

淘汰赛上的克罗地亚拥有九条命。维尼修斯和帕奎塔每次获得破门机会，就像被猫在洞口吹过气的老鼠，突然脚下没有了力气。莫德里奇是一只经验十足的老猫，在第117分钟突然横向撕出一个突破口，让奥尔希奇和佩特科维奇两个效力三流联赛的前锋完成了对巴西的绝平。利瓦科维奇扑点效率不如对阵日本，他仅仅扑出了罗德里戈1粒点球，但同样的喵星法术让马尔基尼奥斯神不知鬼不觉地把球踢向了门柱。

巴西著名漫画家马里奥·阿尔贝托赛后立即创作了一幅作品：一只穿着克罗地亚球衣的猫，口里衔着几根黄色的羽毛。

《飞翔吧，金丝雀》，每次巴西队出征，这首老歌都会被唱起。我作为巴西球迷，想到是本队不小心惹怒了喵星人，折翼猫口之下，也算些许释怀。金丝雀有自己的美感与华丽，也有专属的克星和宿命。

猫跳上维尼修斯的新闻发布会桌子，视频在网络上爆火，立即带红了一首巴西儿歌《猫》。

这是因为大量网民搜索“维尼修斯+猫”，而巴西家喻户晓的儿歌《猫》作者也叫维尼修斯。他的全名是维尼修斯·德莫拉埃斯，20世纪巴西最重要的现代诗人、歌曲作者之一，我曾在多篇文章里介绍过他。

这首《猫》歌来自诗人去世前联合众多音乐家一起创作和演唱、为巴西儿童制作的儿歌专辑《诺亚方舟》。

让我一直疑惑的是，为什么专辑里其他很多歌曲的歌词都非常逗趣，《猫》尽管乐调欢乐好听，歌词却如此平淡？

“猫猫漂亮一跳，又轻又稳，从地上到了墙上，然后它又改变主意，重新回到了地面。”

在伟大的足球比赛面前，我似乎看到了答案。

足球和猫是世上最难用文字去书写的对象。在命运的极度莫测和动作的瞬间和谐彼

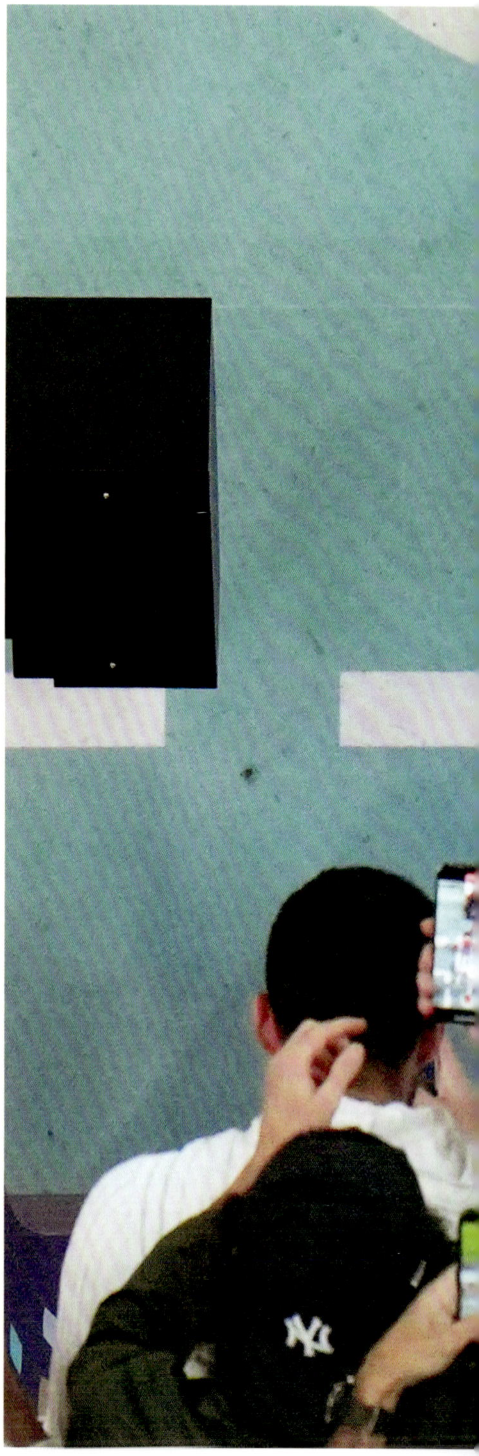

1

2

① 面对一只误闯赛前发布会的流浪猫，巴西新闻官提起了它的后颈皮和背皮，将其扔下地，这似乎是个不好的兆头。

② 荷阿大战结束后，梅西望着球迷，握拳庆祝。

此交融的场景里，别说文字和思绪，我们的视线也常常是闪亮又迷惑的。诗人面对着猫，便不再是诗人，只是人。

足球也一样，我见过不少知名作家一写足球就变得笨拙无比。我并不常常觉得他人是自己的镜子，但我一直相信足球和猫是镜子，让我发现自己内心的语言只剩下亲昵的粗口和一连串感叹词。

梅西那个突破传球，是绝无可能用相同阅读时间里的文字去重新呈现的经典。文字和数字、技战术一样，是一点一滴搭建的结果，可以细分和拆解。足球精灵的演出却是无法拆解的，没有一个局部属于“因为”，也没有一个局部属于“所以”。好像毕加索这样说过：一只猫，从胡须到尾巴都是猫。

对我来说，梅西的一千零一夜比一千夜更有象征意义。一千是统计的结果，是里程记号一样的数字。梅西说，他在对阵澳大利亚的赛前几小时，才知道这一里程碑。一千零一多出的“一”，是那一根猫尾巴，让猫变得完整的尾巴。

请允许我以最宽容的方式送别内马尔，我想说，他在这一天相对梅西，缺少是只是一根猫尾巴。

我还必须以写作者的身份对梅西表达感谢。

谢谢你，Leo，这是我第一千零一次画猫，我从未用文字把猫画出来，但这一千零一夜里，每一次的见证和尝试，都像是生命里的第一次。

2022

第6战

世界杯半决赛

阿根廷 **3 : 0** 克罗地亚

2022.12.13
卢赛尔球场

主裁判：奥尔萨托（意大利）　FIFA本场最佳球员：梅西

换人

阿根廷		克罗地亚	
62'	5-帕雷德斯↓ 25-利桑德罗·马丁内斯↑	15-帕沙利奇↓ 1-弗拉希奇↑	46'
74'	7-德保罗↓ 14-帕拉西奥斯↑	19-博尔纳·索萨↓ 18-奥尔希奇↑	46'
74'	9-胡利安·阿尔瓦雷斯↓ 21-迪巴拉↑	11-布罗佐维奇↓ 16-佩特科维奇↑	50'
86'	20-麦卡利斯特↓ 15-安赫尔·科雷亚↑	9-克拉马里奇↓ 14-利瓦亚↑	72'
86'	26-莫利纳↓ 2-福伊特↑	10-莫德里奇↓ 7-马耶尔↑	81'

进球

34' 1比0（梅西） 恩佐·费尔南德斯过顶球，胡利安·阿尔瓦雷斯挑过利瓦科维奇之后被撞倒，梅西主罚点球命中右上角。

39' 2比0（胡利安·阿尔瓦雷斯） 阿根廷破坏对方角球后反击，梅西后场传球，胡利安·阿尔瓦雷斯中线拿球个人突破，尤拉诺维奇和博尔纳·索萨中途拦截均被阿尔瓦雷斯挡下，阿尔瓦雷斯小禁区内凌空弹射破门。

69' 3比0（胡利安·阿尔瓦雷斯） 梅西右路连续变向摆脱格瓦迪奥尔后切入禁区底线传球，阿尔瓦雷斯小禁区线右脚扫进。

黄牌

阿根廷		克罗地亚	
71'	奥塔门迪	利瓦科维奇	32'
68'	克里斯蒂安·罗梅罗	科瓦契奇	32'

技术统计

阿根廷		克罗地亚
2.34	预期进球	0.52
9(7)	射门（射正）	12(1)
0	射中门框	0
3	远射	6
39%	控球	61%
399(83%)	传球（成功率）	607(87%)
43(47%)	长传（成功率）	31(55%)
6(17%)	传中（成功率）	20(20%)
11(45%)	盘带（成功率）	19(68%)
2	角球	4
1	越位	0
41	成功对抗	54
6	成功争顶	7
22	铲断	19
8	拦截	5
21	解围	7
15	犯规	8
2	黄牌	2
0	红牌	0

数说

阿根廷，半决赛之王

阿根廷3比0击败克罗地亚，队史5次参加世界杯半决赛全部晋级。梅西传射建功，世界杯直接参与19球（11球8助），追平贝利的历史纪录。

1 梅西成为1990年卡尼吉亚之后，首位世界杯半决赛进球的阿根廷球员。

2 此前世界杯半决赛半场领先2+球的球队：1930年乌拉圭3比1（最终6比1胜南斯拉夫）；1938年匈牙利2比1（最终5比1胜瑞典）；2014年德国5比0（最终7比1胜巴西）。

3 梅西成为首位单届世界杯3+场淘汰赛进球的阿根廷球员，而此前从未在世界杯淘汰赛进球。1990年以来单届世界杯1/8决赛、1/4决赛、半决赛均有进球的球员：1990年斯基拉奇、1994年斯托伊奇科夫和罗伯特·巴乔、1998年苏克、2010年斯内德、2022年梅西。

4 梅西是2010年比利亚之后，首位单届世界杯前5场4+球并打进半决赛的球员。

4 梅西成为1966年有相关统计以来，首位4+场世界杯进球且助攻的球员，此前3场是2006年对塞黑、本届世界杯对墨西哥和荷兰。

5 阿根廷5次打进世界杯半决赛全部晋级（1930、1986、1990、2014、2022）。

6 阿根廷6次打进世界杯决赛，追平意大利和巴西（注：巴西另在1950年获得亚军，但那届没有决赛），仅次于德国（8）。

7 阿尔瓦雷斯8次国家队首发进7球，本届世界杯4球，成为继2010年伊瓜因（4球）之后，第2位单届世界杯4+球的U23阿根廷球员。

7 梅西成为世界杯历史上首开纪录次数最多的球员（7次），也是进球让本队从平局变为领先次数最多的球员（8次）。

8 梅西超过姆巴佩（5球2助），成为本届世界杯参与进球最多的球员（5球3助）。

8 梅西追平马拉多纳，成为1966年有相关数据以来，世界杯助攻次数最多的球员，他的8次世界杯助攻分别传给了8位不同的队友：克雷斯波（2006年）、特维斯（2010年）、迪马利亚（2014年）、阿圭罗和梅卡多（2018年）、恩佐·费尔南德斯、莫利纳和胡利安·阿尔瓦雷斯（2022年）。

16 梅西是本届世界杯至今唯一10+次关键传球（16次）且10+次成功过人（16次）的球员。

16 梅西世界杯16胜，追平卡福，仅次于克洛泽（17胜）。

19 梅西世界杯参与19球（11球8助），追平贝利（12球7助）、盖德·穆勒（14球5助）、罗纳尔多（15球4助）、克洛泽（16球3助）的世界杯纪录。

22 阿尔瓦雷斯（22岁316天）是1930年（佩乌塞莱21岁；斯科佩利22岁）以来，世界杯半决赛进球的最年轻阿根廷球员。

23 截至本届世界杯半决赛，梅西国家队28次主罚点球23中。

25 梅西25场世界杯，超过克洛泽（24），追平马特乌斯纪录。

27 阿根廷此前世界杯27次领先2球，最终战绩26胜1平（本届平荷兰）。

35 梅西成为单届世界杯5+球的最年长球员（35岁172天）。

37 参加世界杯半决赛最年长非门将球员排行：贡纳尔·格伦/瑞典/37岁241天；伊拉里奥/葡萄牙/37岁129天；莫德里奇/克罗地亚/37岁95天。

51 阿根廷本届世界杯仅首战沙特曾经落后51分钟，此后从未处于比分劣势。而克罗地亚仅小组赛第2轮领先加拿大50分钟，其他时段从未领先过。

声音

球王级梅西，灾难级裁判

克罗地亚虽然输球，但莫德里奇还是很有风度地祝贺了梅西，“希望梅西夺得本届世界杯，他是史上最好的球员，配得上这个称号。”但对于本场主裁奥尔萨托的判罚，莫德里奇颇有怨言，“我从来不谈裁判，但今天我不能不说，因为他是我认识的最差的裁判之一。不仅仅是这一场比赛，之前我参加的比赛，他也吹罚过很多次，我对他没有好的印象，简直是灾难。”克罗地亚主帅达利奇倒是没有过多把输球归因于裁判，“祝贺阿根廷进入决赛。有时运气会眷顾你，有时不会，这就是真相。我们没什么可抱怨的，我们踢得缺乏流畅性，特别是进攻上缺少突破。我们知道自己有什么，缺乏什么，就是这样。”

不老梅西导演反击战

梁宏业

阿根廷队时隔8年再次杀进世界杯决赛，35岁的梅西依旧是全场最佳，一传一射帮助球队3比0战胜克罗地亚队。

阿根廷开场后便立足于前场紧逼，这是一个很好的想法，克罗地亚虽然总是能把比赛拖进加时赛，但这并不是一支喜欢开大脚打反击的球队。事实是，克罗地亚非常细腻，喜欢从后场短传出球，阿根廷想给克罗地亚“刨根”的想法是一种合理的尝试。

但很快，阿根廷队就遭遇难题，当他们发起进攻时，克罗地亚队变化为五后卫，帕沙利奇退到右后卫位置增加防线宽度，阿根廷一时找不到破解办法。更困难的还在后面，克罗地亚队站稳阵脚后，逐渐把阵形推向前场，阿根廷队明显在中场的较量中技不如人。阿根廷主帅斯卡洛尼应该为自己没让迪马利亚首发感到庆幸，因为即便减少一名前锋增加一名中场，球队在上半场还是受尽磨难，中场几乎被克罗地亚队生生吃掉，如果再少一名中场，情景会如何可想而知。

梅西在第19分钟回撤拿球被三人包夹，在这次对抗后，梅西手捂左腿疑似受伤，更是个不好的预兆。随着第31分钟，莫德里奇中场穿裆麦卡利斯特，克罗地亚进入了巅峰，全场的阿根廷球迷鸦雀无声，而中立球迷和不多的克罗地亚球迷都为莫德里奇的表现而欢呼。

正当大家还沉浸在莫德里奇的穿裆过人，为克罗地亚队的精准传控叫好时，第32分钟，恩佐·费尔南德斯中路长传，胡利安·阿尔瓦雷斯单刀挑射虽然没进，但门将利瓦科维奇将其拦倒，裁判补吹点球，并给门将出示黄牌，梅西主罚一蹴而就。阿根廷的进球提供了足球比赛的另一种解读方式：并非踢得最好的球队能赢球，而是最能掌握机会的球队。

攻出来的克罗地亚队果然防守不再那么稳固，仅仅5分钟后，阿根廷队再次展现出自己的机会主义特点，他们从本方禁区前发动反击，梅西中路过渡，阿尔瓦雷斯拿球后直冲龙门，带到禁区前面对两名克罗地亚回防的后卫，他没有把球分给两侧的队友，而是继续往球门直冲，虽然尤拉诺维奇和索萨两次碰到皮球，但都反弹到阿尔瓦雷斯身上，阿尔瓦雷斯就这样错进错出一直杀到小禁区，面对门将打进幸运一球。

克罗地亚上半场踢得更好，却以0比2落后，主帅达利奇中场过后就连换两人，奥尔希奇和弗拉希奇换下帕沙利奇和索萨。下半时开始后克罗地亚仍是占据主动的一方，阿根廷却是更能创造出机会的一方。随后达利奇又用上一场对巴西打进绝平球的佩特科维奇换下中场铁三角之一的布罗佐维奇。阿根廷队似乎嗅到了什么，开始尝试控制球权，克罗地亚此时在中场已经开始势弱。

为了避免对荷兰时两球领先最后一分钟被扳平的事故再度发生，斯卡洛尼第一个换人就用利桑德罗·马丁内斯换下帕雷德斯，减少一名中场，变阵五后卫，阿根廷要坚持打防守反击的意图已经非常明显，同时也在放缓比赛节奏，让比赛逐渐冷却。

然而，梅西的表现再次让比赛进入了一个新的高潮，此前多次用手捂着左大腿的梅西似有不适，但让人们无法理解的是，第69分钟，已经35岁的他似乎回到了25岁，从距离球门40米的位置开始突破仅有20岁的克罗地亚队新生代最佳中卫格瓦迪奥尔，最终在右侧禁区边缘利用转身假动作成功突破对手传中，阿尔瓦雷斯中路包抄梅开二度，3比0。

被35岁的梅西强突并送出助攻，克罗地亚队彻底泄了气，此后再也没打出有威胁射门，比赛基本进入垃圾时间。斯卡洛尼趁机利用这场世界杯半决赛，来让还没有出场记录的迪巴拉、安赫尔·科雷亚和福伊特都出了场。最终，名气更响、球迷更多、还拥有梅西的阿根廷，波澜不惊地进入决赛，而踢出了更高水平的克罗地亚，败在了一个更会把握机会的对手脚下。

阿根廷的点球该判吗？

比赛第32分钟，恩佐·费尔南德斯在中场线传过顶身后球，胡利安·阿尔瓦雷斯单刀被克罗地亚门将利瓦科维奇撞倒，裁判判罚点球，梅西主罚首开纪录。这个进球为阿根廷的大胜铺平了道路，但点球判罚却引起争议。这是阿根廷在本届世界杯获得的第4粒点球——小组赛对沙特和波兰、1/4决赛对荷兰、半决赛对克罗地亚——除了对波兰罚失，梅西打进了另外3球。

对于点球判罚，克罗地亚方面认为是阿尔瓦雷斯主动撞到门将身上，是有意"碰瓷"。持相同观点的还有曼联名宿罗伊·基恩，他认为利瓦科维奇已经避无可避，这是一次"无心的意外"。而西班牙塞尔电台的客席裁判专家伊图拉尔德·冈萨雷斯认为，这是"很明显的点球"，"我相信利瓦科维奇想抢先碰到球，可阿根廷球员先到了，门将撞倒了他，倒霉。"

不同意判点球的一派认为，阿尔瓦雷斯是在完成了射门动作后，才撞到静止的门将身上。支持判点球的一派论点则是，克罗地亚门将全程没有碰到皮球，他有一个张腿的动作，如果他没有把腿伸开，阿尔瓦雷斯还可以绕过他接着把球补进。至于阿尔瓦雷斯那一挑到底是射门还是过人，并不影响门将阻挡犯规的定性。而考虑到已经有克罗地亚后卫回来补防，这并不是一个绝对的进球机会，因此主裁判只给利瓦科维奇出示了黄牌。

1

2

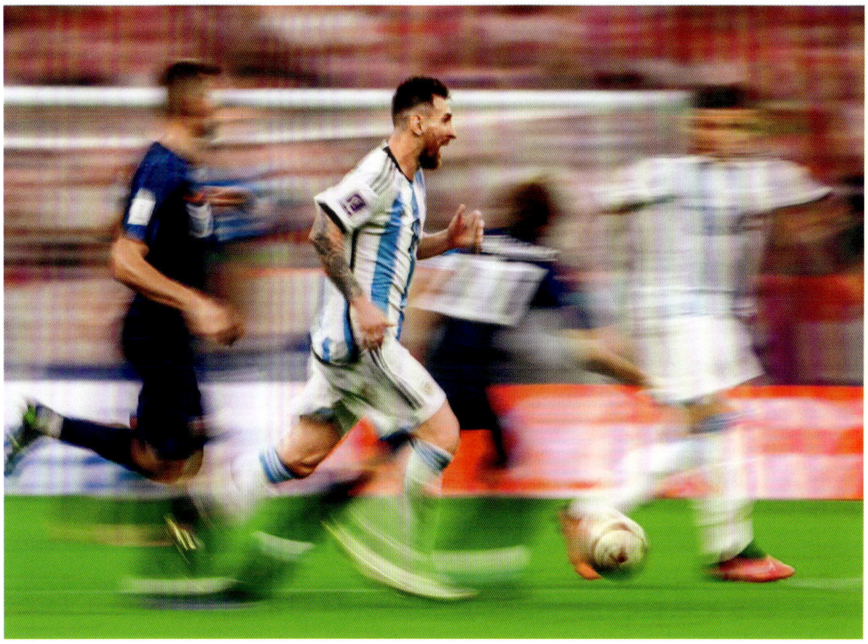

① 2022年12月13日，胡利安·阿尔瓦雷斯从中场开始带球，单刀杀入克罗地亚禁区弹射破门，为阿根廷将比分扩大为2比0。

② 2022年12月13日，梅西带球面对克罗地亚的防线毫无惧色，施展"凌波微步"。

击破一切神话的梅西神话

闫羽、嘉林

世界杯送别痛哭的C罗之后，梅西将会以怎样的姿态结束2022卡塔尔之旅？经历之前3场小组赛和2场淘汰赛的种种起伏跌宕，以及一场神乎其神的半决赛之后，35岁的梅西正在证明，他依旧是当世最伟大的球员。

先来列一长串纪录：进球数，梅西刷新了阿根廷球员在世界杯的破门纪录，以11球超越巴蒂斯图塔独占队史榜首；本届已打进5球，近3场都有破门，梅西还成为世界杯史上第6位1/8决赛、1/4决赛和半决赛都有进球的选手，在斯基拉奇（1990）、巴乔（1994）、斯托伊奇科夫（1994）、达沃·苏克（1998）和斯内德（2010）之后。

还有：梅西是自1966年有助攻数据统计以来，世界杯首位能在4场不同比赛既进球又助攻的球员，并且除了2006年对塞黑，另外3场都发生在卡塔尔。而算参与破门的总数，阿根廷10号也已追平世界杯纪录，19次（11球8助）与克洛泽、罗纳尔多和盖德·穆勒相同。除此之外，13场世界杯比赛有进球或助攻，这一数据也是与“外星人”罗纳尔多共享最多。

可能会有人不服，“不就是点球么？5个球里包括3个点球！”没错，35岁的梅西已非孤胆英雄，他需要队友的帮助，就像对克罗地亚这粒点球，要感谢胡利安·阿尔瓦雷斯对门将挑球过人，梅西赛后获评当场最佳时也直言：胡利安的表现比所有人都强。

然而，点球就那么容易？几天前，如果凯恩的点球能像梅西这么硬气，英格兰队也未必会止步8强。更何况，对面这位利瓦科维奇，可是本届世界杯著名的扑点狂人。梅西跟本队门将埃米利亚诺·马丁内斯和鲁利特意做过功课，“我昨天练了点球，对手会研究我们，我们也会研究对手。我和鲁利还有马丁内斯聊过，对方门将总是等主罚者先触球，然后扑向一边。这款球的球速很快，所以最好的办法是闪击对手，看一下球就直接踢。如果等待太久再做决定反而糟糕。”

大马丁赛后也透露，“对方门将在扑点方面很有信心，我和鲁利告诉梅西，如果在罚球前降下节奏，然后踢向一边，可能就会被对方扑住，对手门将下地很快。所以应该坚决地打上角！”梅西照做了，采取本届赛事各队主罚手极少运用的爆射上角，利瓦科维奇果然扑对了方向，但梅西用一记不可阻挡的爆射，击破了这段扑点神话：你强，我唯有做到更强！

还记得荷兰门将诺佩特对梅西的“挑衅”么？“他也是人，会罚丢的，我们见过。”但结果呢？包括点球大战在内，阿根廷10号两次都稳健洞穿荷兰城池。那场对决并不简单，从常规时间韦霍斯特的绝平，到点球大战邓弗里斯的故意干扰，没有超凡心理素质就不可能过关。那一战赛后，梅西罕见地公开爆粗。但正如名宿萨瓦莱塔所言：“愤怒的梅西才是我们想看到的。他让我想起了马拉多纳。当你试图夺得世界杯时，这并不是坏事。”

另外别忘了比赛还有一条小插曲。在罚进点球前的十几分钟，梅西曾多次按揉左大腿，一时间令人心惊。那期间，他一度移动缓慢，很少参与协防甚至快速进攻，临近上半场结束才有了一些盘带加速的表现。

花絮

价值3000万欧元的过人

半决赛中，梅西在右路连续假动作甩开克罗地亚后卫格瓦迪奥尔下底回敲，助攻胡利安·阿尔瓦雷斯打入阿根廷第3球。2002年出生的格瓦迪奥尔比梅西年轻15岁，是本届世界杯发挥最出色的中后卫之一，吸引了众多豪门俱乐部关注，身价水涨船高。然而在单防梅西时，他遭到了无情戏耍。赛后，梅西的神级表现引发热议，球迷们纷纷在社交平台上为梅西送上花式赞美：“梅西刚刚轻描淡写地摧毁了格瓦迪奥尔，这就是历史最佳球员的表现！”“梅西一个转身就让格瓦迪奥尔身价打折，这次过人直接让格瓦迪奥尔掉价3000万欧元。”

最终，这位35岁老将踢满了全场。有时他看着像在散步，但跑起来的梅西仍把年富力强的克罗地亚后卫晃得晕头转向，让格瓦迪奥尔本届最强中卫的神话同样显得不堪一击。好消息是，梅西好友阿圭罗赛后透露，阿根廷王牌伤无大碍，“我来到更衣室，告诉他要注意一点。他对我说，那只是被顶了一下。我觉得两天内他的情况就会好起来。”

看上去，梅西参加决赛毫无问题。他已重申，这是他的最后一届世界杯，目标则十分简单，“我将第2次参加世界杯决赛。希望这次能以另一种方式结束。”

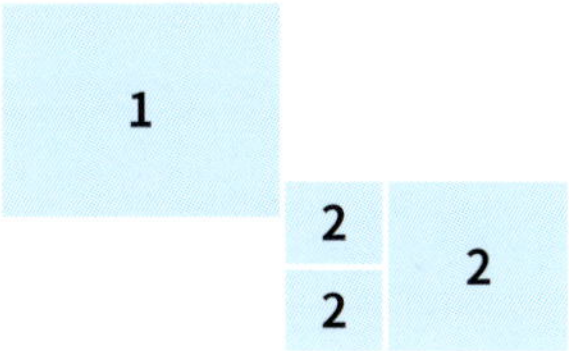

① 2022年12月13日，梅西罚入打破僵局的点球后张臂庆祝，克罗地亚门将利瓦科维奇在本届世界杯上以扑点闻名，但这次不得不拜倒在梅西脚下。

② 梅西突破格瓦迪奥尔的动作连接极其丝滑：他先是一个假晃骗开对方重心，紧接着转身往底线方向摆脱，等格瓦迪奥尔再回追，已经无法阻挡梅西的步伐。

梅罗之争已经有了答案

梁熙明

随着一场碾压性的完美胜利，梅西又一次突破到终极城下，6场比赛，4场最佳，在经历了种种磨难之后，梅西把他最好的一届世界杯，留到了35岁。现在，还有最后一步。

队友梅开二度，兼造点首球，如此发挥，单场最佳仍属于他，可见梅西贯穿全场的作用。第三球边线一路突至底线回敲助攻，依稀是少年时风驰电掣的身影。但是他毕竟已经35岁了，卡佩罗说，梅西思考的，身体脚下未必做得出来，但他仍然毫无疑问是所有世界杯参赛球员的第一人，靠的是不疾不徐的节奏，和时刻可能突出妙笔的震慑心理，使得格瓦迪奥尔像个乖乖的小跟班，从边线一路跟到底线而不敢出脚。这一球，不但彻底锁定阿根廷胜局，更是国王加盟典礼上的焰火，把气氛推向了极致高潮。

每一场都拖进加时的克罗地亚，终究还是到了强弩之末。人终究不是铁打，体力终有极限。连续的过载消耗，让球员在场上兴奋不起来，就连场场跑16公里的布罗佐维奇，也因为肌肉出问题提前下场。上一场打巴西，布罗佐维奇刚刚刷新世界杯单场跑动纪录——跑了16.7公里，打破了16.3公里的旧纪录——当然是他自己在对日本一役中创造的。如此消耗，肌肉怎能不疲。

失去体能优势的克罗地亚完全被牵着鼻子走，常规战力差的弱点，导致克罗地亚面对阿根廷的稳固防守没有什么办法，最后大换人堆五前锋只是聊尽人事。

阿根廷则以一场典型的防守反击，从头至尾引领着比赛。与欧洲传控“先进潮流”截然相反，世界杯依然是传统防反为主旋律，就是被足球媒体几十年来反复批判“丑陋保守腐朽落后”的让出球权、层层死守的战法，完全不注重控球，更不以控为守。

本届世界杯，不但四强各自的总控球率都低于50%，而且大量出现低控球率、甚至超低控球一方取胜的战例，最极端的为日本对西班牙低至16.6%的控球率依然获胜。可见世界杯与欧冠完全是两种策略，两种游戏，以欧冠成功经验照搬到世界杯，很难行得通。

最典型的莫过于德国队，弗利克以高位逼抢加传控书写过欧冠辉煌，但照搬到国家队世界杯，就是碰壁。所以，那些打欧冠名帅主意的国家队可能要再想想了。

斯卡洛尼在首战意外大爆冷败给沙特后，立即摆正位置，追求务实，结果成功复制了1990之路——那届世界杯，阿根廷同样是首战大爆冷，但是败给喀麦隆后主帅比拉尔多立即改组阵容，生存第一，马拉多纳虽过巅峰但威胁犹在，加上及时为马拉多纳找到一个好帮手卡尼吉亚，阿根廷越打越好，最终在半决赛踢出全队最出色的一场比赛，让意大利徒呼奈何。这一次，35岁高龄的梅西当然很难冲得起来，但他深厚的功底，仍然足以在关键时刻扭转大势，斯卡洛尼就利用这一点，并且为梅西找到一位好帮手阿尔瓦雷斯，使得全队状态上扬，到半决赛打出最经典的一场完胜。

梅西对荷兰重兵之下以上帝视角妙传莫利纳，以及此战克罗地亚从边线一路带到底线的助攻，足以致敬1990阿根廷巴西之战，马拉多纳最后时刻突发神来之笔的世纪助攻。

以2008年C罗赢取金球奖为标志，梅罗之争，随着本届世界杯双骄的战绩、地位与发挥，至此彻底画上了句号。沧海横流，方显英雄本色，梅西在危机当头力挽狂澜，领导全队杀入决赛，而C罗始终纠结于全队服务于一人，沦为替补黯然出局。这场长达14年的个人对决，梅西以天赋、隐忍、低调、付出，终究使历史书写出最终的答案。

① 2022年12月13日，梅西打进点球后挥舞拳头庆祝。35岁的他以又一场辉煌的世界杯胜利，为长达14年的梅罗之争画上了休止符。

② 2022年12月13日，梅西以一记重炮稳稳地把点球罚入。

1

2

阿根廷反情报战的胜利

王勤伯

为什么克罗地亚成功地限制了巴西队进攻90分钟，对阿根廷却频频犯错？这似乎不是体能原因可以解释的，因为克罗地亚实在太擅长把比赛拖入加时。这场比赛甚至是2022年世界杯进行到现在，强强对抗打出的最大比分差距，葡萄牙6比1瑞士无法纳入这个统计范围，瑞士队由于后防线严重缺人，被迫使用主教练雅金上任时就宣布过不喜欢的三后卫阵形。

高科技造现代化铁桶阵

本届世界杯上防守战术流行，关键不在于战术本身，而是技术手段的普遍运用所致。海量的录像采集和分析，大数据分析，这使得各队都能计划出从前场开始干扰破坏对手传球路线的方案。强队不是打不过弱队，但大量的比赛时间，会消耗在既定方案受挫、但又不能立即找到有效的新方法这一方面。科技手段其实给防守方提供的帮助，要大于进攻一方。

进入4强的球队里，摩洛哥踢的是最现代化的铁桶阵，他们不是单纯摆大巴，而是带着主动性去阻断对手。由于摩洛哥2个边锋都甘愿追回底线，他们可以一次又一次把对方的进攻驱赶到边路然后形成重围。

克罗地亚的好成绩也和他们的战略有关。这是一支很难定义的球队。说他们踢防守足球，克罗地亚控球又特别好，不轻易把球权交给对方；说进攻足球，克罗地亚除了落后的情形，其余时间都不会急着进攻，所以对方的层层拦截设置往往以白跑为多。

法国和阿根廷存在一些因祸得福的剧情。法国的本泽马，以及博格巴、坎特等主力的退出，阿根廷洛塞尔索等球员因伤落选或退出，都让对手根据之前一两年比赛情况收集整理的应对方案很难用上。新的踢法就连德尚和斯卡洛尼都还在设计之中，对手如何知晓和预防？

胡利安·阿尔瓦雷斯和恩佐·费尔南德斯成为绝对主力，这是阿根廷的对手在大赛开始前都无法猜到的。阿根廷媒体自己也没有办法预测斯卡洛尼怎么踢。半决赛以前，阿根廷媒体普遍预测迪马利亚会首发，次选劳塔罗，第三顺位才是帕雷德斯，结果都猜错了。《队报》

① 2022年12月13日，梅西打入点球后与队友胡利安·阿尔瓦雷斯（右一）、恩佐·费尔南德斯（左二）以及莫利纳（左一）庆祝。其中00后阿尔瓦雷斯和恩佐都是在本届世界杯上逐渐由替补成长为主力，以奇兵的身份立下殊功。

② 2022年12月13日，胡利安·阿尔瓦雷斯接恩佐长传，甩开克罗地亚后卫洛夫伦（左一）形成单刀，随后他被门将利瓦科维奇（右一）撞倒，为阿根廷队赢得一个点球机会。

等国际媒体也猜错了。

对比一下巴西队，他们可谓为本届世界杯准备最充足的球队，但他们无论首发阵容还是换人策略，都是可以预知的，难怪克罗地亚的尤拉诺维奇等球员发挥那么好，他们可以很舒服地进行准备。

“河床连线”出奇制胜

技术手段覆盖了大多数的既定套路，这注定让足球比赛踢起来有点沮丧。见招拆招不是没有价值，问题是这种近似透明的知己知彼很容易让双方都感到无解，比赛陷入沉闷僵局，或者至少在开场后很长时间是这样。

能够制造差异的，时常是球星个人能力提供的附加值。例如巴西对塞尔维亚的第二个进球，维尼修斯是在对方布阵严密的情况下，用外脚背把皮球从人缝里传出，而理查利松在停球不理想的情况下直接来了个侧勾，作为解决方案。

还有一种情况是“反侦察”手段的运用。例如荷兰队2比2扳平阿根廷的战术任意球，荷兰队之前从未用过，但是韦霍斯特在俱乐部用过。这就是国家队情报收集的盲区了，因为对对方战术套路的分析，最多只能涵盖到几个核心球员的俱乐部数据，不可能把每个替补可能使用的罕见战术都覆盖到。

反过来，阿根廷对克罗地亚一战，阿根廷也采取了与荷兰类似的反情报战方法。这场比赛前阿根廷和欧洲很多主流媒体都看重迪马利亚是否首发，他们认为中路可能陷入双方大塞车的局面，争夺都在这里进行，但也都知根知底。就连阿根廷C5N电视台在街访路人时偶然遇到的一位小俱乐部教练也认为，可能需要迪马利亚从边路打破平衡。

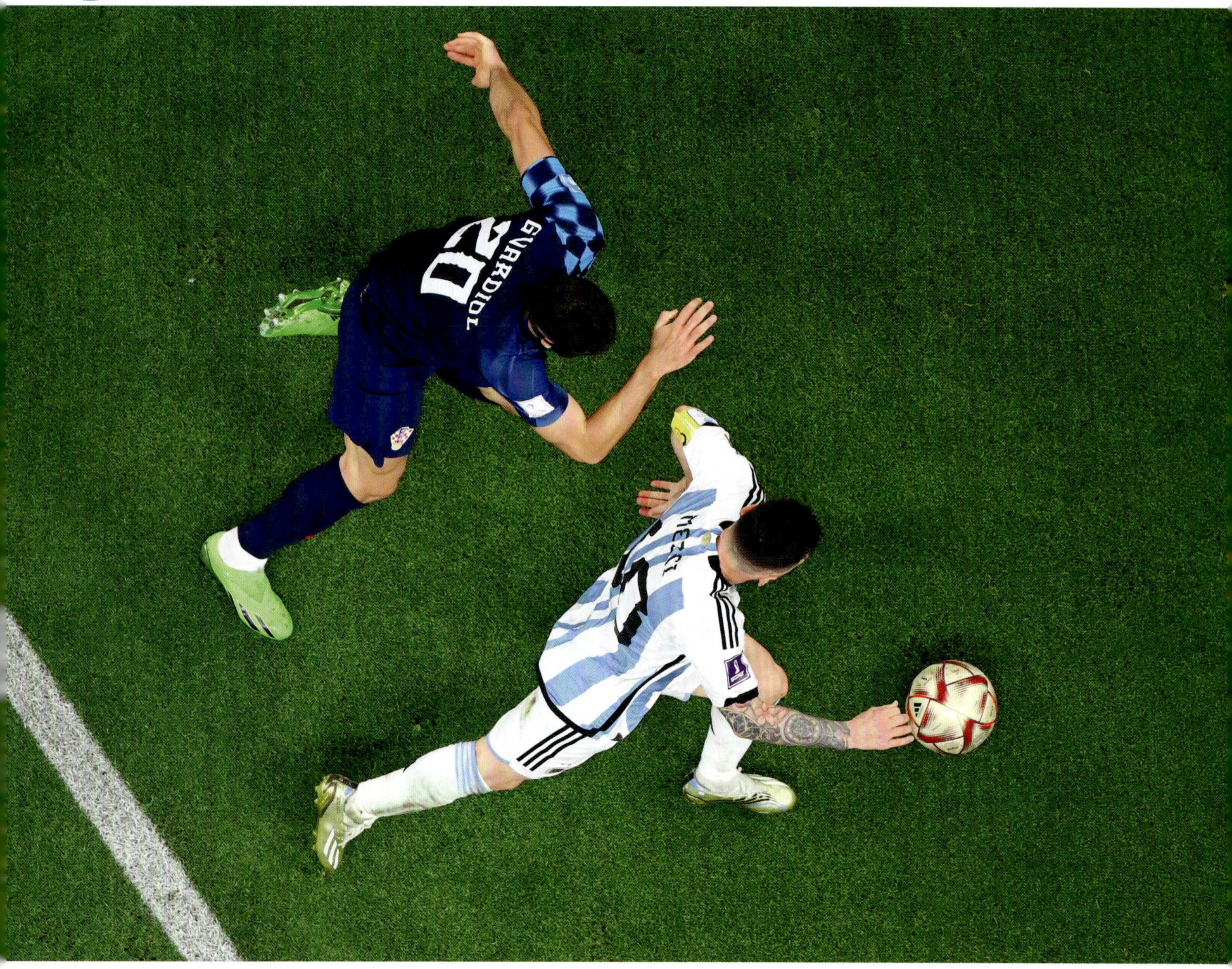

最后大家看到了，阿根廷第一个进球造点和第二个单刀都是从中路突进，这是如何实现的？阿根廷C5N电视台的评球嘉宾认为，斯卡洛尼派出帕雷德斯，承担了恩佐·费尔南德斯的部分防守任务，这样恩佐可以更多投入进攻。他和阿尔瓦雷斯都是在本届世界杯才成为主力的，他们的传球路线是当初在河床效力时的路线。

这可能是阿根廷队的幸运，也是一个人才不断涌现的国家才可能意外收获的宝贝。恩佐·费尔南德斯和阿尔瓦雷斯都才离开河床不久，对之前在俱乐部的配合路线烂熟于心，同时他们又得到了欧洲名师指点，在欧冠赛场得到了熏陶。这种球员既有冲击力和上进心，技战术特点在对手面前有较好的隐秘性。

秘密武器让最佳中卫错乱

世界杯开始前，笔者曾提到克罗地亚的成绩关键，取决于他们的年轻中卫格瓦迪奥尔的表现。尽管他才20岁，但是已经拥有足够的顶级赛场经验，而且个人能力非常突出。克罗地亚在中前场可以提供的新意不多，取得好成绩需要的就是后防线有个新的镇山之宝。

格瓦迪奥尔在之前对阵巴西等比赛中都发挥得非常出色，甚至被一些专家视作本届世界杯表现最好的中卫之一，但为什么打阿根廷发挥如此失常？阿根廷制造的点球，是格瓦迪奥尔本场比赛的转折点。恩佐·费尔南德斯对阿尔瓦雷斯的传球路线不是他预知的，可以看到格瓦迪奥尔当时有过一个异常的反向移动动作，这个动作造成了他启动的落后。这是不熟悉传球路线，或者说赛前准备没有了解过这种输送路线。

阿根廷的第二个进球则是克罗地亚完全不了解河床的反击打法。河床在杯赛中的很多反击就是阿尔瓦雷斯这种打法，在看上去更好的传球时机不选择传球，坚持自己带，而且朝着对手身上带，如果发生丢球，周围扯动的队友会快速过来围抢。从观众角度看，或许会认为阿尔瓦雷斯运气太好，皮球带到对方身上又弹回来接到。

其实阿尔瓦雷斯很熟悉这种场景，真正的原因是对方在他该传却不传的带球里已经感到慌乱。这种心理之下，就算是阿尔瓦雷斯丢了球，阿根廷队也有可能反抢到。包括恩佐·费尔南德斯也有过该传不传的情况，最后是丢了。加拉多执教河床8年，杯赛冠军拿到14个，包括3次进入解放者杯决赛2次夺冠，但是联赛冠军只赢过1次，道理也很简单，他在杯赛里的很多秘密武器不可能在联赛里反复使用奏效。

格瓦迪奥尔在阿根廷的第三个进球过程中，成为梅西的完美陪衬，和之前丢球受到的

心理打击有些许联系，更重要的还是他始终倾向于认为，梅西会把球传出去。确实，梅西近些年很少玩这样的边路窄缝盘带了。这就是新秀和世纪传奇的差异，梅西转身过掉他，技术动作绝对不是高难度，但格瓦迪奥尔自己在心理上对梅西的可能选项准备不足。

斯卡洛尼神来之笔

球迷很喜欢根据前一场比赛的表现去判断球队下一场比赛的前景。阿根廷对荷兰2比0领先后的丢球，让很多人担心阿根廷领先后不知道怎么踢。

这其实都是带着过去的看球方法去看待今天的足球，如果克罗地亚在技战术方案上无法像荷兰一样启动秘密武器，他们很难突破阿根廷队准备完善的层层布防。达利奇在下半时干脆把布罗佐维奇、莫德里奇等人都换下场，因为之前可用的套路在阿根廷身上都不管用了，例如莫德里奇作为中介手在左侧快速塞给左前锋的踢法，尝试了2次都很失败。达利奇把奥尔希奇、佩特科维奇、利瓦亚、马耶尔等人全派上场，是在绝望之中，希望用阿根廷人不熟悉的套路去尝试取得效果。

从这场比赛我们可以看到，阿根廷队相对于巴西队的优势：他们拥有一个风格非常适合杯赛的主教练。斯卡洛尼和加拉多有很多相近之处，例如不拘泥于阵形，例如在杯赛中敢于进行较大手笔的调整，而且直觉很好，他们的调整大多数能够见效。

而巴西知名评论员科埃略对蒂特的批评是，他把世界杯当成了俱乐部赛事，误以为出现了问题是可以在下一场比赛再去纠正的，调整速度极慢。而且巴西阵容甚至比赛中的换人顺序、谁换谁都是固定的，对手太好准备了。或许，最适合接替蒂特巴西帅位的人，是加拉多。

1	2

① 2022年12月13日，梅西在前场右路假动作晃开格瓦迪奥尔的防守抹入禁区，最终助攻阿尔瓦雷斯打进全场第3球。

② 2022年12月13日，阿根廷主帅斯卡洛尼在场边认真地阅读比赛形势，本场他的战术安排打了克罗地亚人一个措手不及。

魔童傺机，王的侍卫

吴昊宇

“La Arana（蜘蛛）”是胡利安·阿尔瓦雷斯在阿根廷最广为人知的绰号。这个绰号是他哥哥起的，原因是阿尔瓦雷斯小时候在地区联赛踢球时，就天赋异禀，给人感觉他不仅只有两条腿，阿尔瓦雷斯本人很喜欢这个绰号。“小蜘蛛”这个绰号不胫而走时，阿尔瓦雷斯还只是阿根廷的“未来希望”，而如今，他作为阿根廷正印9号，在世界杯半决赛独造3球。曾经的“小蜘蛛”已经成长为“蜘蛛侠”，成为全阿根廷顶礼膜拜的超级英雄。

面对和巴西队血拼120分钟后杀入四强的克罗地亚，阿根廷开场阶段并不占据中场优势，莫德里奇、科瓦契奇和布罗佐维奇始终牢牢控制着中场。但阿尔瓦雷斯还是抓住了一次少有的机会，曾经的河床双子星完成又一次连线，恩佐·费尔南德斯送出恰到好处的挑传，插入禁区的“小蜘蛛”在将球挑过利瓦科维奇后被撞倒在禁区内，点球，梅西操刀命中。

阿尔瓦雷斯的表演并未结束，随后梅西在反击中接球被克罗地亚球员放倒，只见阿尔瓦雷斯马上接过皮球，一路突破到克罗地亚禁区内，他没有选择将球分给左侧插上的队友，而是连续与对手做了“撞墙配合”后单刀直入，将球打进，尽显狡黠和犀利。DAZN在介绍阿尔瓦雷斯时称，曼城前锋虽然绝对速度不算快，但在出色的球感和嗅觉加持下，他的突破和跑动经常令对手防不胜防。上半场一次造点和一个进球，将其特点体现得淋漓尽致：逼抢和无球跑位积极，绝对速度不快但突破极为犀利。

易边再战，阿尔瓦雷斯门前打进“保姆球”，彻底锁定胜局。这个进球除了梅西精彩的突破外，阿尔瓦雷斯积极的做球和聪明的跑位也值得称道，正是他将长传球卸下后摆给身边的梅西，随后熟练地插到门前完成抢点。这只是阿尔瓦雷斯第8次为阿根廷队首发，却已打进7球，成了梅西冲击世界杯路上的最佳帮手。过去不论是特维斯、伊瓜因、帕拉西奥、阿圭罗还是劳塔罗，梅西成为阿根廷头牌约莫15年，都从未搭档过如阿尔瓦雷斯这般高效率的锋线杀手。

下半场的进球发生后不久，主帅斯卡洛尼用迪巴拉将阿尔瓦雷斯换下，而被他挤掉位置的劳塔罗·马丁内斯也给这位“竞争对手”送上拥抱。斯卡洛尼在小组赛末轮将阿尔瓦雷斯提拔到首发阵容，而将此前始终担纲主力，但迟迟找不到进球感觉的劳塔罗放上替

① 年轻的胡利安·阿尔瓦雷斯有一股初生牛犊不怕虎的锐气，他在对阵克罗地亚的半决赛上，以闪电般的速度和不懈的奔跑为阿根廷队创造胜机。

② 2022年12月13日，阿尔瓦雷斯以一种碾压式的突破撞开了克罗地亚城门，从高空俯拍的角度欣赏他舒展的射门动作，能感受到一种特殊的美感。

1

2

声音

MVP不该是我

梅西被评为当场最佳球员，但他表示打进两球的胡利安·阿尔瓦雷斯更应该获奖，“今天胡利安的表现高于所有人，他踢了一场非凡的比赛，他打开了局面，击倒了所有人，他配得上本场最佳球员奖项。”但不管怎样，梅西的光芒总是能盖过一切，阿根廷主帅斯卡洛尼说：“梅西毫无疑问是历史最佳球员，似乎这样说是因为我们是阿根廷人，但其实并非如此。每次看到他，他都会为你产生一些东西，为队友产生一些东西，为人们产生一些东西，而不仅仅是为阿根廷人。他能穿上蓝白球衣，是我们的特权优势。”

补席。阿尔瓦雷斯不辱使命，对阵澳大利亚的1/8决赛，他积极逼抢迫使门将马修·瑞安出球失误，并打入了阿根廷第二个进球，替补出场的劳塔罗却连连错失良机，此时阿尔瓦雷斯主力位置已彻底坐稳。

虽然劳塔罗在对阵荷兰替补出场后展现出不错状态，也在点球大战中打入制胜一球。但到了半决赛，斯卡洛尼继续信任“小蜘蛛”收到了丰厚回报。阿尔瓦雷斯与梅西的配合已愈发默契，如果说梅西能让比赛变得简单，那么二人双剑合璧则让阿根廷的进攻变得“易如反掌”。

阿尔瓦雷斯与梅西早就有缘。他的父亲曾表示，阿尔瓦雷斯尚未加入河床时，就已经得到了多家欧洲俱乐部的关注，其中包括梅西当时效力的巴萨。而梅西的父亲豪尔赫也曾亲自打过电话，询问阿尔瓦雷斯加入巴萨的事宜，这让老阿尔瓦雷斯“受宠若惊”。但由于当时皇马等俱乐部也有意，阿尔瓦雷斯的家人还是婉拒了巴萨的邀请。后来阿尔瓦雷斯也没有去成皇马，在河床成名后，2022年夏天正式加盟瓜迪奥拉的曼城。但不论给哈兰德打替补还是打辅助，抑或给梅西做僚机，阿尔瓦雷斯都有着足够多属于自己的高光时刻。

2022

第7战

世界杯决赛

阿根廷 3:3 法国

(点球 4 比 2)

2022.12.18 卢赛尔球场

① 主裁判：希蒙·马齐尼亚克（波兰） FIFA 本场最佳球员：梅西

换人

阿根廷		法国	
64′	11-迪马利亚↓ 8-阿库尼亚↑	11-奥斯曼·登贝莱↓ 12-穆瓦尼↑	41′
91′	26-莫利纳↓ 4-蒙铁尔↑	9-吉鲁↓ 26-马库斯·图拉姆↑	41′
102′	7-德保罗↓ 5-帕雷德斯↑	7-格列兹曼↓ 20-科芒↑	71′
102′	9-胡利安·阿尔瓦雷斯↓ 22-劳塔罗·马丁内斯↑	22-特奥·埃尔南德斯↓ 25-卡马温加↑	71′
116′	20-麦卡利斯特↓ 6-佩泽拉↑	14-拉比奥↓ 13-优素福·福法纳↑	96′
120+1′	3-塔利亚菲科↓ 21-迪巴拉↑	4-瓦拉内↓ 24-科纳特↑	113′
		5-孔德↓ 3-迪萨西↑	120+1′

进球

23′ 1 比 0（梅西） 迪马利亚左路切入禁区被登贝莱推倒，梅西点球射进右下角。

36′ 2 比 0（迪马利亚） 反击中梅西外脚背分右路，胡利安·阿尔瓦雷斯直传，麦卡利斯特禁区前低传左侧，迪马利亚小禁区前推进远角。

80′ 2 比 1（姆巴佩） 姆巴佩挑传，穆瓦尼左路超越奥塔门迪突入禁区被后者放倒，姆巴佩点球射进左下角。

81′ 2 比 2（姆巴佩） 科芒右路抢断梅西后发起反击，马库斯·图拉姆挑传禁区左侧，姆巴佩 14 米外凌空打进远角。

108′ 3 比 2（梅西） 恩佐·费尔南德斯禁区前斜塞，劳塔罗右侧射门造成洛里斯脱手，梅西 3 米外补射越过门线。

118′ 3 比 3（姆巴佩） 科芒角球被破坏，姆巴佩禁区线上射门击中蒙铁尔肘部，姆巴佩点球射进左下角。

点球决胜

荷兰			阿根廷
√	梅西	姆巴佩	√
√	迪巴拉	科芒	×
√	帕雷德斯	楚阿梅尼	×
√	蒙铁尔	穆瓦尼	√

黄牌

阿根廷			法国
45+7′	恩佐·费尔南德斯	拉比奥	55′
90+8′	阿库尼亚	马库斯·图拉姆	87′
114′	帕雷德斯	吉鲁	90+5′
116′	蒙铁尔		
120+5′	埃米利亚诺·马丁内斯		

技术统计

阿根廷		法国
3.23	预期进球	2.27
20(10)	射门（射正）	10(5)
0	射中门框	0
8	远射	3
54%	控球	46%
635(83%)	传球（成功率）	531(77%)
64(44%)	长传（成功率）	75(51%)
17(6%)	传中（成功率）	24(13%)
18(44%)	盘带（成功率）	31(55%)
6	角球	5
4	越位	4
58	成功对抗	88
10	成功争顶	22
23	铲断	26
10	拦截	10
20	解围	18
26	犯规	19
5	黄牌	3
0	红牌	0

数说

冠军梅西，纪录粉碎机

阿根廷时隔36年夺得世界杯第3冠，梅西首夺大力神杯，创造了多项世界杯纪录。

0 法国上半时在阿根廷禁区0触球，首次世界杯决赛上半场0射门，也是1966年有相关统计以来首次世界杯上半时0射门。

1 世界杯史上首开纪录次数最多的球员：梅西8次；罗纳尔多/维耶里/比利亚6次。

1 迪马利亚成为1966年有相关数据以来，首位世界杯决赛破门并制造点球的球员。

2 阿根廷小组赛首轮1比2不敌沙特，成为继2010年西班牙之后，世界杯史上第2支首战告负却夺冠的球队。

3 阿根廷第6次打进世界杯决赛，仅次于德国（8次），最终第3次捧杯。世界杯冠军榜：巴西5次、德国和意大利各4次、阿根廷3次、法国和乌拉圭各2次、英格兰和西班牙各1次。

4 单届世界杯点球进球纪录：梅西（2022）、伦森布林克（1978）、尤西比奥（1966）4球；格列兹曼（2018）、斯托伊奇科夫（1994）、内斯肯斯（1974）3球。

5 梅西成为世界杯史上首位单届小组赛、1/8决赛、1/4决赛、半决赛和决赛都有进球的球员。

6 梅西成为第6位在欧冠和世界杯决赛都有进球的球员：齐博尔（巴塞罗那/匈牙利）；盖德·穆勒（拜仁/西德）；普斯卡什（皇马/匈牙利）；齐达内（皇马/法国）；曼朱基奇（拜仁/尤文/克罗地亚）；梅西（巴萨/阿根廷）。

6 梅西是世界杯历史上主罚点球次数最多的球员（6罚4中，不计点球大战）。

8 世界杯决赛第8次进入加时赛（1994年和2006年进入点球战），近5届4次进入加时赛。

8 世界杯历史上，第8次有球队跨大洲夺冠，其中巴西队4次（1958、1970、1994、2002），阿根廷2次（1986、2022），西班牙1次（2010），德国1次（2014）。

10 欧洲球队世界杯夺冠次数12比10领先南美，不过当南美球队在决赛遇上欧洲球队，南美8比3优势明显。

10+ 1970年（盖德·穆勒参与13球；贝利参与10球）以来首次单届世界杯2+名球员参与10+球（梅西7球3助；姆巴佩8球2助），此前1位单届世界杯参与10+球的是马拉多纳（1986年5球5助）。

11 梅西11场世界杯进球，追平克洛泽和罗纳尔多纪录，其次为克林斯曼10场世界杯进球。

13 世界杯进球榜：克洛泽16球；罗纳尔多15球；盖德·穆勒14球；方丹/梅西13球；贝利/姆巴佩12球。

21 梅西创造世界杯参与进球纪录（参与21球，13球8助），其次为4人并列19球：贝利12球7助、盖德·穆勒14球5助、罗纳尔多15球4助、克洛泽16球3助。

26 梅西26场世界杯，超越马特乌斯纪录。

36 阿根廷时隔36年再夺世界杯，此前2次夺冠是1978和1986。

44 斯卡洛尼是2002年沃勒尔（德国，42岁）以来世界杯决赛最年轻主帅（44岁），成为1978年同胞梅诺蒂（39岁）之后最年轻的冠军教练。

最伟大决赛，最梦幻加冕

梁宏业

这很可能是世界杯历史上最伟大的一场决赛。看似波澜不惊胜负已定，却在80分钟后风云突变，跌宕起伏。最伟大决赛，有最伟大剧本，更有最伟大演员。梅西梅开二度，姆巴佩帽子戏法，但最终点球大战后，梅西在生涯最后一次世界杯，以最梦幻的方式带领阿根廷登基称王，兑现了全世界无数球迷对这场决赛的最大期待。

斯卡洛尼藏牌大师

赛前，阿根廷队临时换阵让人大吃一惊，斯卡洛尼赛前两天都在主要演练五后卫战术，迪马利亚并不在首发，但决赛前，斯卡洛尼突然变阵，迪马利亚进入了主力阵容，利桑德罗·马丁内斯并未首发，阿根廷队恢复到最常用的433阵形。另一个变化则是，塔利亚菲科取代了理论上的主力阿库尼亚成为首发左

后卫。

斯卡洛尼除了能藏人，还能藏玩法。迪马利亚在斯卡洛尼的国家队一直打右边锋，2021年美洲杯决赛的进球也是在右路利用反击打进的。所以，大家第一感觉自然是阿根廷队要和法国队在此路进行决战，因为迪马利亚和姆巴佩两队最重要的边路球员都在此路。但德尚难以想到的是，比赛开始后，迪马利亚换为左边锋。这意味着阿根廷队主攻方向的大调换。

阿根廷队开局踢得异常主动，全队上

1

2

① 2022 年 12 月 18 日，蒙铁尔在点球大战打进制胜一球后，其他站在中线的阿根廷球员表情瞬间从严肃变成狂喜。

② 2022 年 12 月 18 日，迪马利亚为阿根廷队打进 2 比 0 的进球后，做出其标志性的“比心”庆祝动作。

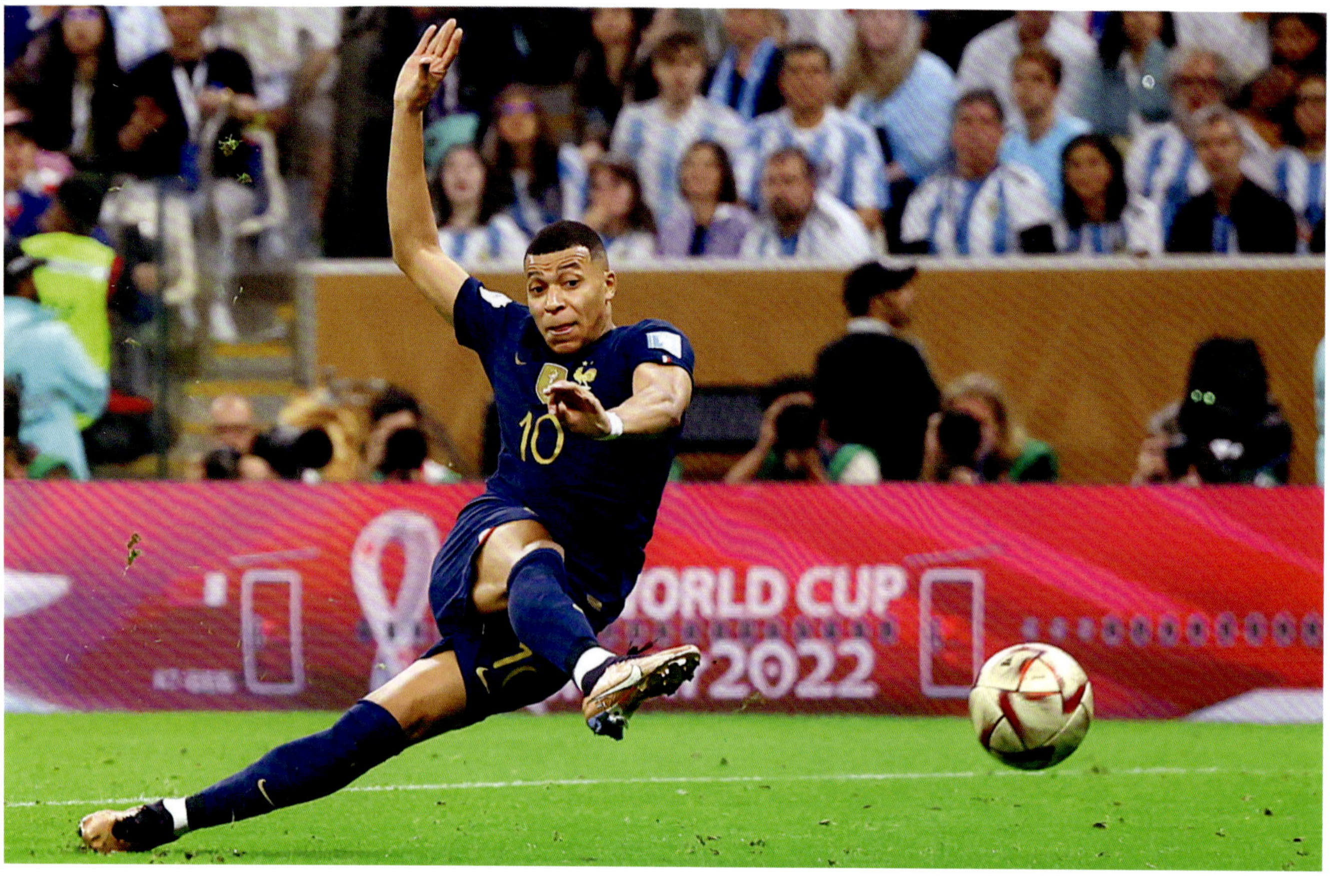

抢有侵略性，进攻推进中多一脚触球配合，而迪马利亚的战术作用也体现得淋漓尽致。无论是在一对一个人突破，还是作为全队最后一个接应点，迪马利亚都更接近终结者角色，他经常高悬在左前方，接梅西在右肋发起的进攻，经过中路快速过渡到他脚下。

阿根廷队敢让迪马利亚如此高悬在前部的一个原因就是，右路是法国队偏弱的一路，登贝莱面对紧逼防守经常丢球，所以迪马利亚没有太多回防任务，只需专心进攻，也就是说斯卡洛尼找到了法国队的一个漏洞。第23分钟阿根廷队的进球把这个漏洞体现得淋漓尽致，迪马利亚左路一对一突破回防的登贝莱，却被登贝莱在禁区内放倒，梅西主罚点球得手，1比0。

阿根廷队先进球后，并未立刻变换为防守姿态，而是继续打着自己的好球，法国队找不到应对方法，进攻散乱，经常刚推过中场就被阿根廷队断球。这种情况下，阿根廷队打出了一次漂亮反击，梅西、阿尔瓦雷斯连续传递后，麦卡利斯特将球横传给左路的迪马利亚，尤文图斯边锋一蹴而就，2比0。

德尚在上半场结束前就发怒式换下登贝莱和吉鲁，说明他已看出斯卡洛尼的阴谋。法国队在上半场0射门，在对方禁区0触球，场

声音

阿根廷人可以跳十年舞

击败法国队夺得世界杯冠军后，阿根廷的球员们在球场上尽情舞蹈庆祝，曼联名宿罗伊·基恩开玩笑地表示，阿根廷球员可以在未来十年里随心所欲地去跳舞庆祝！此前，基恩抨击了巴西队在1/8决赛对韩国队的比赛中，球员和主帅蒂特跳舞庆祝的行为，认为这样做对对手缺乏尊重。但当阿根廷队最终捧起大力神杯之后，基恩表示："斯卡洛尼一直都和球员们之间保持着紧密的联系，我认为这种联系对于球员们来说是至关重要的。这是一场多么精彩的对决啊，真的是太精彩了，阿根廷想跳什么舞就跳什么舞。他们今晚将在酒店跳舞庆祝，祝他们好运，他们能在接下来的十年里继续跳舞。当你赢得比赛的时候，就是你可以跳舞的时候。"

面是羞辱性的。

法式个人主义突然发威

阿根廷队在下半时前20分钟仍占据绝对主动。但迪马利亚被换下场改变了比赛走势，法国队逐渐找回感觉。破釜沉舟的德尚在第71分钟再换两人，法国队的攻势继续推进一档。此时的阿根廷似乎进入了体能极限，越踢越被动，在中场中转时被断球太多，上半时那种一脚传球配合逐渐消失。如果说上半时是阿根廷队的整体足球战胜了法国队的个人主义足球，那么在下半场最后20分钟，则是法国队的个人主义足球大显神威的时候。

第80分钟，穆瓦尼利用自己的身体素质和爆发力，强吃奥塔门迪被放倒获得点球，姆巴佩主罚得分扳回一城，这是法国队全场第一次射正。1分钟后，梅西在中场被科芒断下，小图拉姆和姆巴佩在禁区前打出二过一配合，最终姆巴佩抽射一锤定音，2比2，一场原本看似大局已定的比赛又重新拉到悬念之中。下半场最后15分钟，阿根廷异常被动，似乎法国队任何一次反击都能结束阿根廷的冠军梦想。但最终阿根廷熬到了加时赛。

喘过一口气的阿根廷队在加时赛连续换人，梅西则展现出强大的争胜愿望。第105分钟，阿根廷队在禁区前打出快速小配合，但劳塔罗接到梅西最后一传没有选择直接射门，停球后射门被后卫挡出。3分钟后，劳塔罗、恩佐和梅西在禁区前打出连续配合，劳塔罗的射门再次被扑，但梅西插到门前补射得手，3比2！

阿根廷队的替补球员们都冲进场内庆祝，但比赛并未结束，姆巴佩也并未放弃，巴黎前锋在比赛最后的凌乱时段体现了强大的统治力，他的远射被蒙铁尔的手肘挡出被判点球，姆巴佩主罚射中再次扳平了比分，完成了决赛帽子戏法，最终以8粒进球捧走金靴。两队在最后时刻都还有绝佳机会拿下世界杯，但无论是穆瓦尼的单刀还是劳塔罗利用反击获得的头球攻门机会都被浪费，最终只能进入点球大战。

12码前，梅西和姆巴佩依旧不分胜负，两人都打进首个点球，但随后阿根廷队出场的迪巴拉、帕雷德斯和蒙铁尔全部命中，而科芒和楚阿梅尼未能罚中，最终阿根廷队点球大战中4比2战胜对手，历史上第3次捧起了世界杯，也是梅西职业生涯第一次举起大力神杯。

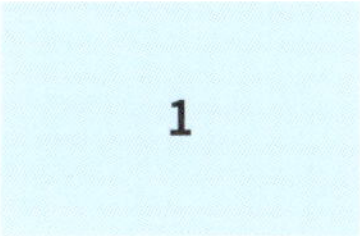

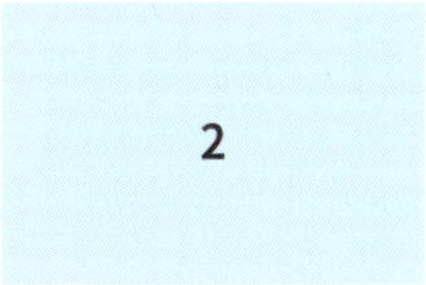

① 2022年12月18日，姆巴佩在比赛第81分钟凌空卧射破门，在2分钟内为法国队扳平比分。

② 2022年12月18日，阿根廷和法国的世界杯决赛进入加时，梅西在第108分钟门前补射破门,帮助球队再次取得比分领先。

斯卡洛尼“出道”即巅峰

▷ 沈天浩

在卢赛尔的夜空中，斯卡洛尼被狂欢庆祝的声音包围。他的思绪回到了四年半之前，那时的自己还是桑保利在阿根廷国家队的助教。俄罗斯世界杯，阿根廷队在1/8决赛中被法国队淘汰，记分牌上的比分相当接近，但两队在场上展现出的实力与状态差距，远远比分差更加悬殊。2018年，阿根廷队在折戟世界杯之后，已经25年没有夺得国际赛事锦标了。斯卡洛尼在上任后不久的一次采访中表示：“每次赛事只有一个赢家，最近碰巧都不是我们。如果要重回胜利轨道，我们需要做的还有很多。”

四年过去，他终于做到了，对手恰好又是法国。命运给了斯卡洛尼和阿根廷人复仇的机会，可把握住这一机会，需要的是超凡的决心与勇气。此役过后，蓝白间条衫上的星星变成了三颗，阿根廷国旗上“五月的太阳”似乎都更加灿烂。探戈军团三次站在世界之巅，有着不无相似的情节和背景：国内问题深重，开局磕磕绊绊，巨星挺身而出，少帅功成名就。从军政府到马岛战争，再到持续经年的经济危机；从最佳射手肯佩斯到天神下凡的马拉多纳，再来到梅西的加冕礼。在39岁的梅诺蒂和46岁的比拉尔多之后，44岁的斯卡洛尼也成了冠军主帅。

“公牛”的焦虑

记忆回到2013年，斯卡洛尼35岁，在意甲亚特兰大踢球，这也是他球员生涯的最后一站。彼时，亚特兰大尚未进化为如今的意甲一极，但斯卡洛尼在“真蓝黑”效力的两个半赛季里鲜有登场机会。当时的队友回忆起斯卡洛尼，他在更衣室里扮演着重要角色，与队内的意大利和阿根廷球员关系甚笃，却和大多数阿根廷人一样沉默寡言。那时候斯卡洛

尼想得最多的问题是退役之后的生活。他不断地问队友："我们退役后应该干什么？需要为退役后的生活存多少钱？"

斯卡洛尼多虑了。然而在他执教生涯的起步阶段，很少有人能够想到他可以取得这样的成功。球员时代的斯卡洛尼，留给人们的印象是趋于模糊的：他既不太高，也不太矮，习惯的位置是右后卫，在早年也踢边中场，又客串过后腰和中卫。他职业生涯的巅峰岁月，显然留给了拉科鲁尼亚，然而在那支不断制造着惊喜的球队，斯卡洛尼似乎是不那么让人惊喜的球员之一。在球迷们怀旧的记忆里，提到当年那支"超级拉科"，最先想到的肯定不是斯卡洛尼。

2006年1月，斯卡洛尼离开了效力八年半的拉科鲁尼亚，随后开始在各大联赛之间辗转：西汉姆联、桑坦德、拉齐奥和洛卡，最终在亚特兰大挂靴。论声望，球员时代的斯卡洛尼当然算不上显赫；论位置，斯卡洛尼踢的并不是公认"出教练"的中场，而是边后卫；论风格，"勤勉"一词显然比"灵感"和"技术"更适合他，他的绰号"公牛"清楚地表明了这一点。为什么这样一位球员在拾起教鞭之后，居然能率领阿根廷队创造36场不败的纪录，又赢得队史上的第三座金杯？

奉命危难之间

斯卡洛尼上任时，阿根廷队正处在信心的谷底。"我们（教练组）和球员们背负着取胜的义务。这个团队承载的心理压力实在太大了。"俄罗斯世界杯之后，桑保利对《马卡报》敞开了心扉。彼时，阿根廷队已经25年没有赢得国际大赛冠军——太久了。世界杯赛场上，2018年之前的阿根廷人，已经连续三次

1	2

① 2022年12月18日，阿根廷队夺冠当晚在卢赛尔球场外和球迷庆祝，主帅斯卡洛尼手捧金杯和决赛用球留影。

② 决赛中，斯卡洛尼在场边指导胡利安·阿尔瓦雷斯逼抢对手，展示了其激情一面。

倒在宿敌德国脚下；美洲杯层面，巴西莱的球队在2007年被巴西“二队”击溃，随后的三届美洲杯，探戈主帅从巴蒂斯塔换成马蒂诺，球队三次倒在十二码互射。阿根廷人渴望胜利，可他们越想赢，胜利似乎就距离他们越远。

此前，斯卡洛尼只在塞维利亚和国家队给桑保利做过助教。为什么要选他？原因很简单：在当时的情形下，几乎没有人愿意接过这烫手的山芋。就在2016年，梅西因为对阿根廷足协不满，宣布退出国家队，尽管他在此后又重新披上蓝白间条衫，但后格隆多纳时代阿根廷足协的种种混乱，显然还没有彻底得到解决。

作为桑保利曾经的助教和继任者，斯卡洛尼并未一味沿袭前者的足球遗产。上任之后，他开始了渐进的变革。中场的恩佐·佩雷斯被放弃，洛塞尔索和帕雷德斯开始赢得机会，前锋线上阿圭罗逐渐淡出，劳塔罗·马丁内斯和阿尔瓦雷斯逐渐成为主角。探戈军团在年轻化的进程中，围绕着梅西打造出了一支更加均衡的球队。

变阵带来胜利

俄罗斯世界杯上，桑保利的阿根廷队只踢了四场比赛，却换了三种阵形——比起主动的战术调整，这更像是球队在险恶的出线形势下做出的被动应对。桑保利在国家队任上，从未真正找到适合这支阿根廷队的打法，他带着对三后卫的执念上任，却发现这支国家队的人员配置，根本无法支持自己的战术构想。

斯卡洛尼的战术，同样不是一成不变的，但他的调整思路显然更加清晰。本届世界杯上，阿根廷在小组赛首轮爆冷负于沙特阿拉伯，球队442阵形中的四名进攻手，集体掉入雷纳尔治下沙特队的越位陷阱。比赛结束后几个小时，笔者在多哈采访了卡佩罗，意大利老帅表示：阿根廷小组赛首轮输球未必是坏事，这有助于球队及时纠错。

从第二场小组赛对阵墨西哥开始，斯卡洛尼将阵形变为433，卡利斯特进入主力阵容，和德保罗组成三中场的两侧，而在居中后腰的位置上，本届世界杯大放异彩的恩佐·费尔南德斯很快坐稳了首发。四分之一决赛，阿根廷队迎来了本届世界杯的第一个强敌荷兰，斯卡洛尼果断变阵352，将利桑德罗·马丁内斯推上首发，与奥塔门迪和罗梅罗搭档。荷兰老帅范加尔在赛前开启嘲讽模式：“阿根廷人模仿我们的阵形，是因为害怕我们。”然而在比赛中，阿根廷在两翼的比拼中完全胜出，右边翼卫莫利纳为球队首开纪录。

来到半决赛，阿根廷人的对手是此前淘汰了巴西的克罗地亚，蓝白主帅再次出人意料，他排出了一套442，用帕雷德斯、恩佐·费尔南德斯、德保罗和卡利斯特组成了球队的中场线，前场的梅西和阿尔瓦雷斯因此得到了更大的自由度。最终，在“工兵中场”的支持下，阿根廷反倒踢出了最华丽的进攻，梅西光芒四射，探戈军团三球大胜，蓝白10号奔袭半场、凌波微步，为门前的阿尔瓦雷斯送上助攻，注定将成为本届世界杯最具艺术感的画面。

激活最佳梅西

在斯卡洛尼治下，我们看到了梅西在国家队的最佳版本。2021年的美洲杯赛场上，梅西打入4球、献出5次助攻，为球队终结28年冠军荒立下头功，也打破了个人层面国家队无冠的魔咒，然而在对阵巴西的决赛中，为球队进球的不是梅西，而是迪马利亚。“为阿根廷队在决赛中进球”，成了梅西封神路上最后的一道关卡。来到卢赛尔的决赛场，阿根廷10号梅开二度，并且在点球大战中第三次将皮球送进了洛 斯的球门。

决赛前两天，卡佩罗在专访中对笔者表示：我们重新看到了那个巅峰状态的梅西。斯卡洛尼当然功不可没。在很长一段时间里，比起在俱乐部赛场上的无所不能，梅西在国家队都没有找到最佳感觉。我们经常看到梅西在巴塞罗那意气风发，回到国家队集训地却眉头紧锁——某种程度上来说，蓝白色成了梅西沉重的心理负担。如今的情况则完全不同：梅西已经离开巴萨，在新东家巴黎的开局也不甚理想，相比之下，国家队的梅西才是最快乐的梅西。

2006年世界杯，斯卡洛尼和梅西做过队友，现任国家队主帅彼时是阿根廷队的替补边卫，他和梅西坐在板凳席上，度过了那届世界杯的大部分时间。在探戈军团的教练席上，斯卡洛尼并不是唯一的梅西前队友，那里还有萨穆埃尔和阿亚拉，以及梅西的昔日偶像艾马尔。教练组的几位名宿中，斯卡洛尼在球员时代或许最不起眼，但他成功地打造了一支极具凝聚力的球队。当年19岁的梅西，现在已经成了一名35岁的老将，他在斯卡洛尼的国家队，找到了自己的心理舒适区，在自己的最后一届世界杯上终于圆梦。经此一役，斯卡洛尼将自己的名字写进了阿根廷足球历史的名人堂，而摆在他面前的执教生涯依然漫长。

1

2

① 决赛中，当迪马利亚为阿根廷队打进第2球时，教练组成员和替补队员们都在忘情庆祝，斯卡洛尼却面不改色，展现了其冷静的一面。

② 2022年12月18日，阿根廷队主教练斯卡洛尼在决赛后亲吻球员帕普·戈麦斯。

声音

梅西让我卸下了包袱

世界杯开赛前，阿根廷队被本国乃至全世界的球迷寄予极大的期待，但这样的期待，对于球员与教练组来说，也意味着巨大的压力。世界杯夺冠后，主帅斯卡洛尼透露自己曾与梅西主动谈起压力。“在颁奖之前，我与梅西聊了一小会儿。其实在世预赛出线后，我和梅西就有过一次谈话。我给他打电话，因为我觉得接下来的情况可能会很艰难。我们在向人们传递着十分积极的信号，但之后他们可能也会面临巨大的失望。”

“我告诉梅西，人们希望越大，失望也可能越大。他对我说，‘那又如何？我们继续，我们就这样继续，因为肯定会有好结果。就算结果不好，去尽力争取也没有什么问题。’梅西给了我莫大的鼓舞，因为那时我有一种感觉，我不知道是不是焦虑，我感觉人们对我们有着太大的期待。我必须要和梅西谈谈，与他一同卸下压力。他的回答让我意识到，我们做得很出色。这一段经历，我希望与大家分享，因为我觉得这段经历非常美好。”

最曲折加冕 最完美咏叹

杨健

120分钟令人窒息的苦战，两次领先被追平、最终靠看家法宝点球大战制胜，这场集中了红牌之外全部戏剧元素的决赛，注定成为梅西生涯盖棺定论的终局之战。在后浪姆巴佩以世界杯史上第2个决赛帽子戏法汹涌冲击时，同样用生涯最擅长的梅开二度高调回应的梅西，一战撕下了全部国家队的灰色标签，以最王道的方式在卡塔尔加冕。

此战之后，有关梅西与马拉多纳夹缠不清的比较，终于可以告一段落。战胜心魔的蓝白10号，正式在万神殿中再进一步，而与贝利的差距，也已在毫厘之间。

金杯+金球，当之无愧

卢赛尔球场的决战夜，比起表情凝重、脚步迟滞的法国队众将，在双方首发11人中第二年长的梅西，却似乎恢复了青春，面对特奥·埃尔南德斯和于帕梅卡诺的联手绞杀，每每要面对铁桶阵的梅西，几乎每次触球都无懈可击。

而当被迪马利亚晃过的登贝莱，气急败坏地回追并上下其手送出点球后，在巴萨最后岁月被“香球王”数次坑惨的梅西，似乎是对2018/2019赛季欧冠半决赛首回合久违的补偿。那场比赛尾声，替补登场的登贝莱3次浪费了梅西的妙传，为次回合安菲尔德奇迹埋下了始料未及的伏笔。

此前5个进球中3个来自点球的梅西，没有重蹈对垒波兰时赌门将率先移动失败的覆辙，射门前最后一步助跑显著的节奏变化，让提前移动的洛里斯彻底扑空，而在进球后，梅西露出了多年来决赛中罕见的笑容，这种轻松，也让高度紧张的蓝白军团，就此进入了自

1

2

① 2022年12月18日，梅西高举大力神杯和队友以及现场的阿根廷球迷们庆祝夺冠。

② 2022年12月18日，梅西主罚点球骗过法国门将洛里斯，为阿根廷先拔头筹。

己熟悉的节奏。

而当梅西在中圈接球策动、麦卡利斯特长驱直入，远点接应的迪马利亚一锤定音时，这对从2008年北京奥运会一路搭档至今的69岁组合，继上届美洲杯决赛后，再度成为阿根廷队的定盘星。而首战状态欠佳、随后逐步淡出首发的“天使”，进球后激动到热泪盈眶，也让这组14年搭档的谢幕之战，真正功德圆满。

毫无疑问，这场完胜恰是梅西淘汰赛节奏的延续。从1/8决赛开始，梅西的表现几乎是阿根廷队比赛进程的晴雨表：从对垒黑马澳大利亚的一传一射，到对垒荷兰复刻数据并在点球战首开纪录，直至半决赛贡献了注定载入史册的“犯罪式过人”，梅西不但在数据上领跑淘汰赛阶段的所有球员，对比赛的阅读，更近于炉火纯青。

在97秒连失2球后，加时赛的梅西，险些重现1986年阿根廷的登顶剧本，然而他的补射，仍被拒绝认输的姆巴佩极限追平。点球大战时眼神坚定的梅西，仍然开启了全队4罚4中的完美输出，毫无疑问，这是这场史上最佳决赛最完美的终结方式。

而伴随终场哨响，没有眼泪，只有畅快笑容的梅西，终于攻陷了35年人生看似最遥不可及的那座堡垒。在贝利、马拉多纳、克鲁伊夫、贝肯鲍尔、普拉蒂尼、齐达内和罗纳尔多们均无缘再战世界杯的35岁，渡尽劫波的梅西，终于完成了人生的全满贯。

8年前，正值生涯巅峰期的梅西，虽然以亚军+世界杯金球，做到了非冠军队成员中的最佳，但那届梅西几乎将全部火力，都留在

① 2022年12月18日，梅西首开纪录后滑铲庆祝，队友们也立刻聚拢过来参与欢庆。

② 赛后颁奖仪式上，卡塔尔埃米尔阿勒萨尼亲手给夺冠后志得意满的梅西穿上象征王室身份的黑色丝袍。

了小组赛，4个进球固然为蓝白军团全取9分，但淘汰赛除去助攻好基友迪马利亚，被对手严密布防的梅西再无建树。高开低走，也令低调起航的萨韦利亚国家队，仍不免在决胜时刻，成为强弩之末。

彼时的梅西，固然有着独一档的传突射威胁，但体能的分配不均、比赛专注度的持续下降，在淘汰赛征程肉眼可见。但本届已经进入生涯暮年的梅西，体能、爆发力和恢复能力，都早已不可和8年前同日而语，但球迷看到的，是一个在小组赛有意蓄能，在淘汰赛持续逆生长的“梅球王”。

而世界杯上的超神演出，也基本意味着来年金球奖悬念大降，毕竟，决赛前梅西和姆巴佩谁赢得决赛，谁就包揽金杯+金球已是公论，尤其本赛季梅西俱乐部数据与姆巴佩不分轩轾的当口，巨大的情怀加持之下，还有比第8尊金球更完美的尾声吗？

历尽磨难，终成正果

青年队赛事所向披靡，成年队赛事运交华盖，这几乎是2021年之前梅西国家队生涯

声音

愿发俩奖杯，梅西姆巴佩各一个

阿根廷点球战胜法国夺得冠军，两队的头号球星梅西与姆巴佩都效力于巴黎圣日耳曼。赛后，巴黎主席、卡塔尔人赫莱菲在接受采访时表示，如果可以，愿意给梅西与姆巴佩各颁一座奖杯，“在我看来，这是世界杯历史上的最佳决赛。作为法甲俱乐部的主席，我为法国感到难过，也为姆巴佩感到难过，他在这场比赛中的表现堪称完美。如果可以，我愿意颁发两座奖杯，一座给姆巴佩，一座给梅西。对我来说这个结果不易接受，因为我支持法国队。但我也为梅西感到高兴，他配得上赢得奖杯。姆巴佩还有很多年时间去重夺世界杯。”

的集中概括。从18岁到21岁，梅西拿到了U23球员的两大核心奖项，而2006年世界杯的首秀与首球，几乎是下一个球王登基前格外顺畅的伏笔暗线。

梅西首次挺进世界杯决赛，是在国家队首秀9年之后。而功亏一篑，几乎成了梅西历届大赛的主旋律。尽管在俱乐部，但凡进入决赛几乎总是胜者的梅西，仍是十足的赢家，但在国家队，“千年老二”之于阿根廷都一度是奢侈，更遑论多次命运乖离、阴差阳错的提前出局。

在2021年美洲杯之前，梅西国家队的磨难，几乎涵盖了所有巨星的失意方式：因位置和踢法与全队不合拍双输、创造出足够机会却被队友慷慨挥霍、成为足协权力交接和频繁换帅的牺牲品、身不由己地被裹挟到各类垃圾赛事走穴跑场。而2016年再度决赛不敌智利后的负气退队，几乎将梅西悲情的国家队生涯推向了最高峰，即便两年后险些折戟小组赛、1/8决赛在一场进球大战中被法国队冲垮，都无法与那一至暗时刻相提并论。

“梅西在场上可以，但在场下，他优先打他的游戏机，而不是和队友聊天。对我来说，梅西是个很难说话的人。我们现在要求一个在比赛前上20次厕所的人成为领袖是没用的。”早在2018年，远赴俄罗斯观战、贡献各类表情包的马拉多纳，就对梅西的国家队生涯“终审宣判”。而这一曾应者云集的观点，不但来自两人仅有一次的糟糕合作，更来自“人比人，气死人”的比较。一冠一亚的马拉多纳，贡献了世界杯历史上最卓绝的个人演出，而直到本届，梅西才在核心数据上与老马平起平坐。

但从上届美洲杯决赛那场崩断神经的巅峰对话后，门前数米错失绝杀、却仍不妨碍捧杯的登顶经历，不但成就了梅西迄今最后一尊金球，也破解了萦绕梅西多年的业障。一个更从容、更平静、在关键时刻更靠得住、

1

2

① 赛后梅西的家人进入球场共同庆祝夺冠，梅西用手机为妻子安东内拉拍照留念。

② 当地时间2022年12月19日，印度孟买一位来自古鲁古尔艺术学院的艺术家对梅西亲吻世界杯奖杯的画作进行最后的润色。

也不再刻意压抑情绪的梅西，终于找到了释放压力的法门。

2018年世界杯，惨败克罗地亚让阿根廷成为惊弓之鸟，此后险胜尼日利亚和溃败法国，都是那场绝望情绪的蔓延。但在本届被沙特“开门黑”、又对波兰射失点球的“起步停车”，非但没有让小组赛毁誉参半的梅西就此泄气，反倒给了他在淘汰赛爆发的额外精神动力。

保三争二？坐二望一！

伴随着竞争10年的C罗提前告别卡塔尔，在重挫后原地重生的阿根廷，史上第6次世界杯决赛终于捧杯而还，也意味着梅西终于以胜利者姿态，在足坛众神殿中再进一步。尤其18年职业生涯至今，梅西与马拉多纳的纵比横比从未止歇，但如今，蓝白10号可以名正言顺地超越老马，成为阿根廷队史第一人。

尽管世界杯同为一冠一亚，但本届梅西的表现，相形1986年马拉多纳的神奇输出，梅西固然在高光时刻和进球传奇性上逊色不少，但在决定比赛意义上却能等量齐观。本届梅西一改此前高开低走的惯性，成为世界杯史上首位单届小组赛、1/8决赛、1/4决赛、半决赛和决赛都有进球的球员，尤其淘汰赛场场首开纪录，更是罕见的神迹。当然，彼时的马拉多纳要面对的，是以许丁茂为首的“伐大树”，而梅西在VAR和更严厉的点球判罚尺度的加持下，数据井喷、淘汰赛超神也并不出人意料。而在双方都格外失意的亚军征程中，2014年梅西的表现，显然更胜1990年被伤病困扰、最大亮点是1/8决赛人丛中助攻卡尼吉亚的老马。而在俱乐部层面，两人早已没有比较的必要。

捧起大力神杯，也意味着梅西和贝利的距离再度拉近。在捧起个人首尊金杯同时，梅西也在世界杯总产出上以13球超越球王，与方丹并列历史第4。虽然在届数上，梅西是前5中用时最多的一个，但在单届绝对高度上，本届7场7球，且淘汰赛全部首开纪录的梅西，比起贝利封神的1958年，也着实难分伯仲。

当然，在绝对数量上，一届封王的梅西，显然无法和世界杯头号代言人相提并论，但必须正视的是，16年间的阿根廷队，一直都不是历届世界杯的头号热门，哪怕在本届期待值，也一度在巴西和法国之后。

而在俱乐部层面，梅西和贝利的比较一直是关公战秦琼，贝利全盛时代在桑托斯的一众成就，因媒介的不发达、数据统计的模糊，尤其是欧洲联赛缺乏有效参照，常常被无形低估，尤其是金球奖直至1995年才授予非欧洲球员，世界足球先生1991年才创立，个人奖项的缺憾着实无从弥补。而赶上新世纪媒介传播黄金年代，尤其是社交媒体兴起后的梅西，39个俱乐部赛事冠军，独占历史第一，而在体育领域之外，“破圈”程度比当年走到哪里被欢迎到哪里的贝利，有过之而无不及。

可以肯定的一点是，至少是21世纪最佳球员的梅西，与20世纪的贝利一样，是现代足球运动百余年来最无可逾越的两座至高山峰。

戴金手套的“恶人”门神

小五

在梅西上台接受顶礼膜拜之前，埃米利亚诺·马丁内斯先接过了代表本届世界杯最佳门将的金手套。卡塔尔世界杯真正的扑点高手只有两个，一个是波兰的什琴斯尼，另一个就是马丁内斯，区别在于前者精于技术，而后者工于心计，其余看似强大，皆是时势造英雄，运气成分较大。

什琴斯尼本届大赛在常规时间就连扑两个点球，对沙特是救命的，对阿根廷算是于事无补，但他扑出的是梅西的点球。什琴斯尼的强当然源自他本身的扑救技术，但他的这一套是可以复制的，而马丁内斯的强是无法学习的，他的心理强大有先天的因素，也有后天的锻炼，如果不是在他的环境中走一遭，是练不出来的。

马丁内斯来自阿根廷一个贫困家庭，造就了他混不吝的性格，他是年少成名和大器晚成的另类结合体。说他年少成名，是因为他早早被阿森纳看中来到了伦敦，说他大器晚成，则是因为在阿森纳蹉跎了整整十年。期间虽有过外租机会，但每次回到阿森纳，从来没有得到过真正的信任。马丁内斯的阿森纳首秀甚至是在欧冠当中完成的，巧合的是，球队长期的一号门将就是什琴斯尼。2014/2015赛季，马丁内斯是在什琴斯尼和二号门将奥斯皮纳都受伤的情况下，才捡得了几次出场机会，对多特蒙德，他因为出色表现还入选了欧足联官方评选的最佳阵容。但当什琴斯尼伤愈，马丁内斯自然而然地失去了出场机会。

第二次转机已经是2020年了，主力门将莱诺受伤，马丁内斯作为首发帮助阿森纳获得了足总杯和社区盾的冠军，但历史再次重演，莱诺复出，马丁内斯再次失去主力位置。于是在那年夏天，隐忍了10年的替补门将转投了阿斯顿维拉，正是在那里获得了阿根廷主帅斯卡洛尼的青睐，代表阿根廷成年队首秀的时候，他还差3个月就满29岁。

2021年，马丁内斯终于时来运转，被斯卡洛尼认定的先发门将阿尔马尼在美洲杯前几天被查出感染新冠病毒，于是马丁内斯顶上，首场就扑出了比达尔的点球，半决赛对哥伦比亚点球大战更是贡献3次扑救，5个点球4次判断对了方向，而哥伦比亚的门将正是马丁内斯曾经负责陪练的奥斯皮纳。马丁内斯的国家队扑点经历早在2009年就开始了，只不过那是在U17美洲杯上，尽管他扑出了2个点球，但阿根廷还是在决赛中输给了巴西。

马丁内斯的扑点总是在跟对手进行心理战，门线舞蹈、垃圾话干扰对手都是家常便饭，对性格柔弱的现代欧洲球员来说是个考验。马丁内斯花招极多，像鬣狗一样耐心寻觅机会突破你的心理防线，比赛越是重要他越兴奋，能打进他的点球的都是真的勇士，姆巴佩两次主罚，马丁内斯都碰到了皮球，但无奈质量太高。科芒和楚阿梅尼可就没这个本事了，梅西打进，马丁内斯扑出，阿根廷球员的自信也就建立起来了。赛后激动到落泪的马丁内斯透露：“我跟队友们说不要慌张，要淡定，因为我肯定会扑出两三个的……”

马丁内斯有这个底气，8强战荷兰是他另一个杰作，同样是两次判断对了方向，两次扑救成功。赛后他还“大放厥词”，对比赛官员设定的超长补时表达了不满：“也许裁判希望荷兰晋级吧。”点球大战开始前还有一幕，他在两个手套都吐了口水，来增加摩擦力，但此时裁判走了过来向他解释规则，马丁内斯顺势把口水也抹在了裁判的脸上……可怜这位西班牙裁判。

马丁内斯从这种意义上绝对是足球世界的“恶人”，不雅手势、不当发言，在世界杯抽签时，他因为阿根廷抽到墨西哥嘟囔了几句“简单，简单”还被批评过，只不过那也属于这个“普通人”的真实反应。马丁内斯从来拒绝做英雄，他认为是队友的努力才赢得的比赛。2021年美洲杯半决赛梅西曾在社交媒体上发表一段讲话，提到马丁内斯是他认为的世界最佳门将之一，这位出身平凡的阿根廷门将至今想到还浑身颤抖。不过，这次轮到梅西为他的扑救而颤抖了，所有阿根廷球迷也为之颤抖。

① 2022年12月18日，阿根廷门将埃米利亚诺·马丁内斯在加时赛最后时刻奋力挡出穆瓦尼的单刀球。

② 埃米利亚诺·马丁内斯凭借本届世界杯的出色表现，获得了代表最佳门将的“金手套”奖。

1

2

决赛之神，神的最佳配角

小中、吴昊宇

只要迪马利亚在决赛中进球，阿根廷队就夺冠！迪马利亚真是“天使”，给阿根廷队带来好运气！卡塔尔世界杯决赛对法国，第23分钟梅西点球首开纪录，创造点球机会的正是迪马利亚。第36分钟阿根廷队快速反击，将比分改写成2比0的还是天使。打进那个进球后，迪马利亚情不自禁地哭了。加时赛上半场梅西再进球以及赛后庆祝，天使又哭了。尽管一波三折，惊心动魄，但阿根廷队最终还是赢了，时隔36年再夺大力神杯。

8年前留有遗憾

8年前的巴西世界杯，阿根廷杀入决赛，但他们在1/4决赛失去了梅西身边最好的帮手——迪马利亚，他在对阵比利时的比赛中拉伤大腿，虽然主帅萨韦利亚决定在赛前不让迪马利亚首发，“天使”还是为出场做好了准备，但最终他没有等到出场机会，阿根廷在加时赛中被替补出场的格策绝杀，0比1输掉了世界杯决战，也目送德国队登上世界之巅。赛后领取亚军奖牌的迪马利亚眼含热泪。

迪马利亚曾在亲笔信中谈到8年前的那场决赛：“我收到皇马的来信，我还没有打开就直接把它撕碎了，队医告诉我，皇马要求他们不要派我在世界杯决赛出场。但即使是世界杯决赛后我的职业生涯就要终止，我也希望

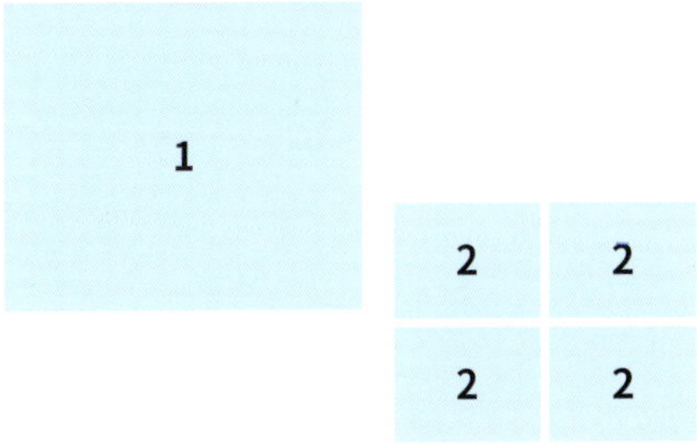

① 2022年12月18日，梅西和迪马利亚一起开心地欣赏美丽的大力神杯。

② 迪马利亚是阿根廷队的决赛福星。2008年北京奥运男足决赛，迪马利亚单刀挑射打入全场唯一进球；2021年美洲杯决赛，天使再次在决赛吊射破门，帮助阿根廷在马拉卡纳球场击败巴西队夺冠；2022年6月的美欧杯，迪马利亚面对欧洲冠军意大利，再次挑射得分；2022年世界杯决赛，迪马利亚再次建功，阿根廷也再次获得冠军。

能够在比赛出场，我告诉主帅萨韦利亚，如果派我首发出场，我会跑到腿断了为止。”

“他们观看了世界杯决赛，知道我们输掉了比赛，但他们不知道我们当中有多少人，付出了多少努力，只为了站在这个舞台之上。他们不知道我的父亲在一个铁皮屋檐下辛勤工作，他们不知道我母亲为了自己的孩子，在寒风骤雨里骑着单车前行。”迪马利亚在亲笔信最后写道，他回顾了自己从小到大父母支持他踢球的旅程，小时候精力过于旺盛的他被父母送去踢球。而那个昔日只为踢球而生的调皮少年，无疑是梅西在阿根廷队身旁最优秀的帮手。

真正的大场面先生

“2008年的奥运会改变了我的一生。阿根廷国奥队给我打电话，希望我可以为他们效力，即便我还没有在本菲卡获得首发机会。我们在决赛中战胜了尼日利亚，这大概是我生命中最难以置信的一天。”2008年北京奥运会是迪马利亚与梅西第一次并肩身披蓝白战袍出战，那时的迪马利亚在本菲卡尚且不是绝对主力，但也正是在奥运会决赛上的制胜进球，让他的职业生涯出现了质变。“我赢得了奥运金牌，随后我也开始在本菲卡出场，并得到加盟皇马的机会。”

梅西生于1987年6月24日，迪马利亚1988年2月14日出生，两人相差半岁多。阿根廷队世界杯夺冠，梅西和迪马利亚联手创下了一项纪录：他俩成为足球历史上头两位拿过U20世青赛冠军、奥运男足金牌和世界杯冠军的球员。所不同的是，梅西是2005年夺

得世青赛冠军，迪马利亚比他晚了2年，拿到2007年世青赛冠军。

在最终成为大赛决赛先生之前，迪马利亚错过了3届大赛决赛。除了上面提到的2014年世界杯决赛，2015年美洲杯决赛对智利，他只踢了29分钟就因伤下场，2016年美洲杯决赛他同样因伤没能上阵。在错过3次决赛后，迪马利亚惊艳归来，有了2021年美洲杯、2022年美欧杯和2022年世界杯决赛的重要发挥。

2021年的美洲杯赛场上，原本已经在阿根廷失去首发位置的迪马利亚，到了对决巴西的决赛中为阿根廷首发出战，他接到德保罗的传球，一记精彩吊射帮助阿根廷队终结了长达28年的冠军荒。这个进球让人回想起了鸟巢的那场奥运会男足决赛，同样是吊射破门，同样是帮助梅西收获了冠军金牌。

60分钟？够用了！

虽然随着年龄的增长和伤病的影响，迪马利亚在本届世界杯上的戏份更加少，在首战阿根廷输给沙特后，主帅斯卡洛尼用了几场比赛确定了以阿尔瓦雷斯、麦卡利斯特等人担任梅西身边的副攻手角色的阵容。而进入世界杯淘汰赛以来，迪马利亚几乎没有得到出场时间。

因此在决赛开始前，很少有人猜到迪马利亚会直接进入阿根廷队的首发阵容，但最终事实证明，弥补了八年前无限遗憾的迪马利亚在这场人生中最关键一战中迸发出巨大能量，他从开场第一分钟起就让法国队右侧防区无比狼狈。本场决赛的迪马利亚几乎让人看到了那个在皇马时的左路妖刀，每一次拿球几乎都制造出了威胁。

第22分钟，狡黠的迪马利亚让防守他的

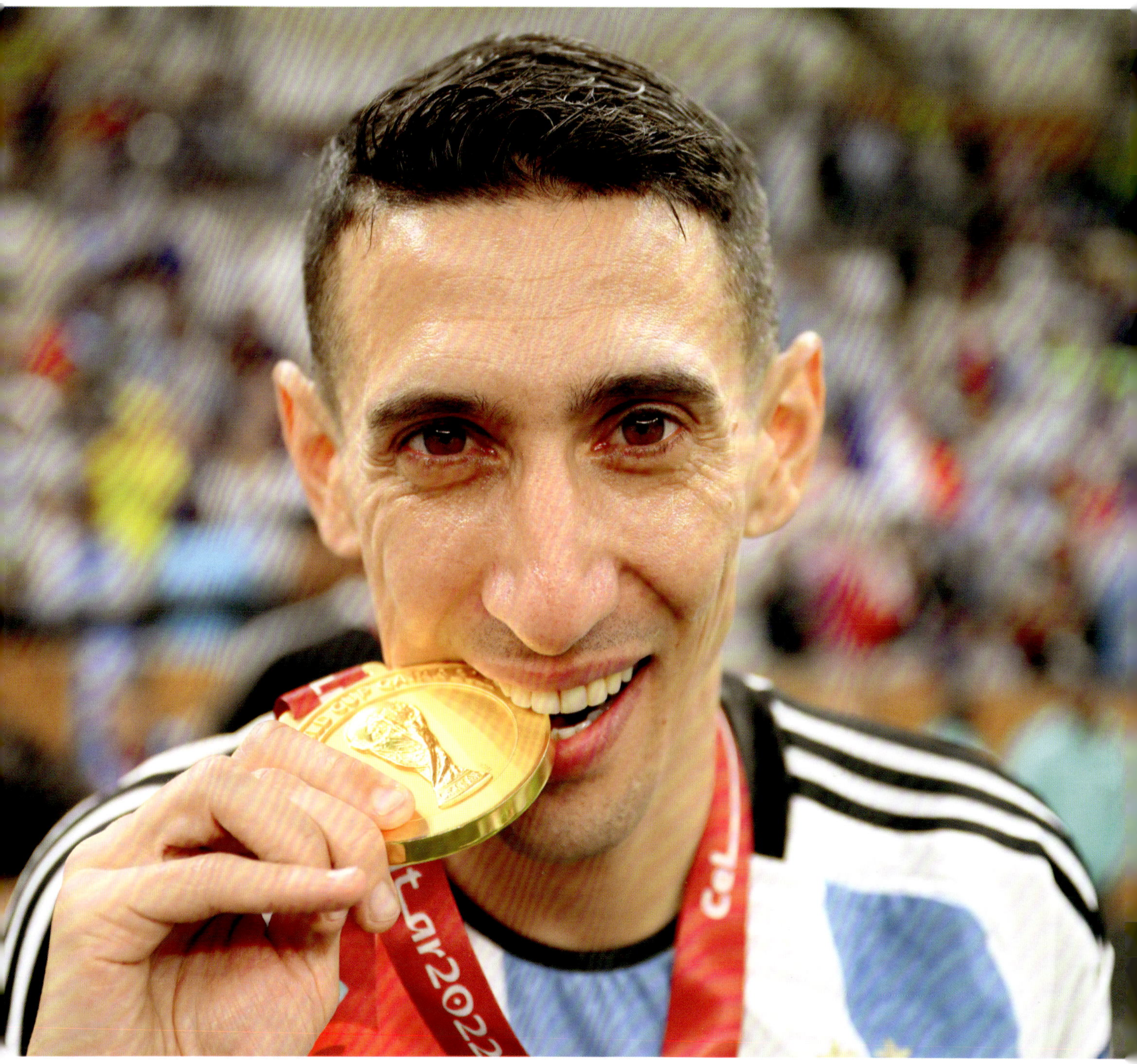

登贝莱吃了暗亏，裁判果断指向点球点，梅西主罚命中，随后迪马利亚在反击中再下一城，在法国队状态全无的情况下，两球领先的阿根廷似乎已经锁定了胜局，主帅斯卡洛尼也在第63分钟将迪马利亚替换下场，一个60分钟体力的“天使”足以帮助球队距离冠军无限接近。

但后续的剧情让人猝不及防，而镜头也一次次给到已经被换下场的迪马利亚，他屡次捂住双眼，不敢关注场上的局势。好在，经历了疯狂的剧情后，上天仍然垂青了迪马利亚和他的阿根廷，当蒙铁尔为阿根廷队罚入制胜点球，阿根廷全队陷入疯狂庆祝，而迪马利亚则紧紧拥抱着与自己经历过一切的梅西。

梅西2005年8月17日完成国家队首秀，迪马利亚2008年9月6日为阿根廷队首次上场。截至世界杯夺冠，梅西已为阿根廷队征战17年，“天使”为他做了14年的配角。在阿根廷队，梅西最好的朋友兼室友是阿圭罗，但梅西在阿根廷队的最好配角，无疑是迪马利亚。这十多年时间，如果说梅西是阿根廷队头号主角，那么迪马利亚绝对是梅西最好的配角，没有之一。

1	2

① 赛后颁奖仪式上，终于实现梦想的迪马利亚，为大力神杯献上深情一吻。

② 沉甸甸的世界杯冠军金牌，和迪马利亚在本场决赛的表现一样货真价实。

2024美洲杯

夺冠之路

小组赛第1轮	阿根廷2比0加拿大
49’ 胡利安·阿尔瓦雷斯、88’ 劳塔罗·马丁内斯	
小组赛第2轮	智利0比1阿根廷
88’ 劳塔罗·马丁内斯	
小组赛第3轮	阿根廷2比0秘鲁
47’ 86’ 劳塔罗·马丁内斯	
A组第1名，3战3胜积9分，得失球5比0。	
1/4决赛	阿根廷1比1厄瓜多尔（点球4比2）
35’ 利桑德罗·马丁内斯/90+1’ 凯文·罗德里格斯	
半决赛	阿根廷2比0加拿大
22’ 胡利安·阿尔瓦雷斯、51’ 梅西	
决赛	阿根廷1比0哥伦比亚
112’ 劳塔罗·马丁内斯	

CAMPEÓN 2024
CONMEBOL COPA AMERICA
COPA AMERICA
USA 2024

2024

第1战

A组第1轮

阿根廷 2:0 加拿大

2024.06.20

梅赛德斯 - 奔驰体育场

主裁判：赫苏斯·巴伦苏埃拉（委内瑞拉）

换人

阿根廷		加拿大	
68'	11-迪马利亚↓ 16-洛塞尔索↑	布坎南↓ 14-沙费尔伯格↑	59'
76'	9-胡利安·阿尔瓦雷斯↓ 22-劳塔罗·马丁内斯↑	9-拉林↓ 22-拉雷亚↑	80'
77'	5-帕雷德斯↓ 19-奥塔门迪↑	8-伊斯梅尔·科内↓ 21-乔纳森·奥索里奥↑	85'
89'	8-阿库尼亚↓ 3-塔利亚菲科↑	23-利亚姆·米勒↓ 12-拉塞尔-罗↑	85'
89'	26-莫利纳↓ 4-蒙铁尔↑		

进球

49' 1比0（胡利安·阿尔瓦雷斯） 梅西送出直塞，麦卡利斯特前插接应，克雷波出击破坏，阿尔瓦雷斯及时跟进，小禁区线上推射近角破门。

88' 2比0（劳塔罗·马丁内斯） 梅西送出直塞，劳塔罗突入禁区推射破门。

黄牌

阿根廷		加拿大	
61'	德保罗	伊斯梅尔·科内	81'
90+1'	洛塞尔索	科尔内留斯	90+4'

技术统计

阿根廷		加拿大
3.02	预期进球	1.16
19(9)	射门（射正）	10(2)
0	射中门框	0
4	远射	4
64%	控球	36%
547(91%)	传球（成功率）	265(81%)
35(69%)	长传（成功率）	14(52%)
3(30%)	传中（成功率）	4(44%)
3(30%)	盘带（成功率）	4(44%)
7	角球	4
1	越位	1
19	铲抢	29
8	拦截	7
10	解围	18
15	犯规	9
2	黄牌	2
0	红牌	0

为阿根廷首开纪录后，胡利安·阿尔瓦雷斯做出标志性庆祝动作。

数说

梅西独享美洲杯出场纪录

35 梅西第35次在美洲杯比赛登场，超越20世纪40年代至50年代活跃在赛场上的智利球员塞尔吉奥·利文斯通（34场），独享美洲杯历史出场纪录。

17 梅西已在美洲杯赛场贡献17次助攻，自2011年首次在美洲杯贡献助攻以来，梅西在这段时期内的美洲杯累计助攻榜上排名第一，位列第二的迪马利亚与桑切斯都只有5次助攻。

91/93 克里斯蒂安·罗梅罗此役93次传球成功91次，传球成功率高达97.8%，在2016年以来所有在美洲杯比赛中传球90次以上的球员中，这一成功率排名第三。

24岁142天 胡利安·阿尔瓦雷斯以24岁142天的年龄，成为在世界杯和美洲杯都取得进球的最年轻球员。

50 在美国参加的俱乐部与国家队比赛中，梅西已总共打入30粒进球，送出20次助攻，在33场比赛里直接参与50粒进球。

1 阿根廷在2016年美洲杯取得开门红之后，终于在大赛中迎回开门红。2018年世界杯阿根廷首战1比1战平冰岛，2019年美洲杯阿根廷首战0比2负于哥伦比亚，2021年美洲杯阿根廷首战1比1战平智利，2022年世界杯阿根廷首战1比2负于沙特。

声音

我们仍然有饥饿感

2024年美洲杯揭幕战，阿根廷2比0战胜加拿大。赛后接受采访时梅西表示："我们拥有控球的耐心，将球从一边转移向另一边。今天我们很难找到空间，大多数对手在面对我们时踢法会不一样。我们要继续保持这种耐心，对比赛保持控制，等待机会到来。"

"我们知道这是一场艰难的比赛，有很多身体对抗，上半场我们找不到什么空间。幸运的是下半场我们很快就取得进球，但比赛总归还是很艰难。"

本场比赛是在亚特兰大的梅赛德斯-奔驰体育场进行，阿根廷将帅赛后都对场地的草皮质量表示不满。美洲杯开赛前，主办方才匆匆将人工草皮更换为自然草皮。门将埃米利亚诺·马丁内斯表示："我们来到这里，对阵强大的加拿大队，他们有非常出色的前锋。这个场地让我们的比赛变得有些艰难，我们本可以打进更多球。"

"这个场地简直是个灾难，当你跑动的时候，几乎就是边跑边跳。我们必须在这方面提高，要不然美洲杯的水平就永远在欧洲杯之下。"

克里斯蒂安·罗梅罗则表示："场地条件实在太差了，我们要在这种场地踢这样的比赛，实在是太令人感到遗憾。这让我们的比赛变得非常艰难，当然，这也不是理由。我们完成了一场不错的比赛，球队再次证明，我们的状态很好。我们仍然有饥饿感，希望将国家队带到最高处。"

阿根廷主帅斯卡洛尼赛后也表示："最开始的感觉很像（卡塔尔世界杯）对阵沙特的比赛，但不同的是那一次的场地条件很好。"

"不论如何，我们还是赢下了比赛，否则这也只是个廉价的借口。7个月前我们就知道要在这里踢比赛，他们在两天前换了草皮。对于这样的比赛来说，这不是好事，当然，这也不是借口。这座体育场很漂亮，但今天这种草皮不适合我们这种类型的球员。"

"你们觉得这草皮如何？看看中卫的传球速度，就应该能注意到了。"

写意助攻弥补困顿脚风

杨健

2024年美洲杯揭幕战，涌入7万名观众的梅赛德斯-奔驰体育场座无虚席。梅西老友阿圭罗将美洲杯奖杯护送进场，大屏幕上显示出梅西与马拉多纳穿越时空的合影，赛场氛围感拉满。不过，体能储备欠佳的梅西，门前感觉不在最佳状态。好在传球没有背叛梅西，阿尔瓦雷斯首开纪录的进球源自梅西的策动，到了终场前，梅西又送出写意直塞，助攻劳塔罗破门。

比起卡塔尔世界杯周期，斯卡洛尼并没有对首发做出太多调整，除去伤愈的利桑德罗·马丁内斯取代奥塔门迪，其他位置的首发球员基本都是旧时主力。面对世界杯冠军队，两年前才重返世界杯大家庭的加拿大，踢得格外“恭顺”，进攻端只靠乔纳森·戴维掀起波澜，而在防守端，他们也颇为配合球迷期待，当起了“气氛组”。开场不久迪马利亚就抓住对手失误，长驱直入形成单刀，但以往关键球手拿把攥的“天使”，面对出击的门将没有采用标志性的吊射。迪马利亚没能把握住这次进球良机，阿根廷在之后的比赛中，进攻端也难言顺利。

整个上半时，阿根廷队虽然控球占优，但面对密集防守办法不多。梅西更是格外困顿，4次过人全部未能成功，9次丢失球权，传球成功率只有83%。第35次美洲杯出场创下赛事纪录的他，整体状态并不算好。而在半场易边前，欧斯塔基奥近在咫尺的头球攻门被马丁内斯挡出，补射空门的阿方索·戴维斯打高，吓出阿根廷全队一身冷汗。关键时刻，仍是大场面先生胡利安·阿尔瓦雷斯站了出来。下半场开场后不久，梅西送出直塞，麦卡利斯特突入禁区与加拿大门将克雷波“兑子”，跟进的阿尔瓦雷斯一脚将球送入空门。虽然助

① 面对加拿大球员的包夹，梅西带球突进。

② 替补登场的劳塔罗·马丁内斯接梅西直塞，推射破门，为阿根廷锁定胜局。进球后，劳塔罗怒吼庆祝。

攻数据没有记在梅西帐下，但梅西的直塞是这粒进球的关键。

然而，梅西本场门前脚感不顺，这在比赛最后半小时体现得尤为突出。第66分钟，一路长驱直入的梅西面对门将推射被扑出，不甘心无功而返的他觅得球后试图补射，但被克雷波和回防的后卫贴身黏住，未能帮助阿根廷扩大优势。第80分钟，梅西接应队友长传形成反越位，但平速推进的他面对出击的克雷波，挑射又偏出球门。遭遇“水逆”的不仅是梅西，奥塔门迪接应梅西任意球传中，头球攻门偏出，随后替补登场的劳塔罗接应梅西分球，获得单刀机会，球又被克雷波神勇挡出。

就当双方都接受“一球蜷取”的结局时，梅西还是用另一种方式提前解决了战斗。已经没有力气冲刺的他，隐蔽地顺着跑动方向轻推球送出直塞，球到人到的劳塔罗心领神会，但这一次国际米兰前锋没有选择发力爆射，而是顺势轻推，球荒就此告一段落。比赛尾声梅西仍有用任意球改写比分的机会，但明显体力不支的他虽然射门绕开人墙，但下坠速度和力量都被克雷波猜个正着。

尽管在比赛中不止一次被对手凶悍地放倒在地，但赛后和阿方索·戴维斯交换球衣时，帮助阿根廷赢球的梅西显然心情不错。下一场阿根廷对阵踢法硬朗的智利，一身征尘的梅西将面对更为强悍的对手。

2024

第2战

A 组第 2 轮

智利 0:1 阿根廷

2024.06.25
大都会人寿体育场

主裁判：安德烈斯·马顿特（乌拉圭）

换人

智利		阿根廷	
66'	10-亚历克西斯·桑切斯↓ 19-博拉多斯↑	24-恩佐·费尔南德斯↓ 16-洛塞尔索↑	64'
76'	13-普尔加↓ 7-马塞利诺·努涅斯↑	15-尼古拉斯·冈萨雷斯↓ 11-迪马利亚↑	73'
88'	4-伊斯拉↓ 26-尼古拉斯·费尔南德斯↑	9-胡利安·阿尔瓦雷斯↓ 22-劳塔罗·马丁内斯↑	73'
88'	11-爱德华多·巴尔加斯↓ 22-布里尔顿·迪亚斯↑	26-莫利纳↓ 4-蒙铁尔↑	83'
		3-塔利亚菲科↓ 8-阿库尼亚↑	83'

进球

88' 1比0（劳塔罗·马丁内斯） 梅西开出角球，门前混战中，劳塔罗·马丁内斯在左侧小禁区线上起脚抽射，球飞入球门左上角。

黄牌

智利		阿根廷
55'	苏阿索	
82'	伊斯拉	

技术统计

智利		阿根廷
0.12	预期进球	2.72
3(3)	射门（射正）	22(9)
0	射中门框	2
2	远射	8
39%	控球	61%
355(77%)	传球（成功率）	551(87%)
51(37%)	长传（成功率）	29(48%)
3(0%)	传中（成功率）	15(33%)
22(55%)	盘带（成功率）	22(50%)
0	角球	11
1	越位	1
22	铲抢	24
6	拦截	8
17	解围	7
12	犯规	9
2	黄牌	0
0	红牌	0

阿根廷提前出线，球员赛后庆祝。

数说

劳塔罗连场替补破门

0 智利队上半场0射门。

3 2011年美洲杯以来，智利队在3场美洲杯比赛中上半场0射门，这3场比赛的对手都是阿根廷。

13∶0 阿根廷与智利的上半场射门比达到13比0，控球率62%比38%，攻入禁区次数10比2，但阿根廷未能在上半场取得进球。

36 梅西已出战36场美洲杯比赛，继续刷新美洲杯历史出场次数纪录。在此前阿根廷对阵加拿大的揭幕战中，梅西凭借35次美洲杯出场数据，独享美洲杯出场纪录。

7 梅西本场比赛完成7次过人，为全场最高。

5 在最近5次代表国家队出战的比赛中，劳塔罗打入5球。

2 劳塔罗连续2场比赛以替补身份完成破门。

12 2005年上演成年国家队首秀以来，梅西12次代表阿根廷队出战大赛（5届世界杯、7届美洲杯），阿根廷在这12届大赛中全部小组出线。

15 2022年卡塔尔世界杯夺冠后，阿根廷在16场各项比赛中收获15场胜利，仅在2023年11月的世预赛0比2输给乌拉圭。而在这16场比赛中，阿根廷13次完成零封。

声音

我们配得上胜利

美洲杯A组第2轮，阿根廷1比0战胜智利，取得小组赛两连胜，提前出线。赛后接受采访，阿根廷主帅斯卡洛尼表示：“这场比赛踢得很不容易，我们没有想到在最后时刻才赢下比赛。我们的球队还在继续成长，我们配得上这场胜利，大家倾注了全部的努力。这是个非常强硬的对手，智利的表现非常好，没有哪场比赛是轻松的。”

梅西在比赛中略感不适，但还是打满全场，对于他的情况，斯卡洛尼表示：“比赛结束后我还没和他聊过，他一直踢到最后，他还和迪马利亚还有劳塔罗一起完成了一次50米冲刺。”

斯卡洛尼透露，小组赛末战对阵秘鲁的比赛，球队将进行轮换，“下一场比赛，让一些这两场比赛没踢的小伙子登场比赛，是比较公平的。”

“卡尔博尼和加纳乔是否登场？这有可能，我们看一看，我们在替补席有十多名球员，我得算一下。”

梅西在比赛中右腿内收肌感到不适，经简单处理后继续比赛。赛后梅西表示：“我的确感到有点不适，但我还是继续留在场上。我希望不会太严重。快速移动时我感觉有点费力，明天我们再看一看情况。”

发动机熄火，劳塔罗拉车

梁宏业

阿根廷队经过一场艰难的比赛，凭借替补登场的劳塔罗·马丁内斯在禁区内混战中的进球，1比0小胜智利队。阿根廷取得小组赛两连胜，提前锁定8强席位。

阿根廷队与智利队的这场比赛，无法不让人回忆起阿根廷队的一段昏暗时光，2016年美洲杯决赛就是在同一个比赛场地进行。当时梅西在点球大战中射失，智利队蝉联美洲杯冠军，而阿根廷队则连续三年输掉三场大赛决赛，导致梅西一度宣布退出国家队，“国家队不是我的，我选择结束在这里的征程”。后面的故事大家都知道，梅西回归国家队，之后帮助阿根廷队赢得2021年美洲杯冠军和2022年世界杯冠军。对于两队的重逢，阿根廷队主帅斯卡洛尼赛前曾表示，从前的事不必回忆太多，“我们两支球队经常对阵，我不认为这场比赛和其他比赛有什么不同。”

相比于2016年的阵容，阿根廷队的梅西、奥塔门迪和迪马利亚还在队内，而智利队阵中也还有布拉沃、桑切斯、伊斯拉等球员。阿根廷队主帅斯卡洛尼有着不愿意重复阵容安排的执教特点，他执教阿根廷队至今，只有两次重复首发阵容，所以本场比赛有人员调整也是正常情况。赛前阿根廷媒体估计，在首场对加拿大队的比赛中没有首发的恩佐·费尔南德斯和奥塔门迪，本场比赛都有可能回到首发。

但媒体只猜中了一半，恩佐·费尔南德斯取代首场表现一般的帕雷德斯，出任首发，但奥塔门迪并未取代利桑德罗·马丁内斯。阿根廷媒体给出的解释是，斯卡洛尼是否使用奥塔门迪，主要取决于防对手的快速反击，还是防对手的高空球。这场比赛阿根廷队主要防范智利队的反击，所以还是利桑德罗·马丁内斯出战。另外，斯卡洛尼替换了整个左路人员，善于助攻的阿库尼亚回到替补席，塔利亚菲科首发，锋线上迪马利亚替补待命，尼古拉斯·冈萨雷斯先发。赛后，斯卡洛尼承认这种左路安排主要是为了压制智利队右路伊斯拉的助攻。

尽管新泽西的天气没有像迈阿密那么炎热，但阿根廷队还是踢得缺乏动力。两个月前刚做完手术的恩佐·费尔南德斯状态不佳，如同隐身，中场依靠德保罗和麦卡利斯特支撑。这是一场典型的美洲杯比赛，智利队的大部分精力都放在中后场，和阿根廷队肉搏。这更像是一场消耗战，而不是比谁更有灵感、更有速度，或是在战术上更成功，完全是看谁更能耗得过谁。阿根廷队从一开始便想通过控球和传递配合找到空间，但很难找到。直到第22分钟，尼古拉斯·冈萨雷斯左路传中，阿尔瓦雷斯禁区内抢点打偏，这是占据场上主动的阿根廷队的第一次射门。很快，上半场的时间就被消耗得差不多，但只有梅西第37分钟的远射稍有威胁。距离上半时结束还有5分钟时，阿根廷队加快了进攻节奏，但还是无法破门。

下半时比赛，阿根廷队的表现略有好转。第49分钟，阿根廷队得到反击机会，梅西分给右路快速插上的莫利纳，但马竞后卫直面门将的怒射被老将布拉沃挡出。第61分钟，冈萨雷斯插上射门，球击中横梁弹出。斯卡洛尼一直想扶正冈萨雷斯担任左路主攻手，冈萨雷斯不可谓不努力，但他与梅西和中场球员的配合意识欠佳，这让他显得既努力又孤独，缺乏整体感。

斯卡洛尼用洛塞尔索换下了状态不佳的恩佐·费尔南德斯，洛塞尔索出场后的确给球队带来了些许动力。第67分钟，洛塞尔索给梅西送出长传球，只不过梅西的垫射打高。看到缺乏进球机会，斯卡洛尼只得派上迪马利亚，并且换上劳塔罗试试运气。有意思的是，在这次换人后，反倒是智利队获得了两次机会，埃切维里亚的远射被大马丁扑出，此后马塞利诺·努涅斯的远射也被大马丁扑出，这几乎就是智利队全场仅有的有威胁的进攻了。

眼看一场0比0即将诞生，第88分钟，阿根廷队获得角球机会，球在禁区内就像弹珠游戏一样乱弹，最后落在劳塔罗脚下，国际米兰中锋体现出他的“机会主义”特点，将球打进，完成绝杀。值得一提的是，阿根廷队的主力中锋，似乎每届大赛都要换人，劳塔罗在上一届美洲杯凭借优异表现跻身主力，在世界杯时状态不佳，主力位置被阿尔瓦雷斯占据。但本届美洲杯前两场比赛，劳塔罗已经打进两球。

该如何解决阿根廷队中场缺乏动力的问题？斯卡洛尼仍然在上届世界杯主力恩佐、德保罗、麦卡利斯特以及帕雷德斯和洛塞尔索之间纠结，但阿根廷队其实还有其他选择，比如帮助勒沃库森成为双冠王的埃克塞基尔·帕拉西奥斯。如果要在边路寻找动力，斯卡洛尼也可以选择加纳乔或者卡尔博尼。加纳乔对于阿根廷队来说是个神奇的存在，尽管在曼联已经崭露头角，但他每次为阿根廷队登场都显得不合拍。曼联边锋有冲击力，但似乎不懂得配合，斯卡洛尼对加纳乔的态度也很神奇：将他选入大名单，却不怎么用。

1

2

① 打入绝杀球后，劳塔罗·马丁内斯霸气庆祝。

② 斯卡洛尼在场边陷入思考，阿根廷队此役中场动力不足。

2024

第3战

A组第3轮

阿根廷 2:0 秘鲁

2024.06.29

硬石体育场

主裁判：塞萨尔·拉莫斯（墨西哥）

换人

阿根廷		秘鲁	
66′	16-洛塞尔索↓ 24-恩佐·费尔南德斯↑	16-卡塔赫纳↓ 13-赫苏斯·卡斯蒂略↑	46′
66′	17-加纳乔↓ 15-尼古拉斯·冈萨雷斯↑	20-埃迪松·弗洛雷斯↓ 24-何塞·里韦拉↑	56′
77′	11-迪马利亚↓ 21-巴伦廷·卡尔博尼↑	9-保罗·格雷罗↓ 14-詹卢卡·拉帕杜拉↑	56′
77′	5-莱安德罗·帕雷德斯↓ 18-吉多·罗德里格斯↑	11-布赖恩·雷纳↓ 26-萨内拉托↑	63′
83′	6-赫尔曼·佩泽拉↓ 2-夸尔塔↑	6-马科斯·洛佩斯↓ 10-奎瓦↑	77′

进球

47′ 1比0（劳塔罗·马丁内斯） 洛塞尔索中路短传，迪马利亚侧身不停球直接挑传，劳塔罗禁区内直面门将挑射破门。

86′ 2比0（劳塔罗·马丁内斯）尼古拉斯·冈萨雷斯后场送出长传，球飞至秘鲁防线身后，科尔索未能及时出脚解围，劳塔罗禁区左侧挑射破门。

黄牌

阿根廷		秘鲁	
67′	莱安德罗·帕雷德斯	保罗·格雷罗	28′
		卡塔赫纳	36′
		埃迪松·弗洛雷斯	53′
		桑布拉诺	88′
		塞尔吉奥·培尼亚	90+4′

技术统计

阿根廷		秘鲁
2.29	预期进球	0.14
12(6)	射门(射正)	6(1)
1	射中门框	1
2	远射	4
74%	控球	26%
627(89%)	传球(成功率)	209(71%)
43(60%)	长传(成功率)	36(36%)
10(30%)	传中(成功率)	13(46%)
11(36%)	盘带(成功率)	14(21%)
6	角球	3
3	越位	1
17	铲抢	13
7	拦截	11
14	解围	6
11	犯规	20
1	黄牌	5
0	红牌	0

第 86 分钟，劳塔罗再度挑射破门，梅开二度。

数说

劳塔罗连珠炮

143 迪马利亚第143次代表阿根廷国家队出战，超越萨内蒂，独占阿根廷队史出场排名第3位。

0 阿根廷队小组3战全胜0失球，是本届美洲杯开赛至今唯一尚未丢球的球队。

4 3场小组赛，劳塔罗每场比赛都取得进球，总共打入4球。

3 劳塔罗连续3场小组赛破门，成为2001年美洲杯之后，首位完成此举的球员。

28 劳塔罗已为阿根廷队打入28粒进球，位列队史射手榜第8位。

30 迪马利亚已为阿根廷队贡献30次助攻，位列队史助攻榜第2位，仅次于梅西（55次）。

8 劳塔罗已在美洲杯中面对8个不同的对手破门，在这项数据统计中仅次于梅西（9个）。

31 埃米利亚诺·马丁内斯已在31场国家队比赛中完成零封，距离队史零封纪录还有16场（塞尔吉奥·罗梅罗，47场）。

声音

胜利送给梅西

美洲杯A组第3轮，阿根廷2比0战胜秘鲁，劳塔罗双响建功，迪马利亚贡献助攻，帕雷德斯失点。阿根廷三战全胜出线。此役梅西因伤缺阵，主帅斯卡洛尼遭停赛，助教萨穆埃尔代为指挥。

迪马利亚赛后表示：“我很高兴我们能再次取得胜利。我作为队长的感受？这有点奇怪，因为每次我当队长都是因为梅西无法出场，这场比赛的胜利也是我们为莱奥奉献的礼物。”

完成双响的劳塔罗赛后表示：“我去拥抱了梅西，因为他知道他对于我和整个团队来说意味着什么。他是我们的队长，他无法出场，遭受了太多苦难。我们每天都在关注他的情况，但愿下一场比赛他可以出场。”

而对于比赛和自己在队内的情况，劳塔罗说道：“上半时我们踢得艰难，秘鲁队很强硬，下半时我们在中路打开了对方的防线。今天的天气很热，这支球队还能打出更多的东西。我在国家队很享受，每一次穿上球衣、每一次集训、每一次晚餐、每一次聊天，我都很享受。很多人都想穿上这件球衣，我一直在努力，希望当球队需要我的时候，我能准备好。”

梅西下一场比赛能否出场？助教萨穆埃尔赛后想淡化这个问题：“梅西的情况，我们要一天天看，看看他是否有好转。尽管现在比赛很密集，我们下周四就要打1/4决赛，但好在还有时间。我们每天都和梅西交谈。”

“在梅西不在场上的时候，我们肯定会做出战术上的改变，但也不会太多，因为迪马利亚也能发挥类似的作用，他在外线踢得更多，然后进入内线。我们会逐渐适应，有时候在比赛中看到缺少空间，我们会随时做出改变。”

天使站上核心位

梁宏业

队长梅西不在场上，球队轮换半队主力，阿根廷队2比0战胜小组最后一个对手秘鲁队。劳塔罗梅开二度，迪马利亚此役成为球队核心。

梅西虽然没有登场，但他进入大名单，并且穿着球鞋坐在替补席，这起码说明梅西的伤病暂时没有那么严重。阿根廷队主帅斯卡洛尼因为被停赛，坐在了体育场上层包厢里，比赛由助教萨穆埃尔指挥。阿根廷队轮换了半队球员，门将依旧是埃米利亚诺·马丁内斯，后防线更换3人，奥塔门迪与佩泽拉搭档中卫，右后卫为蒙铁尔，左后卫则为塔利亚菲科。中场线上，帕雷德斯首次首发出战，另外两人则为埃克塞基尔·帕拉西奥斯和半主力洛塞尔索。锋线上则是场上队长迪马利亚，外加前两场都有进球但定位仍然是替补的劳塔罗，以及备受外界瞩目的加纳乔。

阿根廷队前20分钟进入状态缓慢，球队缺乏流畅配合，比赛节奏感不强，这是一场典型的南美比赛，双方队员对抗多，口角冲突更多。秘鲁队在老帅福萨蒂的带领下稳扎防线，主打封锁阿根廷队的中路内线进攻，但允许阿根廷队在边路拿球。阿根廷队一时间找不到进攻方向。

在球队找不到进攻方向时，阿根廷媒体首先想到的原因就是缺少了队长梅西，因为梅西是进攻方面的天然解决手段。梅西在禁区前的一次过人，就可以制造对方防线的漏洞，一次深度传球就可以创造一次得分机会，所以这种观点并不奇怪。但也有另一种分析，可以说明阿根廷队为何在上半场绝大多数时间内踢得不好：此役先发出战的非主力球员太多，球员之间缺乏磨合，大部分球员需要在场上寻找默契。而对于球员个体来说，加纳乔再次让人失望，能看得出来，球队允许加纳乔进行边路一对一突破，但他没有一次成功。加纳乔出生在马德里，一直在西班牙青训体系成长，他很不适应南美赛场这样的半犯规式防守。

阿根廷队上半时踢得不好，还有一个战术性原因，那就是两名中场球员帕拉西奥斯和洛塞尔索很难站到对方防线和中场线的关键区域，这个区域本应是梅西所在的位置。帕拉西奥斯本身是一名后腰，但本场比赛同为后腰的帕雷德斯也先发出战，而对手是基本上没有进攻的秘鲁队。阿根廷队其实不需要双后腰配置，这让帕拉西奥斯找不到自己的位置。洛塞尔索本应该是前插的进攻发动机，但在关键区域也看不见他的身影，再加上加纳乔和迪马利亚一直留在两个边路，所以阿根廷队在中路打不出进攻。

下半时比赛，阿根廷队的一个重要变化就是迪马利亚不再紧靠边路。迪马利亚认识到这是一场没有梅西的比赛，他必须代替梅西站在对方防线和中场线之间的关键区域，去完成梅西做的事。迪马利亚做到了，第47分钟，他接到洛塞尔索传球后不停球直接传给插上的劳塔罗，国际米兰前锋挑射破门，1比0。

迪马利亚出现在进攻核心位置，为阿根廷队提供了更多选择。阿根廷队获得的点球，就是源自迪马利亚分球到右路后，蒙铁尔传中制造的对方手球，只可惜比赛当天过30岁生日的帕雷德斯主罚的点球击中门柱弹出。阿根廷媒体此时已经在呼吁尽早换下迪马利亚，因为在梅西不确定是否能参加1/4决赛的情况下，迪马利亚已经成为球队进攻线最重要的球员。迪马利亚在第77分钟被换下。

除了迪马利亚，劳塔罗也正在状态，他不仅为球队首开纪录，还在第86分钟梅开二度。当时替补登场的尼古拉斯·冈萨雷斯后场争抢二分之一球，完成长传，劳塔罗本不在优势位置。在劳塔罗和对方后卫科尔索抢位置时，科尔索转身后倒地，劳塔罗利用这个机会再次挑射破门，2比0。

劳塔罗似乎是一位专为美洲杯而生的球员，他在卡塔尔世界杯上因为状态太差，主力位置被胡利安·阿尔瓦雷斯取代，此前他还曾连续16场国家队比赛未能取得进球。劳塔罗在本届美洲杯上连续3场比赛有进球，阿根廷队最近9个进球有6个是他打进的。

值得一提的是，劳塔罗在阿根廷队站上主力位置，就是在上届美洲杯，当时他越踢越好，斯卡洛尼不得不把他放进主力阵容。劳塔罗也没有忘记一直支持自己的队长梅西，为了帮助劳塔罗找回信心，梅西之前还曾将点球让给劳塔罗主罚。劳塔罗在打进第一球后专门来到替补席拥抱梅西，将进球献给队长。

阿根廷队小组赛拿到9分且一球未失，最后一场小组赛过后，除了两位替补门将，所有球员都得到了出场时间。迪马利亚代班梅西的打法，收获了积极成效，一切都在往好的方向发展。

1

2

① 梅西缺阵，迪马利亚此役以队长身份先发出战。

② 劳塔罗打入第一球后来到场边，与梅西分享喜悦。

2024

第4战

1/4 决赛

阿根廷 **1：1** 厄瓜多尔

（点球 4 比 2）

2024.07.04

NRG 体育场

主裁判：安德烈斯·马顿特（乌拉圭）

换人

阿根廷		厄瓜多尔	
65′	22-劳塔罗·马丁内斯↓ 9-胡利安·阿尔瓦雷斯↑	10-派斯↓ 14-明达↑	76′
78′	25-利桑德罗·马丁内斯↓ 16-洛塞尔索↑	16-萨缅托↓ 11-凯文·罗德里格斯↑	76′
78′	24-恩佐·费尔南德斯↓ 19-奥塔门迪↑	8-格鲁埃索↓ 9-约翰·耶博阿↑	79′
90+5′	26-莫利纳↓ 4-蒙铁尔↑	13-恩内尔·巴伦西亚↓ 15-梅纳↑	80′
		21-阿兰·佛朗哥↓ 19-霍尔迪·凯塞多↑	87′

进球

35′ 1 比 0（利桑德罗·马丁内斯）梅西开出角球，麦卡利斯特前点头球一蹭，后点无人盯防的利桑德罗·马丁内斯头球破门。

90+1′ 1 比 1（凯文·罗德里格斯）约翰·耶博阿右路传中，凯文·罗德里格斯头球抢点，皮球弹地后飞入远角。由于后点有球员在越位位置疑似干扰，VAR 介入复核，之后确认进球有效。

点球决胜

阿根廷		厄瓜多尔	
×	梅西	梅纳	×
√	胡利安·阿尔瓦雷斯	明达	×
√	麦卡利斯特	约翰·耶博阿	√
√	蒙铁尔	霍尔迪·凯塞多	√
√	奥塔门迪		

黄牌

阿根廷		厄瓜多尔	
77′	尼古拉斯·冈萨雷斯	恩内尔·巴伦西亚	30′
81′	塔利亚菲科	莫伊塞斯·凯塞多	75′

技术统计

阿根廷		厄瓜多尔
0.87	预期进球	1.73
8(2)	射门(射正)	9(2)
0	射中门框	1
0	远射	1
51%	控球	49%
374(82%)	传球(成功率)	355(81%)
46(52%)	长传(成功率)	49(43%)
5(40%)	传中(成功率)	13(46%)
11(18%)	盘带(成功率)	21(48%)
2	角球	5
2	越位	1
22	铲抢	20
10	拦截	7
16	解围	16
13	犯规	14
2	黄牌	2
0	红牌	0

埃米利亚诺·马丁内斯扑出点球后，跃起振臂庆祝。

数说

又见“圣马丁”

0 比赛前15分钟，厄瓜多尔在阿根廷禁区内触球8次，而阿根廷在厄瓜多尔禁区内触球0次。

1 利桑德罗·马丁内斯收获个人国家队首球。

83/8 阿根廷从未在美洲杯半场领先的情况下落败，算上本场比赛，阿根廷在91场半场领先的美洲杯比赛中，83胜8平。

1 阿根廷在本届美洲杯上首次丢球。

12/6 阿根廷在各项赛事的点球大战中，战绩为12胜6负，其中美洲杯5胜5负。

12 埃米利亚诺·马丁内斯在国家队24次面对点球（包括点球大战），只有12次让对手罚入。大马丁扑出9个点球，对手主罚球员射偏2次，中柱1次。

4 埃米利亚诺·马丁内斯在阿根廷队4次面对点球大战，全部帮助球队获胜：2021年美洲杯半决赛对阵哥伦比亚、2022年世界杯1/4决赛对阵荷兰、2022年世界杯决赛对阵法国、2024年美洲杯1/4决赛对阵厄瓜多尔。

声音

我还没做好回家的准备

美洲杯1/4决赛，阿根廷点球淘汰厄瓜多尔，进入半决赛。赛后接受采访，在点球大战中完成两连扑的埃米利亚诺·马丁内斯表示：“我跟小伙子们说，我还没做好回家的准备。很多人来到现场看球，我的家人也在，这是非常特别的时刻。团队配得上继续前进。”

“我为此做了很多工作，每次训练都会面对500次射门。我一直保持良好的状态，希望以最好的状态为国家队出战。这个国家配得上（晋级），人们花钱来到这里看比赛。我非常激动，甚至因此说不出话。我非常自豪，无论是在守门方面还是在做人方面，我都希望继续成长。”

梅西在点球大战中第一个走上点球点，他踢出的勺子点球骗过了门将，但球却击中横梁弹出。梅西表示：“很恼火。我之前与迪布（大马丁）还有鲁利聊过，我决定这样踢。我已经踢出过很多次斜向的点球，门将都会这样扑，我想改变一下，可是球踢高了。”

“我知道迪布永远可以在这样的时刻站出来，这样的时刻让他更伟大。比赛开始前我们就知道，即使进入点球大战，我们也可以保持镇定。进入点球大战后我们拥有优势，这是很幸运的事情。”

马丁内斯进球 马丁内斯扑点

梁宏业

美洲杯淘汰赛，阿根廷队落位上半区，看似可以一路坦途进入决赛。然而在1/4决赛中，阿根廷遭遇厄瓜多尔的顽强抵抗，90分钟内1比1打平。点球大战中，阿根廷门将埃米利亚诺·马丁内斯完成两连扑，阿根廷点球淘汰对手，惊险晋级。梅西虽然打满全场，但状态并不算理想，点球决胜中第一个出场罚丢。

赛前一天，上一场因伤缺阵的梅西参与了阿根廷队的部分合练，所以原则上可以参赛，唯一的悬念是担任主力还是替补。比赛开始前悬念揭晓，梅西首发登场，之前一直表现出色、连续进球的劳塔罗也担任首发。让人略感意外的是，迪马利亚并没有登场，阿根廷队主帅斯卡洛尼选择让尼古拉斯·冈萨雷斯首发，这一安排给人的感觉是，斯卡洛尼在为梅西因伤无法坚持的情况准备后手。

阿根廷队所在的上半区看似轻松，不会在决赛之前面对巴西、哥伦比亚或乌拉圭。比赛开始后，阿根廷队似乎也像是在打一场“走过场”的比赛，不到5分钟，阿根廷队已经在进攻三区打出两次快速配合，看起来只是在等待进球到来。

然而随后场上风云突变，厄瓜多尔队的战术意图非常明确，那就是中前场抢断后立刻快攻，突击阿根廷防守薄弱的右路。阿根廷这一路为何薄弱？因为队长梅西踢假右边锋，实际上是站在劳塔罗身后的前腰位，所以阿根廷右路防守缺少前卫球员的回撤支援。不到15分钟，厄瓜多尔队就从左路打出两次单刀机会，莫伊塞斯·凯塞多的射门太软被扑出，萨缅托的射门也被大马丁扑出，阿根廷队没有落后已经算是幸运。

阿根廷队直到第27分钟，才由恩佐·费尔南德斯完成第一次射门。阿根廷队的中场依旧乏力，中后场出现大量传接球失误，世界杯三主力中场只有麦卡利斯特表现合格。

第34分钟，梅西回撤拿球，为阿根廷队创造出一次机会。阿根廷队长回撤到中场，为恩佐送出直传，恩佐晃过一人后打门，球打在另一名球员身上，阿根廷获得角球。阿根廷队正是利用这次角球机会破门，梅西开出角球，麦卡利斯特前点头球后蹭，利桑德罗·马丁内斯后点将球顶入。赛后利桑德罗承认，

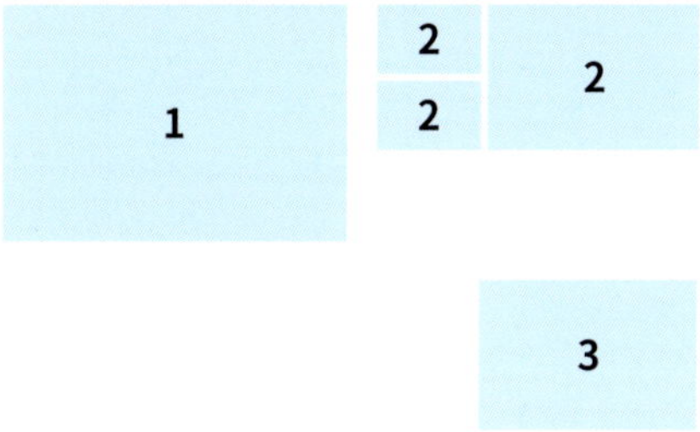

① 第 62 分钟，厄瓜多尔获得点球机会，恩内尔·巴伦西亚主罚的点球中柱弹出，埃米利亚诺·马丁内斯与利桑德罗·马丁内斯激情庆祝。

② 阿根廷防线的两位马丁内斯，成为本场比赛的主角。第 35 分钟，中卫利桑德罗·马丁内斯利用角球机会头球破门，帮助阿根廷取得领先。点球大战中，埃米利亚诺·马丁内斯连续扑出了梅纳和明达主罚的点球。

③ 阿根廷赢下点球大战，众将如释重负。

这是阿根廷队在训练中特意准备的定位球破门方式。

从半场比赛可以看出，厄瓜多尔队不打算轻易打包行李回家。阿根廷队虽然状态不佳，但球队能在形势不利的情况下，凭借角球战术先进球，这展现了阿根廷的强队本色。

由于阿根廷队在下半场刚开场后并未掌控比赛（全场比赛也没有完全掌控过比赛），也没有制造足够威胁，厄瓜多尔队继续发动猛攻。第60分钟，厄瓜多尔队获得角球机会，德保罗禁区内手球，裁判判罚点球，但恩内尔·巴伦西亚的射门却击中门柱弹出，阿根廷队逃过一劫。

阿根廷队第65分钟率先做出换人调整，胡利安·阿尔瓦雷斯换下劳塔罗，阿根廷队的场上局势短暂好转。梅西在第67分钟获得绝佳机会，阿根廷队长利用对方中锋控制高点失误，禁区内右脚射门，但球被门将挡住。

比赛最后时刻，厄瓜多尔全线出击，阿根廷只想守住一球领先优势。斯卡洛尼用奥塔门迪换下利桑德罗·马丁内斯，这说明他已经感觉到禁区内防空的重要性。厄瓜多尔队毫无保留地派上了全部进攻力量，补时阶段，替补登场的约翰·耶博阿右路传中，同样是替补登场的凯文·罗德里格斯头球破门，将比分扳平。

美洲杯决赛前的淘汰赛不设置加时，双方若战平就直接进行点球大战，很难说这一规则对阿根廷队是有利还是有弊，毕竟最后时刻的阿根廷队已经是全面被动挨打，也打不出反击。最后关头，斯卡洛尼用世界杯决赛点球大战中罚入制胜点球的蒙铁尔换下莫利纳，这已经是在为点球决胜做准备了。

点球大战中，队长梅西第一个出场，但他的勺子点球击中横梁弹出，幸好随后大马丁连续扑出了梅纳和明达主罚的点球。阿根廷队则由阿尔瓦雷斯、麦卡利斯特、蒙铁尔和奥塔门迪罚中点球，虽然厄瓜多尔队的耶博阿和霍尔迪·凯塞多也罚进点球，但阿根廷队还是在点球大战中胜出，进入美洲杯半决赛。

2024

第5战

半决赛

阿根廷 2:0 加拿大

2024.07.09

大都会人寿体育场

主裁判：皮耶罗·马萨（智利）

换人

阿根廷		加拿大	
64′	3-塔利亚菲科↓ 19-奥塔门迪↑	14-沙费尔伯格↓ 23-利亚姆·米勒↑	55′
71′	4-蒙铁尔↓ 26-莫利纳↑	22-拉雷亚↓ 20-阿里·艾哈迈德↑	55′
78′	9-胡利安·阿尔瓦雷斯↓ 22-劳塔罗·马丁内斯↑	10-乔纳森·戴维↓ 25-奥卢瓦塞伊↑	64′
78′	20-麦卡利斯特↓ 14-埃克塞基尔·帕拉西奥斯↑	19-阿方索·戴维斯↓ 21-乔纳森·奥索里奥↑	71′
78′	11-迪马利亚↓ 15-尼古拉斯·冈萨雷斯↑	7-欧斯塔基奥↓ 24-舒瓦尼埃↑	72′

进球

22′ 1比0（胡利安·阿尔瓦雷斯）德保罗中圈内过顶挑传，阿尔瓦雷斯点球点处低射破门。

51′ 2比0（梅西）德保罗右路底线倒三角传球被解围，恩佐禁区正面拦截调整后打门，梅西小禁区线上将球一碰，球变线入网。VAR介入复核，确认进球有效。

黄牌

阿根廷		加拿大	
88′	莫利纳	乔纳森·戴维	21′
		欧斯塔基奥	63′
		伊斯梅尔·科内	79′

技术统计

阿根廷		加拿大
2.20	预期进球	0.78
11(3)	射门（射正）	9(2)
0	射中门框	0
4	远射	4
51%	控球	49%
478(82%)	传球（成功率）	458(86%)
42(40%)	长传（成功率）	32(31%)
3(67%)	传中（成功率）	9(0%)
15(33%)	盘带（成功率）	21(57%)
2	角球	2
2	越位	0
15	铲抢	15
6	拦截	12
12	解围	6
5	犯规	15
1	黄牌	3
0	红牌	0

梅西门前抢点，打进个人本届美洲杯首球。

数说

梅西纪录不止步

2 只有2名阿根廷球员在世界杯和美洲杯半决赛都曾取得进球：梅西、胡利安·阿尔瓦雷斯。

0 1999年后，阿根廷在美洲杯淘汰赛阶段从未在率先取得进球的局面下被淘汰。

14 梅西已在美洲杯比赛中取得14粒进球，在美洲杯历史进球榜单中位列第5位。

6 梅西收获个人本届美洲杯首粒进球，已在6届美洲杯（2007、2015、2016、2019、2021、2024）比赛中破门。

38 梅西已在国家队比赛中面对38个对手完成破门。

3 梅西已在3场美洲杯半决赛破门，成为首位在3场美洲杯半决赛中破门的球员。

3 阿根廷连续3届大赛进入决赛（2021年美洲杯、2022年世界杯、2024年美洲杯）。

1 梅西继续刷新由他保持的美洲杯纪录：38次出场、24个胜场。

32 埃米利亚诺·马丁内斯已在国家队实现32场零封，这一数据位列队史第2位，仅次于塞尔吉奥·罗梅罗（47场）。

声音

再入决赛绝非易事

美洲杯半决赛，阿根廷2比0战胜加拿大，进入决赛。迪马利亚此役首发出战，表现积极。此前迪马利亚已经确认，自己将在本届美洲杯结束后退出国家队。赛后接受采访时，迪马利亚含泪表示：“我认为我可以昂首离开，为此我已付出一切。我做了我应该做的事情，希望做到最好。我愿意为这身球衣付出生命。”

“感谢一直以来支持我的人们，感谢我的家人。今天在登场前，梅西对我说，大家希望为我而战，进入决赛，我非常感动。能够与大家一起在这几年赢得一切，我非常自豪。”

阿根廷主帅斯卡洛尼表示：“（进入决赛）值得骄傲。昨天一位同事问我，‘这是不是已经是常态了？’我觉得这是个好问题，但答案并不明确。再次进入决赛实在是太难了。”

“我们要考虑到球队是如何走过这一路的，我们取得了成功，很多人恭维我们，这让晋级之路更加艰难。因此，我的感觉是既高兴又担忧，因为难度更大。”

“比起让人们习惯看到阿根廷进入决赛，我们更希望让人们习惯看到这支球队的团结。之后，我们会尽可能地让这支球队踢得好，尽管有时这很难做到。关键在于要忘掉过去（曾获得的荣誉），阿根廷球员的核心精神就是永远在竞争。”

对于梅西在国家队的未来，斯卡洛尼表示：“应该让他过得更平静一些，决定这扇大门是否关上的人，不是我们。梅西想与我们共同奋战多久都可以。”

赛后接受采访，梅西表示：“我们应该享受，享受国家队这个团体，享受我们这个团队内的团结。我要重申的是，能再次打进决赛并不容易，能为了冠军竞争并不容易。我很享受最后一次美洲杯之旅，还有之前的世界杯。我享受是因为我知道，这是我和迪马利亚以及奥塔门迪最后的战斗了，所以我们要最大程度地享受。”

艺术家梅西返场

梁宏业

阿根廷队2比0战胜加拿大队，进入美洲杯决赛。胡利安·阿尔瓦雷斯先拔头筹，队长梅西打进第二球，阿根廷队连续三届大赛打进决赛。

阿根廷化解猛烈反击

阿根廷队主帅斯卡洛尼是一个不喜欢使用一套固定阵容的主帅，他总会根据对手的情况和自己球员的状态，在赛事中进行微调。加拿大队是阿根廷队在小组赛中的首个对手，此番再次相遇，斯卡洛尼的调整是让更善于防守而不是插上助攻的右后卫蒙铁尔首发，这更多是因为忌惮加拿大队的拜仁快马阿方索·戴维斯。另外，胡利安·阿尔瓦雷斯重新回到主力阵容，上一场对厄瓜多尔队的比赛，劳塔罗出任首发但效果不佳，斯卡洛尼本场比赛使用更能跑的阿尔瓦雷斯打左路，也是符合逻辑的选择。

开场后，阿根廷队让恩佐·费尔南德斯回到后腰位置组织进攻。斯卡洛尼曾按照球员在俱乐部的位置，将麦卡利斯特和恩佐互换，但这一变化始终不理想，最终斯卡洛尼还是把两人放回卡塔尔世界杯时的位置。

加拿大队的反击在开场后便给阿根廷队制造了很大的麻烦，左边锋沙费尔伯格在7分钟内两次获得反击射门的机会，其中第一次打

高，第二次稍稍偏出，颇具威胁。阿根廷队在压上进攻的同时，难以阻挡加拿大队发起的快速反击。第16分钟，加拿大队再次快速通过中场，打出反击。此时的局面是，双方除门将外的20名球员几乎都集中在中场区域的狭小地带对抗，加拿大队似乎并不怕阿根廷队攻击自己的防线背后。

这支阿根廷队最大的优点，是有着良好的阅读比赛能力和战术素养，就在加拿大队风头正盛打出第三次反击后，阿根廷队改变了作战计划，出现了更多的中后场传球倒脚，将重心拉回本方后场，拉长两队的对抗区域，创造更多传球空间，也让加拿大队一时之间因为脚下无球可踢而不知所措。

正是在阿根廷队增加传控之时，第一个进球到来。第22分钟，德保罗在后腰位置得到后卫线的传球，他随即送出深度长传，直接找锋线的阿尔瓦雷斯。阿尔瓦雷斯停球后过掉对其盯防不严的后卫，一对一面对门将坚决选择射门，球从门将两腿间滑过入网。就这样，阿根廷队第一次射正就进球了，1比0。

进球后，阿根廷队更加不忙不慌地增多控球倒脚，看上去比赛被阿根廷队搞得无聊，实际上却暗藏杀机。首先，上一场不在状态的梅西在这种不快不慢的节奏下状态明显回升，上半时尾声阶段我们又可以看到梅西在享受足球，甚至几乎是在表演。

比如第35分钟，他在左肋和德保罗打出连续二过一，为左路插上的塔利亚菲科送出斜传，帮助这位左后卫完成射门，这似乎是当年在巴萨和阿尔瓦连线的重现。第44分钟，梅西得到迪马利亚传球后获得一对一机会，假射骗过对手后随即换脚真射，只可惜差之毫厘。上半时补时阶段，梅西还在禁区前打出一记很有想象力的吊射。可以看得出来，梅西的跑动能力虽然比不上10年前，但依然富有创造力，只要比赛没有进入双方快速地跑来跑去的节奏，梅西还是有很多精彩表现可以奉献给大家。

斯卡洛尼早做准备

加拿大队在前20分钟是成功的，可以用反击真正威胁阿根廷队大门，但在阿根廷队以传控方式找到遏制办法后，加拿大队就很难再有起色。下半时比赛节奏仍旧被阿根廷队牢牢控制，第51分钟，恩佐拦截对手解围后射门，梅西门前抢点将球打进，阿根廷队2比0领先。

这个球的幸运之处在于，加拿大队有一名左路球员拖在后面，梅西没有越位。梅西已经在6届美洲杯上破门，追平了贝利的偶像齐齐尼奥在1957年创造的纪录。梅西参加过7届美洲杯，他在2007、2015、2016、2019、2021和2024年美洲杯都有进球，只在2011

1

2

① 梅西在进球后与队友庆祝。

② 胡利安·阿尔瓦雷斯此役为阿根廷首开纪录。

年美洲杯没有进球。而在梅西进球后，数据统计显示，阿根廷队的两次射正都已转化为进球。

比赛进行到60分钟后，阿根廷队主帅斯卡洛尼已经在考虑周日的决赛了，因为他的换人有些奇怪。首先，斯卡洛尼用中卫奥塔门迪换下了左后卫塔利亚菲科，让利桑德罗·马丁内斯去打左后卫，这可以理解为另一名左后卫阿库尼亚可能身体状态不佳或者有伤，斯卡洛尼不希望塔利亚菲科再出问题。随后，斯卡洛尼在第二个换人窗口又换下了另一个边后卫蒙铁尔，换上原本是主力的莫利纳，这似乎说明善守的蒙铁尔可能要在决赛打主力。最后，斯卡洛尼利用最后一个换人窗口，在第78分钟将阿尔瓦雷斯、迪马利亚和麦卡利斯特换下，换上了劳塔罗、尼古拉斯·冈萨雷斯和埃克塞基尔·帕拉西奥斯，这明显是为了决赛考虑，要保留主力球员的体能。

梅西最终踢满全场，这是梅西的一个习惯，他不喜欢在未主动要求的情况下被教练换下。

迪马利亚的泪水

赛后，梅西说道："我们应该享受，享受国家队这个团体，享受我们这个团队内的团

① 梅西带球突破，遭遇两人夹防，37 岁的梅西依旧是对手盯防重点。

② 迪马利亚与队友庆祝晋级，他已确认将在本届美洲杯后告别国家队。

③ 同样是庆祝，正值当打之年的骨干在纵情欢笑，梅西、迪马利亚与奥塔门迪的心态，则是享受当下的每一刻。

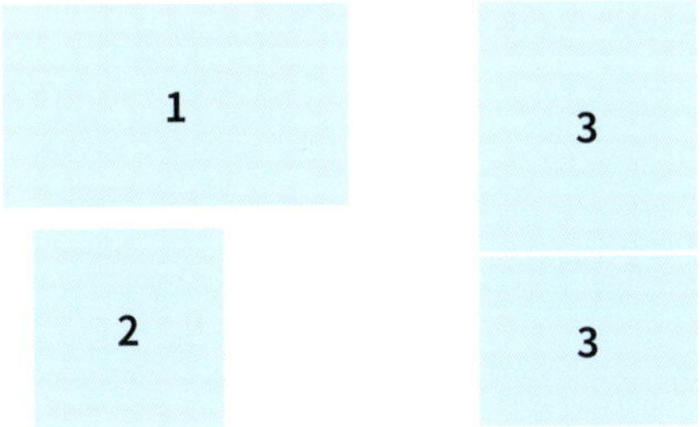

结。我要重申的是，能再次打进决赛并不容易，能为了冠军竞争并不容易。我很享受最后一次美洲杯之旅，还有之前的世界杯。我享受是因为我知道，这是我和迪马利亚以及奥塔门迪最后的战斗了，所以我们要最大程度地享受。”

迪马利亚赛后再次确认，本届美洲杯决赛将是他最后一场国家队比赛，他向梅西表示感谢：“我希望能以最好的方式结束我在国家队的生涯，但这是足球，可能会发生成百上千件事。今天在登场前，梅西对我说，他希望为我而战，进入决赛，我非常感动。”迪马利亚在接受采访时，已经流下了泪水。

不过，赛后斯卡洛尼还是表示，希望在美洲杯后能说服迪马利亚留队：“我是支持等一等的，希望他可以继续踢，不希望他在没退役的时候就告别国家队。如果他提前告别国家队，他会被眼泪、乡愁和球迷们包围。我们先让他踢决赛吧，然后再看看我们能否说服他。他只要在场上，就会享受这个时刻。”

梅西说这是他们几位老将最后的战斗，他是否会参加美加墨世界杯？这实际上在阿根廷队和阿根廷国内是个禁忌问题。梅西在2023年接受笔者采访时曾表示，原则上他不会参加美加墨世界杯，但梅西对于阿根廷队来说是精神支柱，同时也是经济支柱，甚至对于世界杯赛事本身也是如此。阿根廷队能吸引如此多的赞助商，这高度依赖梅西，阿根廷队每场比赛都爆满，也是因为梅西吸引了巨量中立球迷的关注。而阿根廷国内的体育媒体，也同样高度依赖梅西，阿根廷足协主席塔皮亚甚至曾说“梅西不会抛下我们不管的”。

所有人都知道梅西总有告别球场的一天，但大家都希望越晚越好。

2024

第6战

决赛

阿根廷 1:0 哥伦比亚

2024.07.14

硬石体育场

主裁判：拉斐尔·克劳斯（巴西）

换人

阿根廷		哥伦比亚	
66'	10-梅西↓ 15-尼古拉斯·冈萨雷斯↑	6-理查德·里奥斯↓ 5-卡斯塔尼奥↑	89'
72'	4-蒙铁尔↓ 26-莫利纳↑	24-洪·科尔多瓦↓ 19-博雷↑	89'
97'	20-麦卡利斯特↓ 5-帕雷德斯↑	10-哈梅斯·罗德里格斯↓ 20-金特罗↑	90'
97'	9-胡利安·阿尔瓦雷斯↓ 22-劳塔罗·马丁内斯↑	7-路易斯·迪亚斯↓ 9-米格尔·博尔哈↑	105'
97'	24-恩佐·费尔南德斯↓ 16-洛塞尔索↑	16-莱尔马↓ 15-乌里韦↑	105'
117'	11-迪马利亚↓ 19-奥塔门迪↑	11-洪·阿里亚斯↓ 8-卡拉斯卡尔↑	105'

进球

112′ 1比0（劳塔罗·马丁内斯） 帕雷德斯中场右路横传，洛塞尔索不停球直接送出直塞，劳塔罗迅速插上突入禁区，将球打入远角。

黄牌

阿根廷		哥伦比亚	
61'	麦卡利斯特	洪·科尔多瓦	27'
118'	洛塞尔索	米格尔·博尔哈	115'

技术统计

阿根廷		哥伦比亚
1.04	预期进球	1.02
11(6)	射门（射正）	19(4)
0	射中门框	1
1	远射	9
45%	控球	55%
474(82%)	传球（成功率）	602(86%)
51(53%)	长传（成功率）	56(38%)
18(44%)	传中（成功率）	23(43%)
21(48%)	盘带（成功率）	19(53%)
4	角球	7
2	越位	1
18	铲抢	23
12	拦截	8
24	解围	15
8	犯规	18
2	黄牌	2
0	红牌	0

数说

再夺美洲杯大赛三连冠！

37岁20天 梅西以37岁20天的年龄，成为本世纪美洲杯决赛中，最年长的首发球员。

1 梅西成为首位5次出战美洲杯决赛的球员。

1 阿根廷连续两场比赛派上相同的首发阵容，这一情况是5年来首次出现。

8 连续8届美洲杯决赛，对阵双方至少有一方的主帅是阿根廷人。

1 阿根廷上半场控球率48%，这是2022年卡塔尔世界杯半决赛之后，阿根廷首次在上半场比赛中控球率低于对手。

39 梅西下半场伤退，阿根廷10号至今已参加7届美洲杯，出战39场比赛，贡献14球18助攻。

4 本届美洲杯6场比赛，阿根廷在4场比赛中未能在上半场破门。

3 近5届美洲杯决赛，3次进入加时。

16 迪马利亚加时被换下，结束16年国家队生涯。迪马利亚为阿根廷出战145次，打入31球，贡献32次助攻。

45 梅西职业生涯又添一冠，这是梅西在职业生涯中收获的第45个冠军。梅西继续在职业生涯冠军榜上稳坐头把交椅，排名第二的阿尔维斯43冠，伊涅斯塔与马克斯韦尔同获37冠，皮克36冠。

3 阿根廷蝉联美洲杯冠军，实现大赛三连冠。此前阿根廷已获得2021年美洲杯冠军与2022年卡塔尔世界杯冠军。

15 24岁的胡利安·阿尔瓦雷斯收获个人职业生涯第15个冠军。

33 劳塔罗成为33年来首位在美洲杯独占射手榜头名的阿根廷球员，上一位完成此举的是1991年美洲杯的巴蒂斯图塔，“战神”在那届杯赛上打入6球。

5 在本届美洲杯的6场比赛中，埃米利亚诺·马丁内斯在5场比赛中完成零封，整届赛事仅丢一球。

221 劳塔罗在本届美洲杯比赛中2次首发登场，4次替补出战，总共出战221分钟，凭借5粒进球收获金靴，平均约44分钟打入一球。

4 斯卡洛尼出任阿根廷队主帅后，带队参加2019、2021、2024年美洲杯和2022年美欧杯，以及2022年世界杯，在其中4项赛事中率队夺冠，仅2019年美洲杯未能夺冠。

打入制胜球后，劳塔罗来到场边与梅西拥抱。本届美洲杯小组赛第3轮，劳塔罗也曾在进球后特意来到替补席，与梅西分享进球喜悦。

声音

终于拔出心中这根刺

美洲杯决赛，阿根廷加时1比0战胜哥伦比亚，夺得冠军。迪马利亚此役出战116分钟，此前他已确认将在本届美洲杯之后退出国家队，“天使”以又一个冠军，完美告别国家队生涯。赛后接受采访，迪马利亚表示：“一切都已书写，而且是以这种方式。我一直梦想着（以这种方式告别），我跟小伙子们也是这样说的。我现在感觉非常好。”

“一切看起来很容易，但实际上很困难。我永远感激这一代球员，他们付出了一切，帮助我实现了我一直以来寻求的荣誉。我也很希望和以前的老伙计们一起赢得荣誉，他们配得上赢得冠军。”

阿根廷队主帅斯卡洛尼表示：“迪马利亚的表现非常棒，今天他是最出色的球员之一。此外，在体能下降的时候，他仍然在不停施压，像一个25岁的小伙子那样奔跑。他是传奇，但我们没办法说服他继续为国家队效力。我希望他至少能再出战一次，在公众面前告别，他配得上这样的待遇。他的经历就像电影一样。”

对于大赛三连冠伟绩，斯卡洛尼表示：“我不知道我们是否书写了一个时代，但这支球队总是在制造惊喜。这场比赛我们上半场踢得不好，下半场我们的表现有所提升，我们配得上获胜。之后是加时赛，这支球队也总是能继续奋战。看到小伙子们踢球，这总是令人感到愉悦，我永远感激他们。在替补席上我们就说，劳塔罗会进球。”

对于自己在阿根廷队的未来，斯卡洛尼表示：“去年我过得不好，但现在我过得不错。我恢复了状态，继续执教。国家队需要主帅有很大的能量，这非常重要。我的合同还有两年，或许我可以告诉足协主席，让他与我续约15年，然后我就签字。”

“梅西是历史最佳，他不想被替换离场。队友们也看到了，他希望继续比赛，这不是因为他太自我，而是因为他希望与队友一同获胜，他不想抛弃队友。只要他登场，球队的状态就会不一样。”

进攻功臣劳塔罗表示：“卡塔尔世界杯结束的时候，我很高兴，但我知道我在个人层面有亏欠。我为这届美洲杯做足了准备，终于拔出了心中这根刺。”

“我为进球和这个冠军感到高兴，我们付出了很多。我们再一次把奖杯带回阿根廷，这是我们所有人的愿望。”

门将埃米利亚诺·马丁内斯表示：“对于这支国家队来说，实现连冠是非常美妙的事情。我们希望再次给大家带来快乐，付出了最大程度的努力。人们以为我们在夺冠后会放松，但球队再一次证明了自身的水准。”

逆势一击，“三连”功成

梁宏业

这场美洲杯决赛，各种要素拉满。赛前众多球迷无法及时入场导致开球推迟，梅西因伤被换下，比赛又进入到只为决赛设置的加时赛。最终，阿根廷队凭借劳塔罗·马丁内斯在第112分钟的进球，成功卫冕，成为西班牙队之后，又一支实现大赛三连冠的球队。

这场决赛在迈阿密硬石体育场进行。在乌拉圭队与哥伦比亚队的半决赛发生混乱之后，美洲杯安保在决赛前再次出现严重问题，体育场外出现大量身着哥伦比亚队服的无票球迷冲击入口，很多球迷直接越过入口，甚至翻越场外铁栅栏进入场内，现场秩序一片混乱。同时，大批持票球迷因为安保封堵入口而无法入场。

鉴于场内安保已经无力控制局势，开球时间只能推迟，警方入场逮捕闯入球场的无票球迷，阿根廷队球员和哥伦比亚队球员不得不回到更衣室等待。一方面，比赛开球时间迟迟无法确定，另一方面，不少球迷的家属还被挡在球场外，阿根廷队一些球员不得

① 梅西作为队长，代表全队捧起美洲杯冠军奖杯。

② 阿根廷中场德保罗与哥伦比亚边锋路易斯·迪亚斯激烈拼抢。开场短暂快攻后，阿根廷开始加强中后场防守。

不来到入口处接家属入场。最终，比赛在推迟了80分钟后才正式开始。

阿根廷，以慢斗快

阿根廷队时隔5年，连续两场比赛派上相同的首发阵容，右后卫蒙铁尔此役出任首发，更擅长助攻的莫利纳则替补待命，斯卡洛尼希望通过这样的安排，限制哥伦比亚左边锋路易斯·迪亚斯的发挥。防线左路，塔利亚菲科出任首发。

开场仅30秒，阿根廷队便在队长梅西的策划下，在右路打出攻势，蒙铁尔传中，阿尔瓦雷斯射门打偏。第3分钟，塔利亚菲科又在左路打出一次威胁进攻，帮助阿根廷队获得角球。刚刚开场不久，阿根廷队就利用哥伦比亚队的慢热，打出两次有威胁的进攻，但在上半时此后的时间里，哥伦比亚队其实更占据优势。

阿根廷队要拿下这场决赛，首先就要遏制哥伦比亚队的速度和爆发力。哥伦比亚队在本届杯赛中展现出自己的优势，这是一支体能充沛的球队，战术上强调前场紧逼，中场跑动很多，喜欢和对手交替反击，利用球员速度快的特点打出威胁。而体能不好，恰恰是这支阿根廷队最大的问题。此役阿根廷队的恩佐·费尔南德斯和麦卡利斯特都不在最佳状态，在迈阿密炎热的天气下，如果阿根廷队一开场就和哥伦比亚队交替反击，这无异于以卵击石，所以阿根廷队选择了另一种比赛方式。

阿根廷队在开场快攻没有得手后，便放弃了前场紧逼，开始加强中后场防守，这让哥伦比亚队很难发挥自己的特点。毕竟，哥伦比亚队要打擅长的快速冲刺式进攻，就需要场地空间，而阿根廷队的退守让哥伦比亚队的速度型球员没有了冲刺空间。阿根廷队甚至在很多时候主动将控球权交给哥伦比亚队，因为在阵地进攻中，哥伦比亚队不具备在禁区前打出细腻配合的能力。在这种情况下，哥伦比亚队只能利用远射和角球争顶制造得分机会。

上半时结束时，哥伦比亚队控球率为52%，射门8次射正4次，而阿根廷队则只有3次射门和1次射正，处于明显劣势。上半时还有一个不好的消息，那就是梅西在下底传中时伤到右脚踝，但他还是坚持留在场上。

梅西伤退落泪

对于阿根廷球迷和很多中立球迷来说，下半时最好的消息就是梅西仍然留在场上，似乎脚踝伤势还没有那么重。有评论员表示：“阿根廷队上半时一直在用慢镜头的方式踢球，难道是想着这场比赛有加时赛，准备打加时？”

下半时开场后，场上局势似乎没有变化，哥伦比亚队右后卫圣地亚哥·阿里亚斯第47分钟抢到第二落点，打了一脚极具威胁的射门，

不过球偏门而出。随后，哥伦比亚队中卫达温松·桑切斯在角球进攻中头球攻门稍稍顶高，哥伦比亚队似乎仍然占据优势。

而阿根廷队还在不急不躁，在中后场不断传球，利用中后场配合优势破坏对手的紧逼打法，再推向前场发动进攻。第57分钟到第58分钟，阿根廷队曾打出过一波很短暂的进攻高潮，先是麦卡利斯特的头球攻门打在对方自然下垂的手上，随后迪马利亚的射门又被哥伦比亚门将扑出。

不过，阿根廷队的整体推进式进攻，一直受到哥伦比亚队的反击威胁。德保罗的一次中场横传失误，给了哥伦比亚队反击机会，阿根廷队刚露出来的占据主动的苗头就此消失，比赛开始出现交替反击的势头。也正是在这种情况下，梅西积极参与拼抢，快速回追路易斯·迪亚斯，让右脚踝伤势更加严重，不得不被换下。回到替补席上的阿根廷队长泪流满面，这是梅西最后一次参加美洲杯。全场球迷们高喊“梅西！梅西！”对他进行鼓励。

阿根廷队没有立刻处于被动，尼古拉斯·冈萨雷斯登场后，阿根廷队的左路进攻开始有了生机，此时迪马利亚已经换到右路，来到梅西的位置。下半时后半段，阿根廷队的威胁几乎都来自尼古拉斯·冈萨雷斯所在的左路，他甚至还打进一球，但因为塔利亚菲科越位而被取消。此外，他还有一次传中和一次接迪马利亚长传头球回顶，都颇具威胁。

劳塔罗加时立功

哥伦比亚队的换人很有意思，在这样一场消耗颇多的决赛中，哥伦比亚队主帅洛伦索在第89分钟才换下两人，而此前阿根廷队也换了两人。阿根廷队的这两次换人都不是主动调整，被换下的梅西和蒙铁尔先后受伤。进入加时赛后，大家可能才明白两队主帅的战术意图，第97分钟，斯卡洛尼一次换三人，用劳塔罗、帕雷德斯和洛塞尔索换下了阿尔瓦雷斯、麦卡利斯特和恩佐。第105分钟，哥伦比亚队也是连换三人。两队主帅都预估这场比赛要打加时，而在加时赛中，因为整体体能下降，双方都会获得更多得分机会，所以两位主帅都在常规时间内尽可能攒着换人名额，准备在加时赛给对手最后一击。

两队在加时赛踢得更加开放，比赛呈现出你来我往的交替反击态势，似乎任何一次进攻都可能打破僵局。这时候两队后防线都经受很大的考验，因为教练大多数情况下都会选择换下中前场球员。第109分钟，哥伦比亚队加时赛登场的卡拉斯卡尔送出直传球，另一位替补出场的球员博尔哈射门，球被利桑德罗·马丁内斯勉强挡出。利桑德罗在这个时刻体现出强大的战斗意志，他已经抽过一次筋，但继续留在场上，状态似乎没有受到影响。第112分钟，阿根廷队中场得球后发动快攻，洛塞尔索送出一脚直塞，劳塔罗打进了全场唯一进球。

劳塔罗进球后，冲到场边拥抱了队长梅西，这是劳塔罗在本届美洲杯第二次将进球献给梅西，他虽然是替补，但本届杯赛打进5球，

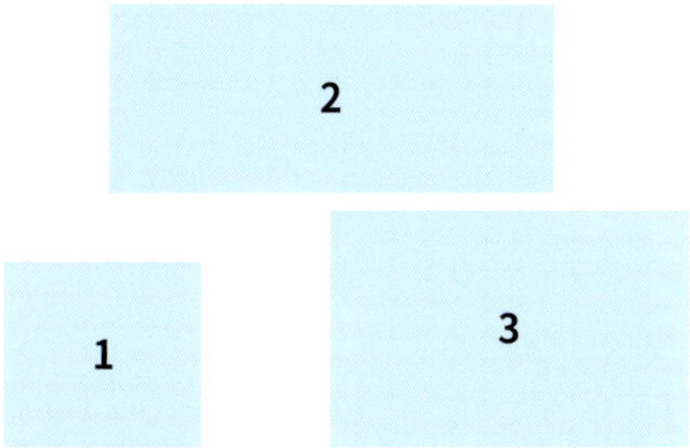

① 梅西在中场区域送出传球。此役第66分钟，梅西因伤被换下。

② 劳塔罗冷静施射，攻入制胜球。

③ 终场哨响，替补席上的阿根廷球员冲入场内，庆祝胜利。

成为赛事最佳射手。最后时刻，老将奥塔门迪换下了为阿根廷队最后一次登场的迪马利亚，阿根廷队顶住了哥伦比亚队最后的高空轰炸，拿下了美洲杯冠军。比赛临近结束时，转播镜头再次找到梅西，此时的梅西虽然脚踝已经肿起，但脸上已经带着灿烂的笑容。

梅西的泪与笑

吴昊宇

美国并不算蓝白军团的福地，1994年美国世界杯，马拉多纳遭禁赛，只能眼睁睁看着阿根廷队被淘汰，老马喊出了标志性的一句话，“他们砍断了我的腿！”就此结束了自己的世界杯演出。2016年在美国举行的百年美洲杯，阿根廷与智利的决赛战至点球大战，梅西第一个登场，却将点球罚丢。阿根廷苦吞大赛三连亚，再加上足协的混乱管理和阿根廷国内的舆论环境，心灰意冷的梅西一度宣布退出国家队。

到了2024年，美洲杯再度来到美国，决赛是在梅西非常熟悉的迈阿密举行。此前半年反反复复的伤病，让梅西在整届美洲杯期间身体状态都并未处在最佳。决赛开场阶段，梅西更多时间是在本方半场协助进攻组织，而非进入纵深区域参与进攻。第5分钟，梅西试图与阿尔瓦雷斯进行连线，但没能成功。比起哥伦比亚阵中极为活跃的路易斯·迪亚斯和J罗，梅西开场后的存在感并不算强，阿根廷一度被哥伦比亚压制，门将埃米利亚诺·马丁内斯数次做出精彩扑救，力保城门不失。第20分钟梅西才打出个人第一次有效射门，球经过折射之后被对方门将没收。

第37分钟，梅西在一次和对手的拼抢中脚踝受伤，阿根廷队长痛苦倒地。在场外接受了几分钟的简单处理后，梅西返回场内继续比赛。两分钟后，梅西主罚的任意球找到塔利亚菲科，后者攻门高出横梁，看起来梅西的伤病没有大碍。然而在长达25分钟的中场休息，以及下半场20分钟看似四平八稳的比赛过后，梅西追防对手时在无对抗的情况下倒地，阿根廷队长这一次主动做出了换人的手势，他无法再坚持了。

梅西被尼古拉斯·冈萨雷斯替换下场，走下球场来到替补席后，梅西伤心落泪。稍微平复心情后，梅西紧盯着场上发生的一切。常规时间结束，进入加时赛，似乎又一场点球大战即将到来，劳塔罗终于挺身而出，攻入制胜球，场边的梅西露出了久违的笑容。劳塔罗第一时间来到场边与梅西击掌拥抱，庆祝来之不易的进球。

终场哨声响起，梅西不顾脚踝伤痛，缓

① 颁奖仪式上，梅西露出灿烂笑容。

② 此役第66分钟，因伤无法继续坚持的梅西被替换下场此时他的右脚踝已经肿起。替补席上的梅西心有不甘，伤心落泪。加时赛劳塔罗攻入制胜球，阿根廷最终夺得冠军，梅西终于露出笑容。

③ 梅西与老队友迪马利亚和奥塔门迪一起领回美洲杯奖杯。

④ 阿根廷实现美洲杯两连冠，梅西在社媒账号上发布手捧两座奖杯的照片。

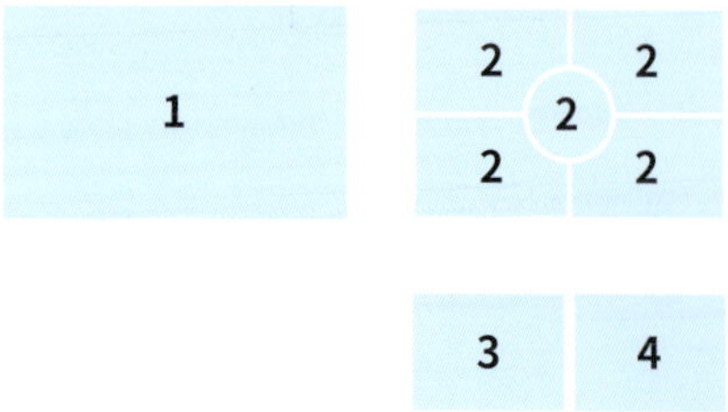

缓走向教练组成员，与斯卡洛尼等人共同庆祝。在队友们的簇拥下，梅西举起美洲杯奖杯，阿根廷就此实现大赛三连冠。在眼泪中提前被换下的梅西，仍然收获了冠军的喜悦。德保罗在赛后受访时透露：“梅西伤退的那一刻，我们就暗暗下决心，一定要为梅西拿下这个冠军，正是因为他的存在，我们才能如此团结一心。”

和在卡塔尔卢赛尔球场时一样，梅西与妻子安东内拉和三个孩子在赛后一同享受夺冠喜悦，并和教练组成员一一拥抱，与队友们合影留念。虽然这一次没有在赛后接受采访，并且因为伤病没有随队一起回到阿根廷国内，但梅西仍在社交媒体上向全世界分享喜悦，“又一个冠军。”梅西发布了自己捧起两座美洲杯的照片，随后他又更新了一家人的合影。

次日，梅西再次更新社媒动态，他向关心自己的球迷表示感谢，晒出了和两位老将奥塔门迪和迪马利亚的冠军合照：“我们这一代球员一起经历了这些事情，迪马利亚要离开（国家队）了，他是带着冠军离开的。”

梅西表示：“感谢所有支持我们的人，阿根廷赢得了现在，也赢得了未来。”看到队友们在自己无法坚持战斗的情况下捧回冠军奖杯，梅西非常欣慰。从被换下时的伤心落泪，到庆祝胜利时的欢笑，梅西在这场决赛中留下些许遗憾，却拥有更多的收获。这支阿根廷队在美洲杯赛场实现卫冕，成就一代蓝白王朝。

《蓝白王朝：阿根廷三冠史诗》编辑委员会名单

出 品 人　王舒毅

策 划 人　李轶武

责任编辑　王振强

责任校对　王思硕

责任印制　李仕杰

营销编辑　刘富坤

编辑信箱　714461085@qq.com

装帧设计　指针 DESIGN